Ausführliche Informationen über
unsere Autoren und Bücher
finden Sie auf unserer Website
www.dtv.de

PATRICIA CLOUGH

MEIN GERMANY

EINE KLEINE ZEITREISE DURCH DEUTSCHLAND

Aus dem Englischen von
Henriette Zeltner

Deutscher Taschenbuch Verlag

Auch als ebook lieferbar.

Von Patricia Clough bei dtv lieferbar:

›In langer Reihe über das Haff.
Die Flucht der Trakehner aus Ostpreußen‹ (2006)
›English Cooking. Tradition wird Trend‹ (2013)

Originalausgabe 2014
© 2014 Deutscher Taschenbuch Verlag GmbH & Co. KG,
München
Das Werk ist urheberrechtlich geschützt.
Sämtliche, auch auszugsweise Verwertungen bleiben vorbehalten.
Umschlagkonzept: Balk & Brumshagen
Umschlaggestaltung: Katharina Netolitzky
unter Verwendung von Fotos von Alamy
Satz: Greiner & Reichel, Köln
Gesetzt aus der Lino Letter 9/12,3˙
Druck und Bindung: CPI – Ebner & Spiegel, Ulm
Gedruckt auf säurefreiem, chlorfrei gebleichtem Papier
Printed in Germany · ISBN-13 978-3-423-26006-0

INHALT

Ein Spaziergang auf der »memory lane«

Wenn ich an Deutschland denke, dann denke ich nicht in erster Linie an große politische Ereignisse, die Eingang in die Geschichtsbücher finden, obwohl ich in meiner Zeit als Korrespondentin wahrlich genug darüber geschrieben habe. Für mich ist Deutschland eher ein riesiges Mosaik aus Erinnerungen und Erfahrungen, aus Freunden und Orten, aus eigenartigen Objekten, die Geschichten zu erzählen haben, aus Gesprächen, seltsamen Radiomeldungen oder Zeitungsartikeln, aus Geräuschen, Gerüchen und Geschmackseindrücken. Die Nachkriegsgeschichte des Landes, von der ich doch einiges miterlebt habe, ist für mich keine Auflistung von Daten, sondern eine Abfolge unzähliger Augenblicke, von denen viele zu ihrer Zeit unspektakulär erscheinen mochten, die jedoch in der Rückschau viel über die damalige Zeit verraten und auch darüber, was sich seither geändert hat, ohne dass es uns vielleicht bewusst geworden wäre. Solche Dinge graben sich uns viel tiefer ins Gedächtnis als beispielsweise das Datum des NATO-Beitritts der Bundesrepublik oder die Zusammensetzung des letzten Politbüros der DDR. Insgesamt ergeben sie ein dauerhaftes Bild – oder besser noch: eine emotionale Bindung an dieses faszinierende Land.

Ich hatte das Glück, Deutschland unzählige Male besuchen zu können, das erste Mal als 16-jährige Schülerin, dann mehrmals als Studentin, anschließend lebte ich jahrelang hier, während ich als Korrespondentin nacheinander für verschiedene britische Tageszeitungen arbeitete. In der jüngeren Vergangenheit blieb ich auch immer wieder längere Zeit, um für deutsche Verlage über deutsche Themen zu schreiben.

Deshalb ist dieses Deutschlandporträt ein sehr persönliches, oder wie die Amerikaner sagen würden: »a walk down memory lane« – ein Spaziergang auf der Straße der Erinnerung. Diese Erinnerungen stammen nicht alle von mir, viele wurden mir erzählt, von Freunden, Bekannten und auch von völlig Fremden. Eigentlich wollte ich mit dem Zeitpunkt beginnen, als der Zweite Weltkrieg endete, da es mir so wichtig erschien, daran zu erinnern, wie Deutschland – lange Zeit galt das für beide deutsche Staaten – sich aus der Asche des Krieges erhob, um zu dem zu werden, was wir heute kennen. Doch da gab es ein kleines Problem: Mein erster Besuch in der Bundesrepublik fand 1954 statt, also erst neun Jahre danach. Für diese Epoche habe ich mich deshalb auf die Erinnerungen von Zeitzeugen verlassen. Ich schätze diese wunderbaren älteren Menschen, die sich so großzügig Zeit nehmen, um jüngeren Generationen von ihrem Leben vor 60 oder 70 Jahren zu berichten. Bei den meisten Erinnerungen in diesem Buch handelt es sich um Alltagsbegebenheiten, nicht um Haupt- und Staatsaktionen. Andererseits genoss ich als Auslandskorrespondentin das Privileg, sozusagen in der ersten Reihe zu sitzen. Daher halten vor allem manche der späteren Erinnerungen fest, was mich persönlich an bestimmten politischen Ereignissen fasziniert hat.

Unvermeidlich ist, dass manches fehlt, und damit meine ich nicht nur bedeutende Vorkommnisse, die ich den Historikern überlassen möchte, sondern die vielen Geräusche, Gerüche und anderen Sinneseindrücke, die sich dem Medium Buch schlichtweg entziehen. Denn wie soll man mit Worten den besonderen Geruch des Rauchs beschreiben – ich glaube, er stammte von der Braunkohle, die in den 1950ern als Heizmaterial weit verbreitet war – der über den Städten hing und für mich der Geruch von Deutschland war? Ich assoziierte damit Fachwerkhäuser, Würste, Graubrot, Griebenschmalz, Apfelsaft und all die anderen für mich neuen Dinge, die ich so wundervoll fand. Wie soll man mit Worten die Klänge von Bachs Konzert für zwei Violinen beschreiben, die ich zum ersten Mal auf dem Plattenspieler meiner deutschen Gasteltern hörte? Oder den Geschmack der ersten Bockwurst mit Senf an der ersten Autobahnraststätte, nachdem man die deutsche Grenze überquert hatte? Oder das seltsame Gefühl von Wehrlosigkeit, bisweilen sogar Furcht, das einen erfasste, während man Schlange stand, um am Checkpoint Charlie oder an der Friedrichstraße nach Ostberlin hinüber zu gelangen, während grimmige Wachleute hinter einer Glasscheibe den eigenen Reisepass unter die Lupe nahmen? Oder die Spannung in der Luft, wenn Protestler sich in Berlin zu einer Demonstration zusammenfanden, von der jeder wusste, dass sie durchaus in Gewalt enden konnte? Oder die berauschende Atmosphäre von Freiheit und Euphorie, die nach dem Mauerfall und vor der Ernüchterung durch die Realität ein paar Wochen lang in der Stadt herrschte? Als kleine Trabis unsicher durch den Westberliner Verkehr tuckerten und die einst so schweigsamen Ossis aus voller Kehle in den Straßen sangen und jeden, der bereit war, stehen zu bleiben und ihnen zuzuhören, mit einem ganzen Wortschwall überfielen.

Trotzdem hoffe ich, dass es diesem Buch gelingen wird, den einen oder anderen Leser an vergessene Momente zu erinnern. Vielleicht verlockt es auch zu einem Spaziergang entlang der eigenen Spuren. Schließlich ist Geschichte ja letztlich nichts anderes als von Menschen gelebtes Leben.

1. KAPITEL

DE PROFUNDIS

Eine Radiomeldung

Es war der 2. Mai 1945. Hoch oben in den Dolomiten, in San Martino di Castrozza, nahe Cortina d'Ampezzo, hatte man ein ehemaliges Wintersporthotel zum Lazarett für deutsche Fallschirmspringer umfunktioniert. Fast überall in Europa war Frühling, doch hier, auf etwa 1500 Metern lag noch Schnee. In langen Kolonnen marschierten deutsche Soldaten am Lazarett vorbei, heimwärts Richtung Norden. Sie alle waren erschöpft von grausamen Schlachten und erbitterten Partisanenangriffen während des jahrelangen Rückzugs aus Italien. Die Uniformen waren schmutzig und zerrissen, die Stiefel abgetragen und löchrig. Manche schoben ihre Habseligkeiten in Kinderwägen, die sie offensichtlich der Zivilbevölkerung gestohlen hatten. »Ein Bild des Jammers«, dachte Edith Badstübner, eine damals 20-jährige Schwesternhelferin in adretter weiß-blau-gestreifter Uniform mit weißer Schürze und Häubchen. Sie stammte aus Berlin und war vor ein paar Wochen mit dem Lazarett von Abano Terme nach San Martino versetzt worden.

Dann hörte Edith die Neuigkeit aus einem knackenden Armee-Radio. Der Krieg in Italien war zu Ende. Der deutsche Oberkommandierende, Generaloberst Heinrich von Vietinghoff, befahl seinen Truppen, sich zu ergeben. Hitler hatte ein paar Tage vorher Selbstmord begangen. Was auch immer sie jetzt erwartete, der glorreiche, von Hitler versprochene Sieg würde es jedenfalls nicht sein. »Wir hatten furchtbare Angst«, erinnert sich Frau Badstübner. »Wir wussten nicht, was uns passieren würde.« Die Einheiten des Roten Kreuzes waren offiziell Teil der Wehrmacht – die Abzeichen der Schwestern waren neben dem roten Kreuz sogar mit einem Hakenkreuz versehen – so dass sie zweifellos mit demselben

Schicksal wie der Rest der Truppen rechnen konnten. Wilde Gerüchte kursierten. Edith wusste genau wie viele andere, was Kriegsgefangenschaft bedeuten mochte: Im Ersten Weltkrieg war ihr Vater in französischer Gefangenschaft beinah verhungert und ein Onkel in einem sibirischen Lager umgekommen. Man hatte auch schon von schrecklichen Dingen gehört, die Kameradinnen in diesem Krieg widerfahren waren, nachdem sie den Russen in die Hände gefallen waren. »Die Meldung brachte uns keine Freude«, erinnert sie sich. »Nicht dass wir uns eine Fortsetzung des Kriegs gewünscht hätten, doch die totale Ungewissheit darüber, was uns bevorstand, war schrecklich.« Sie waren praktisch von allem abgeschnitten – kein Telefon, kein Radio außer den Armee-Apparaten, absolut kein Kontakt nach Hause.

Dann tauchten die Amerikaner auf. Die sahen so gesund aus. Ihre Uniformen waren sauber und ordentlich gebügelt, als kämen sie gerade frisch aus der Wäscherei, das weiß Edith noch. Und sie hatten Benzin! Alle saßen in Fahrzeugen, niemand ging zu Fuß. Ganz anders die Deutschen, für die der Anblick eines funktionierenden Fahrzeugs schon eine Seltenheit war. Die Amerikaner postierten zwei Wachen am Eingang des Lazaretts. Diese machten es sich bald bequem und ließen Sofas aus dem ehemaligen Hotel nach draußen schleppen. Regelmäßig fuhr auch ein Jeep vor, man goss Benzin aus und zündete es an, um sich daran zu wärmen. Was für eine Verschwendung! Das regte Edith damals nach Jahren der Mangelwirtschaft mehr auf als alles andere.

Zum Glück wurden sie und ihre Kolleginnen viel besser behandelt, als sie befürchtet hatte. Nach einiger Zeit brachte man sie in ein Barackenlager in Bozen und von dort nach Meran, wo sie sich sogar frei in der Stadt bewegen durften. Im Oktober 1945 wurde Edith dann den Briten übergeben, die sie auf ihren Wunsch nach Bonn brachten, wo man sie freiließ.

Wann genau war eigentlich der Krieg zu Ende?

Für Edith Badstübner, die Soldaten und alle anderen, die die Meldung damals im Radio hörten, war er aus. Offiziell allerdings noch nicht. Wann genau war der Krieg also vorbei? Um 2.42 Uhr am 7. Mai 1945, als Generaloberst Alfred Jodl, Chef des deutschen Wehrmachtführungsstabes, in Gegenwart hochrangiger alliierter Offiziere im Hauptquartier der Alliierten Streitkräfte im französischen Reims die bedingungslose Kapitulation unterzeichnete? Vielleicht, doch die Welt sollte davon noch nicht sofort erfahren. Die 17 bei der Unterzeichnung anwesenden Journalisten erhielten den Befehl, unter keinen Umständen vor Ablauf von 36 Stunden darüber zu berichten. Warum? Weil der sowjetische Diktator Stalin auf einer eigenen Kapitulationszeremonie in Berlin-Karlshorst bestand, die erst am Abend des folgenden Tages, also am 8. Mai, stattfinden sollte.

Trotzdem betrat kurz nach Mittag desselben Tages, also noch am 7. Mai, Lutz Schwerin von Krosigk, Hitlers ehemaliger Wirtschaftsminister und nun Leitender Minister der Regierung von Admiral Dönitz, in Flensburg einen Übertragungswagen, der im Innenhof der Hauptpost parkte. Während die Alliierten und die Rote Armee vorrückten, waren alle Reichssender nach und nach verstummt, so auch erst ein paar Tage zuvor der Reichssender Hamburg, dem Flensburg angegliedert gewesen war. (Inzwischen hieß der Sender »Radio Hamburg, Sender der alliierten Militärregierung«.) Zum Reichssender Flensburg befördert und als letzter noch in deutscher Hand befindlicher Sender würde also Flensburg die erste Meldung von der Kapitulation verbreiten. Um 12.45 Uhr erklärte Schwerin von Krosigk: »Deutsche Männer und Frauen! Das Oberkommando der Wehrmacht hat heute auf Geheiß des Großadmirals Dönitz die bedingungslose Kapitulation aller Truppen erklärt.« Er begründete diesen Schritt folgendermaßen: »Es war das vornehmste Ziel des Großadmirals und der ihn unterstützenden Regierung, nach den furchtbaren Opfern, die der Krieg gefordert hat, in seiner letzten

Phase das Leben möglichst vieler deutscher Menschen zu erhalten.« Der Rest der Rede strotzte von ergreifenden Termini, wie sie damals auf allen Seiten zur Kriegsrhetorik gehörten. Er appellierte an Einigkeit in den bevorstehenden schweren Zeiten und mahnte, dass fortan Recht und Gerechtigkeit die Grundlage des Lebens in Deutschland sein und helfen sollten, die schrecklichen Wunden des Krieges zu heilen. Er hoffte, der den Deutschen in der ganzen Welt entgegengebrachte Hass würde Versöhnung Platz machen, die letztlich die Freiheit brächte. Er sagte noch, niemand solle daran zweifeln, dass düstere und schwere Tage bevorstünden, und er schloss mit dem Wunsch:»Möge Gott uns im Unglück nicht verlassen und unser schweres Werk segnen.«

Doch warum verbreitete er die Meldung ausgerechnet zu jenem Zeitpunkt? In seinen Memoiren äußert sich von Krosigk dazu nicht. In manchen Berichten heißt es, die Zensoren der Alliierten hätten es ihm gestattet – was ausgesprochen seltsam anmutet, da diese doch absolutes Stillschweigen bis nach der Zeremonie in Karlshorst angeordnet hatten. Doch der Flensburger Sender scheint damals noch in deutscher und nicht in der Hand der Alliierten gewesen zu sein. Meine Theorie lautet, dass von Krosigk und Dönitz einfach nichts von der Nachrichtensperre wussten und Dönitz es, nachdem er Jodl den Befehl zur Unterzeichnung der Kapitulation in Reims gegeben hatte, korrekt fand, diese Meldung zu verbreiten. Wie auch immer die Umstände gewesen sein mögen, Ed Kennedy, der Korrespondent von Associated Press, hörte die Nachricht und realisierte, dass damit die Katze aus dem Sack war. Er ignorierte die Zensur und setzte seinen eigenen Bericht ab, der schon eine Stunde später um die Welt ging. Die Alliierten – und auch seine Kollegen – waren außer sich, weil er die Nachrichtensperre gebrochen hatte. Feige entschuldigte sich Associated Press und feuerte ihn kurz darauf. Erst 67 Jahre später, nämlich 2012, als Kennedys Erinnerungen an jene Zeit in Amerika veröffentlicht wurden, entschuldigte sich die Nachrichtenagentur bei ihm dafür. Tom Curley, der gegenwärtige Präsident und CEO von AP verfasste ein Vorwort zu den Memoiren, in dem es heißt, Kennedy habe richtig gehandelt und hätte dafür eigentlich nicht rausgeworfen, sondern befördert werden müssen. AP war mit der Situation denkbar schlecht umgegangen. »Die Absurdität des Versuchs, eine Nachricht von solcher Tragweite unter Verschluss zu halten, war eigentlich offensichtlich«, schreibt er. »Wenn der Krieg aus ist, lässt sich eine derartige Information nicht zurückhalten. Die Welt muss davon erfahren.« Für seine Nachkommen war das vermutlich eine Genugtuung, nur nützte es Kennedy selbst nichts mehr, da er – der seine Tat nie bereut hatte – 1963 an den Folgen eines Autounfalls starb.

Man könnte trotzdem darüber streiten, ob Kennedys Meldung das Kriegsende bedeutete. Generalfeldmarschall Wilhelm Keitel musste zum damaligen Zeitpunkt schließlich noch in der ehemaligen Heerespionierschule in Berlin-Karlshorst die Kapitulationsurkunde in Gegenwart des sowjetischen Kommandanten Georgij Schukow unterzeichnen. Das tat er kurz vor Mitternacht des darauffolgenden Tages, also am 8. Mai (in manchen Quellen heißt es, er habe es erst nach Mitternacht, aber rückwirkend zum 8.5., 23.01Uhr getan). Der britische Premierminister Winston Churchill hatte die Neuigkeit seiner jubelnden Bevölkerung noch nicht kundgetan, und auch die Kampfhandlungen waren offiziell erst um 23.01 Uhr MEZ einzustellen. Wegen der Zeitverschiebung zwischen Berlin und Moskau verkündete Stalin sogar erst am 9. Mai das Kriegsende. Bis heute wird in Russland der »Tag des Sieges« an diesem Datum gefeiert.

Am Abend des 9. Mai verlas Leutnant Klaus Kahlenberg, der Rundfunksprecher des Reichssenders Flensburg, den letzten Wehrmachtsbericht des Krieges. Er begann mit folgenden Worten: »Seit Mitternacht schweigen nun an allen Fronten die Waffen.« Rund um Prag dauerten die Gefechte allerdings bis zum 11. bzw. 12. Mai an, und an einigen Orten wurde sogar bis zum 20. Mai noch gekämpft. Am 23. Mai leitete Schwerin von Krosigk seine täglichen Kabinettssitzungen mit Ministern und Offizieren des Oberkommandos, als bewaffnete britische Soldaten den Raum stürmten und riefen: »Hände hoch! Ausziehen!« Jahre später schrieb von Krosigk darüber in seinen Memoiren: »Wir mussten uns mit dem Gesicht an die Wand stellen und wurden körperlich durchsucht.« Er empfand seine Verhaftung als demütigend – »nichts blieb undurchsucht« – und kritisierte, die Briten hätten sich nicht wie Gentlemen benommen. Admiral Dönitz und andere wurden im Hafen auf dem Wohnschiff *Patria* verhaftet. Generaladmiral Hans-Georg von Friedeburg, Dönitz' Nachfolger als Oberbefehlshaber der Kriegsmarine, nahm sich im Zuge dieser Aktion mit Gift das Leben. Die übrigen Männer wurden verhaftet und später angeklagt. Den Alliierten scheint erst später klar geworden zu sein, dass die zivile Regierung im Unterschied zur Militärführung nicht offiziell kapituliert hatte und dass den Deutschen fortan eine Regierung fehlte, die die grundlegenden Bedürfnisse der Bevölkerung regelte. So wurde am 5. Juni eine Erklärung unterzeichnet, mit der die Regierungsgewalt auf nationaler wie auf lokaler Ebene an die Siegermächte überging.

Aber eigentlich sind das alles Haarspaltereien. Es ist ja nicht wirklich wichtig, wann exakt der Krieg endete, außer vielleicht für Autorinnen wie mich, die festlegen möchten, wann genau die deutsche Nachkriegsgeschichte begonnen hat. Welches Datum in den Geschichtsbüchern steht, spielte für die meisten Deutschen damals kaum eine Rolle. Man war zu sehr damit beschäftigt, das Chaos des Kriegsendes zu überleben.

Tatsächlich dürften nur relativ wenige Menschen eine der diesbezüglichen Radiomeldungen überhaupt gehört haben. Denn allen Bemühungen von Hitlers Propagandaminister Joseph Goebbels zum Trotz, das Land flächendeckend mit preiswerten Volksempfängern zu versorgen, besaß die Mehrzahl der damaligen Haushalte gar kein Radio. Und falls doch, konnte es sehr gut unter dem Schutt zerbombter Häuser liegen, von feindlichen Truppen beschlagnahmt oder gestohlen worden sein oder aufgrund von Stromausfall stumm bleiben. Auch mochten die Besitzer, sofern sie überlebt hatten, sich in

Gefangenschaft befinden, geflohen oder auf der verzweifelten Suche nach Lebensmitteln unterwegs sein.

Der Krieg endete für die meisten Menschen auf ganz andere Weise, für manche früher, für andere später. Für Familien, die sich in den Kellern ihrer ausgebombten Wohnblocks drängten, konnte es das unbekannte Geräusch fremder Panzer sein, die über ihren Köpfen rollten. Für diejenigen, die versuchten, von den örtlichen Nazivertretern zu erfahren, wie sie sich verhalten sollten, mochte es die Erkenntnis sein, dass die Braunhemden verschwunden waren und sie auf Gedeih und Verderb den feindlichen Soldaten ausgeliefert hatten. Für viele im Osten dürfte es der Moment gewesen sein, in dem sie ihre letzten Habseligkeiten auf Wagen geworfen und sich dem langen, beschwerlichen Treck Richtung Westen angeschlossen hatten. Für die erschöpften Truppen war es wohl der Augenblick, in dem ihre Einheiten kapitulierten und sie in Kriegsgefangenenlager getrieben wurden. Für die Mächtigen und Einflussreichen bedeutete es Selbstmord, Flucht und die demütigende Verhaftung durch alliierte Soldaten.

Das Kriegsende wurde individuell unterschiedlich mit Freude, Verzweiflung, Erleichterung oder Gleichgültigkeit aufgenommen. Doch was man später die Stunde Null nannte, waren in Wirklichkeit chaotische Wochen oder gar Monate solcher Augenblicke. Allen, die das miterlebten, war nur eines gewiss, dass die Zukunft sich vollkommen von dem unterscheiden würde, was sie bisher gekannt hatten.

Ein Grund zum Feiern

Für Gabriele von Lindheim, wie sie damals noch hieß, und für die meisten Berliner war der Krieg bereits im April zu Ende gegangen und ein neuer Alptraum hatte begonnen. Damals hatten die Russen die Stadt eingekreist, durch die Straßen rollten Panzer, gefolgt von Infanterie, die plünderte, vergewaltigte, mutwillig zerstörte und eine Anarchie etablierte, in der es keine Polizei, keine Gesetze, keinen Schutz gab, sondern nur den verzweifelten, traumatischen Kampf ums Überleben. Frau von Lindheim, die aus einer reichen Industriellenfamilie stammte, die fast alles verloren hatte, musste mit ihrem einjährigen Sohn im Keller ihres Hauses in Steinstücken wohnen. Diese winzige Exklave Berlins sollte im Kalten Krieg ein Zankapfel zwischen den Sowjets und den westlichen Alliierten werden. Über der Frau hausten russische Soldaten, die die Möbel und ihren anderen Besitz entweder stahlen oder zerstörten. Sie hatten die Strom- und Telefonleitungen in der ganzen Gegend gekappt, daher wusste sie nicht, was in der Welt passierte. Wie alle anderen Frauen fürchtete sie sich davor, abends unterwegs zu sein, aber selbst tagsüber suchte sie sich eher einen Weg durch die Nachbarsgärten als die Straße zu benutzen.

Weil ihr schon lange klar gewesen war, dass der Krieg verloren sein würde, hatte sie Milchpulver gehortet und im Garten vergraben, damit ihr kleiner Sohn nicht, wie viele Babys in jener schrecklichen Zeit, verhungern müsste. Zum Glück entdeckten die Russen, die im Garten mit spitzen Stangen nach vergrabenen Sachen suchten, weder diese Vorräte noch die Wertsachen, die sie ebenfalls dort verborgen hatte.

Die junge Frau hatte sogar noch mehr Glück: Dank ihres Slawistikstudiums sprach sie fließend Russisch. Diese Tatsache könnte ihr das Leben gerettet haben, auf alle Fälle rettete es sie – im Gegensatz zu vielen anderen Frauen in Berlin – vor einer Vergewaltigung. »Ich konnte mit den Russen reden und sie verstehen. Ich erkannte, welche Art von Leuten ich vor mir hatte, und konnte nachvollziehen, dass der Krieg für sie auch oft entsetzlich gewesen war. Außerdem wussten sie, dass er für sie noch nicht zu Ende war.« Die Russen mochten sie und vertrauten ihr, sie spielten mit ihrem kleinen Sohn und baten sie sogar, auf ihr Plündergut achtzugeben, weil sie ihren eigenen Kameraden nicht trauten. Einmal gelang es ihr, mit Hilfe einiger Flaschen Wodka auszuhandeln, dass Ärzte nach Steinstücken kommen und die Kranken dort versorgen durften.

Eines Tages beschloss ein sympathischer junger Offizier, sie mit den Prinzipien des Marxismus-Leninismus vertraut zu machen und sie selbst darin zu unterrichten. Ihr blieb nichts anderes übrig, als sich darauf einzulassen. Nach ein paar Lektionen tauchte er eines Tages mit einer Flasche Wodka unter dem Arm bei ihr auf. Erfreut verkündete er:»Man hat den Frieden ausgerufen! Lass uns das feiern!« Plötzlich verzog er das Gesicht.»Ach nein, du kannst ja gar nicht mitfeiern, ihr habt den Krieg ja verloren.« Doch dann hellte sich seine Miene wieder auf – ihm war eine Lösung des Problems eingefallen.»Wir werden einfach feiern, dass wir beide noch am Leben sind!«

Das war in der damaligen Situation auch der einzige Trost.

Es klopft

Wie so viele Aspekte des Alltags im Jahr 1945 wäre auch folgende Geschichte heutzutage undenkbar. Angesichts von Pappbechern, Plastiktüten, Dosen und anderem Müll unserer Wohlstandsgesellschaft entlang so vieler Straßen würde wohl kaum jemand auf ein bekritzeltes Stück Papier achten.

Irgendwann im Frühling 1945 fiel allerdings ein Fetzen Papier am Rand einer Straße in Berlin einer Frau ins Auge. Weil die Menschen damals, kurz nach Kriegsende, fast nichts besaßen, hatte man schon gar nichts wegzuwerfen. Deshalb machte sich die Frau auch die Mühe, es aufzuheben und zu lesen, denn es mochte vielleicht wichtig sein. Und weil sie damals inmitten zahlloser menschlicher Katastrophen lebte, als die Menschen wenig oder gar keine Nachrichten voneinander erhielten, wusste sie, dass sie etwas tun musste.

Und so klopfte sie am 18. Mai an die Tür eines Hauses in der Ihnestraße in Dahlem, einem im Südwesten der Stadt gelegenen Bezirk Berlins. Dort fragte sie, ob jemand Dr. Ruffer kenne, denn dieser Name hatte zusammen mit der Adresse auf dem Stück Papier gestanden. Und tatsächlich lebten im Dachgeschoss des mit Ausgebombten völlig überfüllten Hauses Dr. Ruffers blonde Frau und seine 16-jährige Tochter Christa. Die Nachricht auf dem Papierfetzen lautete:

»Ich bin in Wannsee in russische Gefangenschaft geraten. Es geht mir gesundheitlich noch gut. Ich hoffe, dass Ihr alles glücklich überstanden habt. Wolle Gott, dass wir uns einmal gesund wiedersehen. Habt Ihr Nachricht von Hans-Joachim [seinem Sohn, dem Bruder von Christa, der auch in der Wehrmacht gewesen war]? Bis jetzt viel marschiert, wohin wir kommen, ist noch ungewiss.«

Dann folgten Ratschläge, woher die Familie Unterstützung beziehen sollte: vom Glühbirnenhersteller Osram, für den er gearbeitet hatte, von der Deutschen Bank, und zwar über eine gewisse Frau Fuchs, sowie vom Versorgungsamt – offenbar hatte der arme Mann nicht mehr mitbekommen, dass alle diese Einrichtungen entweder komplett zerstört oder außer Betrieb waren.

Dann schloss er mit den Worten: »Nun lasst es Euch gut gehen in diesen schweren Zeiten. Wann wir uns wiedersehen, wissen die Götter. Ich hoffe jedoch, dass die alten Offiziere bald entlassen werden [damit meinte er ganz offensichtlich auch sich selbst].

Herzliche Grüße und Küsse von Eurem Vati«

Anscheinend war es ihm gelungen, diese Zeilen irgendwann auf dem Marsch zu kritzeln und neben der Straße fallen zu lassen, in der Hoffnung, jemand würde sie finden und zu seiner Familie bringen.

Weil sie damals inmitten von Tod und Zerstörung lebten, waren Ehefrau und Tochter überglücklich. »Gottlob, er lebt!«, notierte Christa erfreut in ihrem Tagebuch. Ihr Vater war erst vor Kurzem zum Bataillonskommandeur von Hohenschönhausen im Nordosten von Berlin befördert worden, im Zuge des letzten, vergeblichen Versuchs, die Stadt gegen die anrückende Rote Armee zu verteidigen. Sie hatten ihn noch einige Wochen zuvor gesehen, als er, während die Invasion der Russen bereits in vollem Gange war, mit den Resten seines Bataillons plötzlich vor ihrer Tür gestanden hatte. »Wir beschworen ihn, die Uniform auszuziehen und hierzubleiben«, schrieb Christa in ihr Tagebuch. »Aber als Bataillonskommandant, der noch einige Soldaten bei sich hatte, konnte er es einfach nicht. Er will mit seinen Leuten nach Brandenburg, wo noch ein Loch offen sein soll.« Damit meinte sie eine Lücke in den sowjetischen Linien, durch die sie hofften, sich zu den Amerikanern retten zu können. Es war bekannt, wie gering die Chancen auf Überleben und eine menschenwürdige Behandlung waren, wenn man in russische Gefangenschaft geriet.

Mutter und Tochter hörten nichts mehr. Wie Millionen anderer Frauen in dieser finsteren Zeit mussten sie ums Überleben kämpfen, gegen Hunger und Kälte, ohne Strom oder Gas und mit Wasser nur im Keller. Ihre Wohnung wurde mehrfach von sowjetischen Soldaten geplündert und ausgeraubt. Wieder lebten sie in Angst. Diesmal nicht vor Bomben, sondern vor allem wenn sie gegen Abend unterwegs waren – vor marodierenden russischen Soldaten, die die gefürchteten Worte »Frau, komm« aussprachen.

Dann rückten die Amerikaner in Dahlem ein. Sehr langsam wurden die Lebensbedingungen ein wenig besser. Zuerst fand ihre Mutter, dann auch Christa Arbeit im amerikanischen Offizierscasino in der Nachbarschaft. Die Mutter als Köchin, Christa als Kellnerin. Christas Bruder Hans kam unversehrt nach Hause. Jetzt fehlte nur noch Vati, dann wären sie alle wieder vereint.

Eineinhalb Jahre später besuchte sie ein aus der Gefangenschaft heimgekehrter Kamerad ihres Vaters. Die beiden waren zusammen in einem Lager im georgischen Tiflis gewesen. Doch nun war ihr Vati tot. Er war an Typhus gestorben. Und es war gut, dass dieser Mitgefangene die Schrecken, die Dr. Ruffer, eigentlich ein bebrillter Physiker und Mathematiker, erleiden musste, bevor er in diesem Lager elend starb, nicht schilderte. Wahrscheinlich unterschieden sie sich nicht sehr von denen, die sowjetische Kriegsgefangene in deutschen Lagern durchgemacht hatten. Auf beiden Seiten starben Gefangene, die man nicht gleich erschossen oder gehängt hatte, oft an Hunger, Erschöpfung aufgrund von Gewaltmärschen oder an Kälte, weil sie bei winterlichen Temperaturen nur geschütz von selbst gegrabenen Erdlöchern im Freien schlafen mussten. Und wie auch bei Dr. Ruffer blieben schreckliche Erkrankungen und Seuchen unbehandelt. Von den rund 5,7 Millionen sowjetischen Soldaten, die in deutsche Gefangenschaft gerieten, überlebten nur 2,2 Millionen. Die Zahl der deutschen Soldaten, die in sowjetischer Gefangenschaft starben, ist umstritten. Nach russischen Angaben waren es 356 700. Nach deutschen Angaben, die auch Verschollene einschließen, waren es etwa eine Million. Christas Vater ist auf jeden Fall einer von ihnen.

Die Bierdeckelgrenze

Sobald der Krieg zu Ende war, mussten die drei Siegermächte die Grenzen zwischen ihren jeweiligen Besatzungszonen festlegen. Wahrscheinlich war damals nur wenigen Deutschen bewusst, dass die Alliierten ihr Land bei einem bereits 1944 in London erzielten Abkommen schon aufgeteilt hatten. Die damalige Vereinbarung entsprach im Grunde genommen der späteren Regelung, wonach die Sowjetunion etwa 40 Prozent des Territoriums und 36 Prozent der Bevölkerung in der Osthälfte des Landes zufiel, während die westliche Hälfte zwischen Briten und Amerikanern geteilt wurde, die später noch einige Gebiete an Frankreich abtraten. (Die deutschen Gebiete östlich der Flüsse Oder und Neisse wurden Polen zugeschlagen. Abgesehen von der Gegend um Königsberg, die unter sowjetischer Verwaltung stand.)

Diese Lösung war ursprünglich von Großbritannien vorgeschlagen worden. Heute mag es seltsam anmuten, dass die westlichen Alliierten den Sowjets freiwillig einen so großen Teil überließen, doch damals scheint weniger der Grundbesitz als eher die Problematik der Kontrolle und Verwaltung eines zerstörten Landes sowie dessen hungernder und oft auch obdachloser Bevölkerung im Vordergrund gestanden zu haben. Berlin sollte von Anfang an zwischen den Siegermächten geteilt werden, ebenso wie Wien.

Das Land war mehr oder weniger entlang der Staats- und Bezirksverwaltungsgrenzen des 19. Jahrhunderts aufgeteilt worden, doch bei Kriegsende befanden sich die amerikanischen und britischen Truppen viel weiter östlich als ursprünglich vereinbart, während die Sowjets ganz Berlin unter ihrer Kontrolle hatten. Daher zogen sich zwei Monate später die Westalliierten bis zu den vorher festgelegten Grenzen zurück – zum großen Missfallen der Flüchtlinge aus dem Osten, die sich, sobald sie die amerikanischen und britischen Truppen erreicht hatten, in Sicherheit gefühlt und niedergelassen hatten. Auch die Aufteilung Berlins in vier Sektoren erfolgte erst damals.

Nachdem die verschiedenen Zonen ausgehandelt waren, fuhren sowjetische und alliierte Offiziere die gemeinsamen Grenzen in Jeeps ab, legten dabei alte, oft zugewachsene Markierungen frei und zeichneten den Grenzverlauf in Karten ein. Nicht immer war das so leicht wie gedacht. Hin und wieder setzte man sich bei einem Glas Wodka zusammen und schnapste spontane Änderungen aus. So »überließ« beispielsweise an einem Checkpoint bei Schlutup in der Nähe von Lübeck ein lokaler russischer Kommandant ein Haus den Briten, obwohl es eigentlich in seiner Zone, nämlich in Mecklenburg-Vorpommern, lag, weil ein Offizier ihn bat, es als Wachraum für die britische Militärpolizei nutzen zu können. Nicht weit davon entfernt, in der Nähe von Ratzeburg, wurden 12 000 Morgen der Britischen Zone gegen 6500 der Sowjetischen getauscht, um die Verbindungen (also Straßen-/Schienenverkehr) zu erleichtern. In Nordbayern dagegen wurden fünf Dörfer, die eigentlich eine thüringische Exklave bildeten, durch den Federstrich eines US-Offiziers bayerisch, da sie fürchteten, den Russen zugeschlagen zu werden.

Die Grenzteams gingen so locker an ihre Aufgabe heran, dass damals viele glaubten, die Offiziere zeichneten Änderungen auf Bierdeckeln auf. Eine Londoner Tageszeitung machte daraus sogar eine Schlagzeile: »Die Bierdeckel-Grenze«. Ich habe diese Information einem Buch entnommen (›The Ugly Frontier‹, Chatto and Windus, London 1970), in dem David Shears, ein ehemaliger Kollege vom ›Daily Telegraph‹, haargenau die Geschichte dieser Grenze bis zum Ende der 1960er Jahre dokumentierte. Doch nicht einmal David, dieser wirklich exzellente Reporter, schaffte es, in den Besitz eines solchen Bierdeckels zu kommen. Man kann also mit Recht am Wahrheitsgehalt dieser Anekdoten zweifeln, zumal Bierdeckel gegen Kriegsende ausgesprochen selten gewesen sein dürften, falls es denn überhaupt welche gab.

Anfangs war die Grenze offen, und Millionen – die genaue Zahl kennt niemand – Flüchtlinge und Vertriebene aus den verlorenen Gebieten und der Sowjetischen Besatzungszone passierten sie. Dadurch verschärften sich die bereits eminente Nahrungsmittelknappheit, die Wohnungsnot und der Mangel an Transportmitteln. Gleichzeitig blühten die Geschäfte der Schmuggler und Schieber. Trotz der Versuche, die Flut einzudämmen, beispielsweise durch die Einführung von Pässen, obwohl 1949 die Westzonen zu Westdeutschland, der Bundesrepublik Deutschland – und die Sowjetische Besatzungszone zu Ostdeutschland, der Deutschen Demokratischen Republik, wurde, trotz massiven Einsatzes von sowjetischem Militär und ostdeutscher Polizei-Patrouillen kamen nach wie vor Hunderttausende und überwanden die Grenze relativ mühelos.

Das änderte sich allerdings mit dem 26. Mai 1952, als die DDR-Regierung eine Verordnung über ihr fortan besonderes Vorgehen entlang der Demarkationslinie erließ. Der offizielle Zweck dieser Maßnahme war, Spione, Saboteure und Schmuggler fernzuhalten, doch tatsächlich wollte man damit das weitere Ausbluten des Landes verhindern. Denn vor allem die Flucht der jüngeren, gut ausgebildeten und im Berufsleben stehenden Bürger erschwerte zunehmend den Aufbau einer funktionierenden Wirtschaft. Als Erste tauchten ostdeutsche Grenzwachen auf, die Stacheldraht spannten. Schon das war eine schwierige Aufgabe: da die Alliierten die Linien oft mit weichem Bleistift in Karten im Maßstab von 1:100 000 eingezeichnet hatten, also mit einem ein paar Millimeter breiten Strich, ergab sich daraus eine mögliche Abweichung von bis zu 20 Metern. Auf der Ostseite zogen sich am Stacheldraht zusätzlich ein 10 Meter breiter gepflügter Streifen und davor noch ein 500 Meter breiter, streng kontrollierter Schutzstreifen entlang. Parallel zum Schutzstreifen verlief eine 5-Kilometer-Sperrzone, wo nur Personen mit Sondererlaubnis wohnen oder arbeiten durften. Unzählige hölzerne Wachtürme wurden errichtet; die Zahl der Übergänge reduzierte man drastisch. Außerdem wurden Bäume und Sträucher gerodet, um freie Sicht auf die Grenze zu gewährleisten. In einer Operation Ungeziefer benannten Aktion wurden schließlich noch über 8000 als politisch unzuverlässig eingestufte Anwohner zwangsumgesiedelt, während man weitere 3000 in den Westen abschob. Wenigen Menschen gelang es dennoch, die Grenze zu überwinden, doch für die meisten war der einzige noch offene Fluchtweg in den kommenden neun Jahren eine Reise nach Berlin und von dort ein Flug in den Westen. Bis zum Juli 1961 verließen auf diese Weise etwa 1000 Menschen täglich die DDR. Dann wurde die Berliner Mauer errichtet.

In den späten 1960er Jahren, als die Sache mit den angeblichen Bierdeckeln längst vergessen war, machte sich die DDR-Regierung daran, eine »moderne« Grenze anzulegen. Diese sollte für westliche Augen weniger abscheulich wirken als die alte – daher versetzte man sie an vielen Orten bis zu zwei Kilometer vor die eigentliche Staatsgrenze – aber trotzdem deutlich effektiver funktionieren. So ersetzte man den alten Stacheldraht durch feineren Maschendraht, in den man unmöglich hineingreifen konnte und der sich auch nicht so leicht zerschneiden ließ. Es gab Minen, versteckte Stolperfallen, Selbstschussanlagen, speziell abgerichtete Hunde, Flutlicht und stellenweise auch Mauern.

So wurde aus einer hier und dort lässig auf Bierdeckeln oder was auch immer skizzierten Grenze die zweitgrößte Befestigungsanlage der Welt, gleich nach der Chinesischen Mauer: 11 393 tödlich gefährliche Kilometer erstreckten sich von der Ostsee bis zur tschechischen Grenze. Das irrsinnig teure Bauwerk erhielt die DDR-Regierung an der Macht,

trennte Deutsche von Deutschen, Ost von West, und das fast
vier Jahrzehnte lang.

Hoher Besuch

Das Haus war groß, größer als die meisten, und wunder-
schön. Nur eine Ecke war von einer kleinen Brandbombe
kaum merklich beschädigt, aber abgesehen davon hatte es
wie praktisch alle Villen der reichen Leute in dieser privi-
legierten Gegend von Potsdam-Babelsberg den Krieg mehr
oder weniger heil überstanden. Drinnen allerdings herrsch-
ten 1945 im Prinzip die gleichen Verhältnisse wie überall. 35
Flüchtlinge aus Bromberg, das heute in Polen liegt, lebten in
den Zimmern, während ein hoher ehemaliger Wehrmachts-
offizier, vermutlich aufgrund seines Ranges, mit seiner Familie den eleganten Salon und zwei daran angrenzende Räume
belegte. Zwei Frauen aus der Eigentümerfamilie waren ebenfalls noch da, außerdem der Gärtner, die alte »Mamsell« und
Katja, das russische Dienstmädchen. Seit inzwischen mehr als
einem Monat wiederholte sich der immer gleiche Alptraum:
Sowjetische Soldaten durchstreiften wieder und wieder die
Villa, rissen Wertsachen an sich und bemächtigten sich der
Frauen. Mit Beute hoch beladene Karren standen draußen,
während die kreischenden Frauen vergewaltigt wurden. Oft
gab es weder Strom noch Wasser noch eine Telefonverbin-
dung, und zu essen hatten sie fast nichts.

Das Haus stand am Ufer des Griebnitzsees, in der exklu-
siven Villenkolonie Babelsberg. Gebaut worden war es für
Franz Urbig, einen sehr distinguierten, angesehenen Ban-
kier, der die Deutsch-Asiatische Bank gegründet hatte und
Aufsichtsratsvorsitzender der Deutschen Bank gewesen war.
Der Entwurf stammte von einem damals erst 23-jährigen Architekten, dessen Arbeiten für Freunde Frau Urbig beeindruckt hatten: ein gewisser Ludwig Mies, der seinen Namen
später zu Mies van der Rohe änderte. Er hatte es im eleganten
klassizistischen Stil geplant; zwei Stockwerke und ein Dach-

geschoss hoch, mit Dachgauben, hohen französischen Fenstern zum großen Park hinaus und Rankenreliefs über den Fenstern. Es besaß eine wundervolle Terrasse mit Blick über den Griebnitzsee. Auf dem sanft zum See abfallenden Grundstück standen alte Bäume, ein Gärtnerhaus, vielleicht auch noch ein Bootshaus. Es war der Sommersitz der Familie gewesen, die hier von April bis Oktober zu logieren pflegte. Franz Urbig war im Vorjahr gestorben, und nun lebte der Großteil der Familie in Bayern, in sicherer Entfernung von den Bomben. Nur Urbigs jüngere Tochter Elisabeth und deren Nichte Marie-Louise Gericke – die Tochter ihrer älteren Schwester – waren dort geblieben. Elisabeth, eine passionierte Reiterin, arbeitete in dem zum Lazarett umfunktionierten Sanatorium im nahen Drewitz. Marie-Louise, die ihr Studium an der Universität Heidelberg hatte abbrechen müssen, als man ein paar Monate zuvor alle Hochschulen geschlossen hatte, war zur Arbeit in einer Munitionsfabrik verpflichtet worden.

Am Abend des 30. Mai waren die nächtlichen Überfälle auf einen Schlag und unerwartet zu Ende, als eine Gruppe hochrangiger russischer Offiziere auftauchte, die nicht nach Beute, sondern nach »großen Räumen« suchte. Sie durchstreiften das Haus mit Taschenlampen – es gab immer noch keinen Strom. Marie-Louise und Elisabeth hörten sie von einer »Konferenz« sprechen. Am nächsten Morgen trafen der sowjetische Stadtkommandant von Berlin, Generaloberst Nikolai Erastovitsch Berzarin und der neue, von den Sowjets ernannte Bürgermeister von Potsdam in Begleitung von Dolmetschern ein. Man erklärte ihnen – in höflichem Ton –, dass die Villa requiriert würde und innerhalb von zwei Tagen geräumt sein müsse. Sie dürften nur ein paar persönliche Sachen mitnehmen. Der General gab ihnen allerdings sein Ehrenwort darauf, dass sie in sechs Wochen wieder einziehen könnten.

Elisabeth und Marie-Louise packten kostbares Porzellan und andere Wertgegenstände zusammen und versteckten sie in einem kleinen Haus auf der anderen Straßenseite, das ihnen ebenfalls gehörte. Daran, dass sie schon früher Schmuck und Geld im Rosengarten und im Gewächshaus vergraben hatten, dachten sie nicht. Am Morgen ihres Aufbruchs tauchte ein russischer Soldat auf, mit einem Panjewagen und dem Befehl, sie in ein nahes »Lager« zu bringen. Mit Hilfe einer der letzten Flaschen Schnaps, die ihnen noch geblieben waren, gelang es den beiden, ihn zu überreden, sie stattdessen zu dem Lazarett zu bringen, wo Elisabeth arbeitete. Dort waren nebenbei bemerkt noch nicht lange zuvor von den Nazis Verfolgte versteckt worden, unter anderem die Mutter eines Nachbarn, eine jüdische Künstlerin. Sie fanden dort als zahlende Gäste Unterschlupf.

Aus ihnen unverständlichen Gründen wurde praktisch die gesamte Villenkolonie Babelsberg zum Hochsicherheits-Gelände erklärt, doch wenige Tage danach gelang es den beiden Frauen, sich nachts in einem geliehenen Ruderboot zurückzustehlen, um einige der vergessenen Wertsachen wieder auszugraben und Gemüse aus dem Garten zu holen. Ein nächstes Mal gaben sie sich als Beschäftigte der Putzkolonne aus und konnten sogar in die Villa kommen, die sie fast komplett leer vorfanden. »Wir erkannten die Räume nicht wieder – bar allen Eigentums, dafür neu tapeziert und mit lila Plüschmöbeln ausgestattet. An der Wand entdeckte ich ein berühmtes Ölgemälde von Freunden, deren Haus ebenfalls requiriert worden war«, erzählte Marie-Louise Gericke.

Als sie das nächste Mal versuchten, in die Villa zu gelangen, wurden sie nicht von einer russischen Wache, sondern von einem englischen Soldaten abgewiesen. »Sorry, Ladies, hier können Sie nicht rein, Ihr Haus ist das wichtigste von allen«, erklärte er. Warum er sich dort befand und was das Haus so wichtig machte, erfuhren sie erst ein paar Wochen später, als sie ein Foto der Staatschefs der drei siegreichen Alliierten – Winston Churchill, Harry S. Truman und Josef Stalin – sahen, die vor der Tür ihrer Villa beim dreifachen Handschlag abgelichtet waren.

Mehrere der großen Villen der Kolonie waren beschlagnahmt worden, um die drei Staatsoberhäupter und ihre Delegationen unterzubringen, während man sich vom 16. Juli bis zum 2. August im Rahmen der Potsdamer Konferenz traf, um über die Zukunft Deutschlands zu beraten. Villa Urbig, wie sie später genannt wurde, war die Residenz von Winston Churchill und seiner Entourage, zu der auch seine Tochter Mary zählte, die die Uniform einer Adjutantin des Womens' Royal Army Corps trug. In einem Brief an seine Frau Clementine schrieb Churchill: »Ich wohne in einem hübschen rosafarbenen Haus direkt an einem See, allerdings mit seltsamem deutschem Mobiliar.«

Am zweiten Tag der Konferenz schaute Präsident Truman bei Churchill vorbei, um diesen darüber zu informieren, dass die Amerikaner eine Atombombe erfolgreich getestet hätten und folglich zu unvorstellbarer Zerstörung in der Lage wären. Er und Churchill waren sich darin einig, dass die USA die Bombe nutzen sollten. Bevor er mit Churchill zur Konferenz aufbrach, soll Truman noch ein wenig auf dem Klavier geklimpert haben.

Die Staatschefs wurden täglich nach Cecilienhof gefahren, zum nahen Landschloss des letzten deutschen Kronprinzen, Wilhelm von Hohenzollern. Dort wurden unter anderem die Grenzen von Nachkriegsdeutschland festgelegt; auch stimmte man der Vertreibung von Deutschen zu, die sich noch jenseits davon befanden. Die Siegermächte teilten das Land und Berlin in vier Besatzungszonen. Man ordnete die Entnazifizierung und die juristische Verfolgung der nationalsozialistischen Kriegsverbrechen an. Außerdem beschloss man gewaltige Reparationen an die Sowjetunion und die Zerstörung oder Kontrolle der deutschen Schwerindustrie, damit das Land nie wieder in der Lage wäre, sich zu einer Militärmacht zu entwickeln oder einen Lebensstandard zu erreichen, der über dem europäischen Durchschnitt läge.

Im Verlauf der Konferenz gaben die drei Staatsoberhäupter jeweils ein Bankett für die anderen. Der erste war Präsident Truman, der dazu von einem Geiger und Pianisten aufspielen ließ. Bei seinem Bankett war Stalin dann offensichtlich bestrebt, den amerikanischen Präsidenten zu übertreffen, denn er ließ direkt aus Moskau zwei Geigerinnen und zwei Pianisten einfliegen. Am 23. Juli war schließlich Churchill an der

Reihe. Er ließ gleich die komplette Band der Royal Air Force antreten, die den ganzen Abend lang in voller Lautstärke spielte. Das wurde dem sowjetischen Diktator anscheinend ein bisschen zu viel, denn er fragte Churchill mehrmals, ob seine Musiker nicht »etwas Leichteres« spielen könnten. Irgendwann ergriff er selbst die Initiative, ging auf den Dirigenten zu, brachte einen Toast auf die Band aus und bat ihn persönlich, doch ein paar leise Liebeslieder zu spielen. Es gab zahlreiche Reden und Toasts und gemäß einem Augenzeugen war es »eine gelungene, glückliche, lärmende Party, und sie wurde im Verlauf des Abends immer lauter und ungestümer«. Kurz nach Mitternacht stimmte die Band nacheinander alle drei Nationalhymnen an, anschließend wurden die inzwischen ausgesprochen beschwingten Gäste zu ihren Villen zurückchauffiert.

Zwei Tage später hielt Churchill seine letzte Rede auf Cecilienhof, kehrte in die Villa Urbig zurück, durchstreifte ein letztes Mal deren Räume und flog dann zur Wahl nach Großbritannien. Zum allgemeinen Erstaunen verlor der während des Krieges so großartige Staatsmann. So kam es, dass der Labour-Chef Clement Attlee bei den letzten vier Tagen der Konferenz dessen Platz einnahm.

Das Ehrenwort des Stadtkommandanten galt übrigens nichts. Niemand durfte zurückkehren. Elisabeth Urbig und Marie-Louise Gericke schafften es mit gefälschten Papieren, in die amerikanische Zone zu gelangen. Dort arbeiteten sie eine Zeit lang für die amerikanische Militärverwaltung, bevor sie nach Stuttgart beziehungsweise München gingen.

Die Teilung von Berlin, die Churchill und seine Kollegen auf Cecilienhof beschlossen hatten, trat in Kraft. Die Grenze des amerikanischen Sektors verlief mitten durch den Griebnitzsee. Daher fiel auch die am Südufer gelegene Villa der Sowjetischen Besatzungszone zu, aus der später die Deutsche Demokratische Republik hervorgehen sollte. Das Gebäude wurde nach dem Krieg Gästehaus der »Akademie der Staats- und Rechtswissenschaften der DDR«.

Was die Puppe Hansi sah

Als sie etwa vier Jahre alt war, bekam Elke von ihrer Großmutter eine Puppe namens Hansi geschenkt. Sie war aus Celluloid, stammte aus der berühmten Puppenfabrik Schildkröt und Elke liebte es, Kleider für sie zu anzufertigen. Hansi war keine Puppe zum Knuddeln, aber er war ihr Lieblingsspielzeug und begleitete sie überallhin. Und so geschah es auch, dass Hansi Anfang 1945 oben auf ein paar Stücke Wäsche in Elkes kleinen Rucksack gepackt wurde. Nur sein Kopf schaute heraus, als Elke, ihre Mutter und ihre Schwester zu den Großeltern aufbrachen, wo sie fortan leben sollten. Ihr Vater war zum Volkssturm eingezogen worden und die Front – Elke hatte damals keine Ahnung, was das sein sollte – rückte auf ihren bisherigen Wohnort Posen zu. Deshalb würden sie zu Oma in ein Dorf namens Rosenthal, zwanzig Kilometer östlich der Oder ziehen, weil es dort sicherer wäre. Aber nur für kurze Zeit, sagte man ihnen, dann würden sie ihr behagliches, bürgerliches Leben wieder aufnehmen, in Posen, wo ihr Vater Prokurist und die Mutter zu Hause bei den Kindern gewesen war.

So war Hansi also auch dabei, als kurze Zeit später russische Soldaten ins Haus der Großeltern stürmten, den Großvater mitnahmen und alle anderen hinauswarfen. Hansi suchte mit ihnen Zuflucht in Großvaters Werkstatt neben dem Haus, aber bald hüpfte er wieder in den kleinen Rucksack auf Elkes Rücken, während sie in der Dunkelheit durch das Dorf zu einem Haus getrieben wurden, wo man sie in ein Zimmer mit nichts als einer nackten Glühbirne und einer Holzpritsche sperrte. Er sah Soldaten kommen und Elkes Mutter fortzerren, während sie schrie und schrie und ihre Töchter sich fürchteten. Nach einiger Zeit – inzwischen war der Sommer 1945 angebrochen, der Krieg zu Ende und die russischen Truppen waren wieder abgerückt – durften sie ins Haus der Großmutter zurück. Dann kam ein kleiner Bruder zur Welt. Sie nannten ihn Boleslaw. Er hatte blaue Augen und war nicht größer als Hansi. Doch er blieb nicht lange bei ihnen; irgendwelche Leute, Polen, kamen und nahmen ihn mit. Nie wurde mehr über das Baby gesprochen, und wie er zu jenem Zeitpunkt hatte zur Welt kommen können. Mutter und Großmutter mussten auf den Feldern arbeiten, doch Elke, Hansi und Elkes Schwester durften nach Belieben spielen. Dann kam Hansi erneut in den kleinen Rucksack, bevor Polizisten mit Knüppeln sie und viele andere bei strömendem Regen zum Bahnhof karrten. Wer zurückfiel, wurde geschlagen. Sie durften nur mitnehmen, was sie tragen konnten, und weil der Regen alles durchweichte, wurden die Bündel immer schwerer. Man trieb sie in Viehwaggons und schickte sie auf eine etwa dreiwöchige Irrfahrt. Zu essen hatten sie nur die Sachen, die sie in einen kleinen Eimer gestopft hatten, den Elkes Schwester trug. Toiletten gab es nicht. Manchmal hielt der Zug unerwartet, und sie irrten auf der Suche nach Essbarem über die Felder. Doch das war auch sehr gefährlich, denn der Zug fuhr ohne Ankündigung wieder los. Einmal, als Elke und ihre Schwester sich gerade hinter einen Busch gehockt hatten, setzte der Zug sich in Bewegung, und ihre Mutter schrie nach ihnen. Wie durch ein Wunder gelang es ihr, sie im letzten Moment noch in den Waggon zu hieven. Sie waren alle erschöpft, geschwächt, und Hansi hörte Elke und ihre Schwester immer wieder sagen: »Mutti, ich kann nicht mehr.«

Dieser Albtraum endete, als sie aus dem Zug und in ein Lager in der Nähe von Hoyerswerda gebracht wurden. Dort begann ein neuer Albtraum. Hansi war wieder mit auf den Feldern, wo sie verzweifelt nach irgendetwas Essbarem suchten, aber auch in der überfüllten Hütte, wo Familien Kleider und Ähnliches aufhängten, um für ein bisschen Privatsphäre zu sorgen, sich behelfsmäßige Feuerstellen bauten und kochten, was immer sie finden konnten, und zwar in was auch immer sie zur Hand hatten – und wenn es ein alter Stahlhelm war. Dann kamen Hansi und Elke plötzlich ins Lazarett. Elke war krank. Jahre später erklärte ihr ein Arzt, dass es ihr entzündeter Blinddarm gewesen sein muss, der die heftigen Brechattacken auslöste und ihr den Appetit raubte. Das sollte sich jedoch als Segen erweisen, weil sie deshalb bessere Kost erhielt als im Lager für Kinder eigentlich üblich: eine Scheibe

Brot und einen Löffel Zucker pro Tag. Etwas davon gab sie ihrer Schwester, so dass die beiden Mädchen sogar verhältnismäßig gut genährt waren.

Endlich kam Hansi wieder in den Rucksack und fand sich mit der Familie erneut in einem Zug wieder. Diesmal war es aber – welch unvorstellbarer Luxus – ein richtiger Personenzug mit Sitzen aus Holz. Sie saßen im letzten Waggon. Irgendwann wurde der Zug geteilt, und wie sie hörten, fuhr die vordere Hälfte in die Westzone Deutschlands, während ihre Hälfte in der Nähe von Chemnitz, dem späteren Karl-Marx-Stadt, hielt. Hier änderte sich das Leben auch für Hansi, denn nun musste er zu Hause bleiben, während Elke zur Schule ging. Ansonsten verbesserte sich ihre Situation nur marginal – sie bekamen ein Zimmer im Haus einer unfreundlichen Vermieterin zugewiesen, mussten auf Matratzen am Boden schlafen, erhielten fast ungenießbares Essen und die Mutter war gezwungen, in einer Textilfabrik als Büglerin zu arbeiten. Nach einer Weile fand sie eine bessere Stelle in Limbach/Oberfrohna, wohin die Familie dann übersiedelte. Doch die ganze Zeit über malten sie sich aus, dass sie eines Tages nach Hause und in ihr altes Leben zurückkehren könnten. Es dauerte Jahre, bis sie sich schließlich damit abfanden, dass die alte Zeit endgültig vorbei war. Dass ihr Vater nie zurückkäme und vermutlich tot war. Der Großvater war in Sibirien an Hunger und Typhus gestorben. Nach all dem Leid fehlten der Mutter die Kraft und die Gelegenheit, mit den beiden Töchtern und ihrer eigenen Mutter in den Westen zu fliehen, um dort ein besseres Leben zu führen. So blieben sie.

Für Elke wurde es jedoch nie eine Heimat. Über vierzig Jahre lang galt sie nicht einmal als Vertriebene, sondern nur als »umgesiedelt«. Als hätte man ihr nicht ihr Zuhause gestohlen und als wären all die anderen schrecklichen Erlebnisse nie passiert. Sie kam nie richtig an, fühlte sich in der neuen Umgebung nie wirklich willkommen. Sie lernte auch nie Sächsisch, denn ihre Mutter hatte stets darauf bestanden, dass sie akzentfreies Hochdeutsch sprachen.

Hansi begleitete sie weiter, zog mit nach Berlin um, wo sie

studierte, Lehrerin wurde, heiratete, zwei Kinder bekam, in der Stadtverwaltung arbeitete und irgendwann selbst Großmutter von drei Kindern war. Das einzig Beständige in ihrem Leben, die einzige Verbindung zur lange verlorenen Vergangenheit – abgesehen von ein paar Stücken Silberbesteck, die die Russen übersehen hatten, als sie auf dem Grundstück der Großmutter nach versteckten Wertsachen gruben – blieb Hansi. Die Puppe in ihrem roten Mäntelchen. Mit seinem inzwischen brüchigen und angeschlagenen Celluloid bewahrt sie ihn in ihrem Schrank auf. Die Enkel dürfen ihn ansehen, aber nicht anfassen. Vielleicht erzählt sie ihnen eines Tages seine Geschichte.

Wie man kapituliert

Während die kriegführenden Länder des Zweiten Weltkriegs die Städte ihrer Gegner bombardierten und feindliche Panzer sprengten, ging ein wenig bekannter, aber extrem wichtiger Krieg weit im Norden der Arktis vonstatten. Man könnte ihn den Wetterkrieg nennen.

Das Wetter in Nord- und Westeuropa sowie auf dem Atlantik hängt in meteorologischer Hinsicht stark von den Vorgängen in der Arktis ab. Nach einem in den 1920er Jahren geschlossenen internationalen Abkommen sendeten von Norwegen, Dänemark und der Sowjetunion an entlegenen Orten der Arktis zwischen Grönland und den Inseln von Nowaja Semlja vor der nördlichen Küste Russlands eingerichtete Wetterstationen regelmäßig und friedlich meteorologische Informationen an Wetterzentren in ganz Europa. Nachdem der Krieg ausgebrochen war, galten schnelle und verlässliche Angaben zum Wetter als militärisch höchst bedeutsam und unverzichtbar, wenn es darum ging, wann Angriffe, Bombardierungen und Operationen auf See stattfinden sollten. Bald nach Kriegsausbruch und insbesondere nachdem Deutschland 1940 Norwegen besetzt hatte, endete die internationale Zusammenarbeit in meteorologischer Hinsicht.

Von der deutschen Marine eingerichtete Wetterstationen auf Grönland und anderswo wurden von den Briten eingenommen und zerstört. Auch die meisten Wetterschiffe wurden aufgebracht oder versenkt. Der einzige »Trost« der Deutschen war, dass solche Operationen einen beträchtlichen Teil der britischen Flotte daran hinderten, andernorts zu kämpfen. Flugzeuge zur Wetterbeobachtung wurden zweimal täglich in die Arktis geschickt, um dort Informationen zu sammeln, allerdings nur sofern die Witterung es erlaubte. Zusätzlich verschärft wurde die Situation durch eine gewisse Rivalität zwischen Kriegsmarine und Luftwaffe, die es oft nicht schafften, ihre Daten auszutauschen oder das erst so spät taten, dass man diese nicht mehr nutzen konnte. Aufgrund der unzureichenden Vorhersagen wurden die deutschen Truppen an der Küste der Normandie von der Invasion der Alliierten am 6. Juni 1944 überrascht. Am Tag zuvor hatte es heftig geregnet, gestürmt, und die See war rau. Daher glaubte man, trotz Flut und Vollmond – beides entscheidend für eine solche Operation – nicht an einen Angriff der Alliierten. Einige Einheiten wurden abgezogen, viele Befehlshaber und Offiziere, darunter auch Feldmarschall Rommel höchstpersönlich, waren sogar für ein paar Tage abwesend. Sie wussten nicht, dass das Wetter am nächsten Tag besser sein würde.

Ein wichtiger Ort für Wetterbeobachtungen in der Arktis war Svalbard, eine Inselgruppe auf halber Strecke zwischen Norwegen und dem Nordpol mit der Hauptinsel Spitzbergen. Es hatte dort zwei Wetterstationen gegeben, eine russische und eine norwegische, aber auch von hier erhielten die Deutschen keine Informationen mehr, denn Kanadier, Briten und freie norwegische Truppen hatten sie zusammen mit der Infrastruktur zur Kohleförderung zerstört. Zu Recht fürchtete man, das alles könne sonst den Deutschen in die Hände fallen.

Es gab geheime Pläne, das Problem der Wettervorhersagen ein für allemal zu lösen. Dazu brachte man ausgewählte Einheiten der Marine ins Riesengebirge, wo sie Schnellkurse in Wetter- und Verkehrsfunk, Wetterbeobachtung, astronomischer Navigation und Orientierung absolvierten. Dazu kamen Waffenausbildung und Jagd, Zelt- und Iglubau, Winterbiwak, Skilaufen und Hundeschlittenfahren. Es gab außerdem eine Feldküchenausbildung, Gebirgstraining, Klettern und Sport. Anschließend brachte man die Männer in die Alpen, wo Gebirgsjäger sie im Gebirgskampf ausbildeten. Schließlich erfolgte noch eine 14-tägige Sanitätsausbildung inklusive der Notbehandlung von Zahnerkrankungen. Erst am Ende dieser Ausbildung erfuhren die Männer, wozu sie das alles gelernt hatten. Sie sollten eine strenggeheime Wetterstation an einem entlegenen Ort in der Arktis errichten.

So befand sich der Geograph und Geologe Dr. Wilhelm Dege, der Spitzbergen und das Klima dort sehr genau kannte, im Sommer 1945 mit zehn Marinesoldaten auf der öden, ansonsten unbewohnten Insel Nordostland und hatte keine Ahnung, was aus ihnen allen werden sollte. Über Radio hatten sie erfahren, dass der Krieg zu Ende war. Daraufhin verbrannten sie sofort all ihre Verschlüsselungsunterlagen, sprengten den Minenring, der die Wetterstation umgab, bauten die Wachtürme ab und begannen, unverschlüsselte meteorologische Berichte zu senden, wie es auch die Stationen der Sowjets und der Westalliierten wieder taten. Ihre Sorge blieb jedoch, denn früher oder später würde man sie gefangen nehmen. Und die Aussicht auf die Schrecken, die ihnen dann bevorstünden, und von denen sie über den Äther erfuhren – Deportation, Hinrichtung, Gefangenenlager, Zuchthaus, Beschlagnahmung jeglichen Besitzes – war fürchterlich. Gerüchte sprachen von entsetzlicher Vergeltung für Kriegsverbrechen und die Ermordung von Millionen Juden, Polen und anderen, die die Männer kaum glauben konnten. Niemand wusste, was aus seinen Angehörigen in der Heimat geworden war. Sie erwogen sogar, sich zu verstecken, bis die Feindseligkeit der Alliierten quasi etwas abgeflaut wäre. Das wäre in der Tat möglich gewesen, da sie über Vorräte für einige Jahre verfügten. Angesichts der sehr wahrscheinlichen Verschleppung in ein Kriegsgefangenenlager taten sie sich an all den Delikatessen gütlich, die sie noch reichlich zur Verfügung hatten und von denen die Menschen zu Hause nicht einmal mehr zu träumen wagten. Dege hatte seine freie Zeit genutzt, um die Geologie und Pflanzenwelt von Nordostland zu studieren, doch nun vergrub er seine Tagebücher und einige seiner Aufzeichnungen, weil er vermutete, sie würden bei seiner Gefangennahme beschlagnahmt.

Eines Tages fragte ihre Gegenfunkstelle in Tromsø nach ihrem exakten Standort. Das kam den Männern seltsam vor, denn die Offiziere dort hätten eigentlich darüber Bescheid wissen müssen. Doch wie sich herausstellte, befanden sich eben diese Offiziere inzwischen hinter Gittern, alle Geheimakten waren zerstört worden und niemand kannte ihren Aufenthaltsort. Sechs Mal gaben die Männer auf Svalbard ihre Position durch: 80° 04′ N 20° 24′ O. Monate vergingen und niemand kam, sie zu holen.

Sie litten ja keine besondere Not oder zumindest noch nicht. Zu den Tonnen von Material, mit denen sie im Sommer des Vorjahres angekommen waren, gehörten üppige Lebensmittelvorräte – allerdings kein Bier –, speziell angefertigte, vorfabrizierte wetterfeste Hütten, arktistaugliche warme Kleidung und Schlafsäcke, reichlich Treibstoff, Kochgeschirr, Skier, Schlitten und Medikamente, aber auch Gewehre und ihre meteorologische Ausrüstung. Wehrmacht und Marine hatten für diese Mission keine Kosten gescheut. Aber obwohl die Station vermint und mit eindrucksvollen sonstigen Mitteln zur Verteidigung ausgerüstet worden war, verirrte sich kein Feind auch nur in ihre Nähe, während sie täglich ihre fünf kodierten Wetterberichte absetzten. Die einzigen Gelegenheiten, bei denen sie ihre Waffen einsetzen mussten, waren die Rentierjagd und die Abwehr der Eisbären aus der Umgebung. Doch der kurze Polarsommer neigte sich bereits seinem Ende zu. Dege und seine Männer stellten sich schon auf einen weiteren arktischen Winter mit Stürmen, meterhohem Schnee und vier Monaten Dunkelheit ein, in denen das Meer zufror und niemand sie erreichen können würde. Dann endlich doch eine Nachricht über Funk: »Abholung 3/9 mit Schiff Blaasel.«

Als es am Abend des 3. September dämmerte, bemerkte einer von ihnen zufällig, was Dege später als Nussschale beschrieb. Sie schossen Leuchtraketen ab und lotsten das Schiff so zu ihrer Station. Es war tatsächlich die Blaasel, ein norwegischer Robbenfänger – einer der kleinsten und mit seinem Baujahr 1892 bestimmt der älteste noch seetüchtige. Bald darauf wurde ein Mann zu ihnen gerudert, der die Pelzhaube der norwegischen Arktisjäger und eine schwere braune Lederjacke trug. »Ich bin Schiffer Ludwig Albertsen aus Tromsø«, sagte er auf Norwegisch. »Das norwegische Marinekommando in Tromsø hat mich beauftragt, Ihre Kapitulation entgegenzunehmen und Sie mit Ihrer Ausrüstung nach Tromsø zu bringen.« Dege lud ihn zu Kaffee und Schnaps ein, und es dauerte nicht lange, da tauschten die beiden sich über gemeinsame Bekannte aus – selbst die Arktis scheint also eine kleine Welt zu sein. Zunächst blieben die übrigen norwegischen Seeleute auf ihrem Schiff, die Waffen im Anschlag, für den Fall, dass es Probleme geben sollte. Die Deutschen waren ebenso wachsam und hatten ihre Waffen griffbereit. Doch dann schnappte sich jemand das Ruderboot und fuhr damit zur Blaasel – an Bord den besten Ersatz für eine weiße Flagge: eine Flasche Steinhäger der Brennerei König. Man hieß sie mit offenen Armen willkommen, feierte lautstark und am nächsten Morgen waren die norwegischen Seeleute so verkatert, dass sie nicht einmal rechtzeitig auftauchten, um das Gepäck und die Ausrüstung der Deutschen auf ihr Schiff zu verladen.

Inzwischen hatten Albertsen und Dege Offizielles zu erledigen. »Ich muss noch kapitulieren!«, sagte Dege. Daraufhin herrschte erst einmal Schweigen. »Ich weiß nicht, wie das geht«, gestand Albertsen. »Beruhigen Sie sich nur, ich weiß es auch nicht. Aber ich habe einen Vorschlag. Ich händige Ihnen als Kommandant des deutschen Wettertrupps meine Pistole aus. Das soll das Zeichen dafür sein, dass wir kapituliert haben«, sagte Dege. »Ja, ja«, erwiderte Albertsen nachdenklich. »Darf ich die Pistole dann behalten?« »Natürlich.« Und so ergab sich dann in den frühen Morgenstunden des 4. September 1945 auf einer entlegenen Insel in der Arktis vier Monate nach Kriegsende mit der Übergabe einer Pistole, die nie abgefeuert worden war, die letzte deutsche Einheit. Und zwar norwegischen Robbenfängern.

Ankunft in München

Am 15. Oktober 1945 fuhr ein Zug in den Münchner Bahnhof ein, und ein paar Männer stiegen aus. Erschöpfte, ausgemergelte Gestalten in zerlumpten Kleidern, auf ihren Armen waren Nummern tatöwiert. Ihnen blieb nur wenig Zeit, sich die Beine zu vertreten, dann würde der Zug die Fahrt Richtung Süden fortsetzen.

Einer von ihnen war ein junger italienischer Chemiker aus Turin namens Primo Levi. Er hatte 1943, wie er später selbst zugab, schlecht vorbereitet versucht, sich den Partisanen in den italienischen Alpen anzuschließen. Doch bald waren er und einige Kameraden faschistischen Milizen in die Hände gefallen und den deutschen Besatzern ausgeliefert worden. Als Jude wurde Levi mit anderen auf einer fünftägigen Fahrt in Güterwaggons nach Auschwitz verschleppt. Genauer gesagt: nach Auschwitz III, ins sieben Kilometer entfernte Zwangsarbeiterlager Monowitz, wo er im Februar 1944 eintraf, mit der Häftlingsnummer 174 517 gebrandmarkt wurde und anschließend durch die Hölle ging. Nur eine Reihe glücklicher Umstände, darunter sein Abschluss als Chemiker, verschafften ihm eine Beschäftigung in der dort errichteten Gummifabrik, wodurch es ihm gelang zu überleben.

Es war auch – wie sich später herausstellen sollte – Glück, dass er Scharlach bekam und schwerkrank im sogenannten Krankenbau lag, als die SS wegen der anrückenden Roten Armee das Lager am 22. Januar 1945 fluchtartig verließ. Sie zwang die meisten Häftlinge zum Todesmarsch durch Schnee und Eis Richtung Westen, während man etwa 800 an Typhus, Ruhr, Tuberkulose und anderen Krankheiten leidende Menschen ihrem Schicksal überließ. Neun Tage später schleppten Levi und ein Mithäftling gerade den Körper eines toten Freundes zum überquellenden Massengrab, als sie hochschauten und vier junge sowjetische Soldaten erblickten, die sich zu Pferd dem Lager näherten. Es war die Vorhut der Einheit der Roten Armee, die sie befreien sollte. Genauer gesagt: die rund hundert Häftlinge, darunter auch Levi, befreien sollte, die nicht vor oder kurz nach der Ankunft der Russen gestorben waren. Primo Levis Heimreise erwies sich als surreale, neunmonatige Odyssee: erst in ein sowjetisches Durchgangslager, dann weiter in Zügen, die ihn und seine Gefährten entlang einer absurden, mäandernden Strecke Richtung Osten und Norden in die Ukraine, nach Russland, Weißrussland und anschließend wieder südwärts durch Russland und die Ukraine nach Rumänien, Richtung Westen durch Ungarn und Österreich und schließlich und endlich doch über die Grenze nach Italien brachten. Er schildert diese unfassbare Fahrt in seinem Buch ›La Tregua‹, ›Die Atempause‹. Der Titel bezieht sich auf die Zwischenphase nach der Hölle des Lagers und vor der Freude über die Heimkehr.

Teil dieses seltsamen Zwischenspiels war der Stopp in München. Er und seine Kameraden hatten genug von Zügen, genug davon, Tag und Nacht durchgerüttelt zu werden, genug von Gleisen, von Bahnhöfen und dem Geruch geteerter Bahnschwellen, heißer Bremsen und des Kohlenrauchs. »Andererseits«, schreibt er in seinem Buch, »erweckte die Tatsache, zum ersten Mal ein Stück Deutschland, nicht ein Stück von Oberschlesien oder von Österreich, sondern vom wirklichen Deutschland unter den Füßen zu haben, eine komplexe Empfindung in uns, eine Mischung aus Unduldsamkeit, Frustration und Anspannung, die mächtiger war als die Erschöpfung. Uns schien, als hätten wir jedem einzelnen Deutschen etwas zu sagen, ungeheuerliche Dinge zu sagen, und als hätte jeder Deutsche uns etwas zu sagen: wir hatten das Bedürfnis, die Summe zu ziehen, zu fragen, zu erklären, zu kommentieren, wie Schachspieler am Ende einer Partie. Wussten ›sie‹ von Auschwitz, vom verschwiegenen täglichen Massenmord, direkt vor ihren Türen? Wenn ja, wie konnten sie auf der Straße gehen, in ihre Häuser zurückkehren, ihre Kinder ansehen, die Schwelle einer Kirche überschreiten? Wenn nicht, dann sollten sie, mussten sie in Gottes Namen zuhören, alles erfahren, von uns, von mir, alles und unverzüglich: die tätowierte Zahl auf meinem Arm brannte wie eine Wunde.

Während ich durch Münchens trümmerübersäte Straßen irrte, in der Gegend des Bahnhofs, wo unser Zug wieder einmal festlag, war mir, als bewege ich mich unter einer Schar zahlungsunfähiger Schuldner, als sei jeder einzelne mir etwas schuldig und weigere sich, es zu bezahlen. Ich war unter ihnen, im Lager des Agramante, unter dem Herrenvolk, aber es gab nur wenig Männer, viele von ihnen waren Krüppel, viele trugen Fetzen am Leibe wie wir. Mir war, als müsse jeder uns Fragen stellen, uns an den Gesichtern ablesen, wer wir waren, demütig unseren Bericht anhören. Aber niemand sah uns in die Augen, niemand nahm die Herausforderung an: sie waren taub, blind und stumm, eingeschlossen in ihre Ruinen wie in eine Festung gewollter Unwissenheit, noch immer stark, noch immer fähig zu hassen und zu verachten, noch immer Gefangene der alten Fesseln von Überheblichkeit und Schuld.

Ich überraschte mich dabei, wie ich unter der anonymen Menge versiegelter Gesichter andere, wohlbekannte, oft mit Namen versehene Gesichter suchte: solche, die unmöglich nicht wissen, sich nicht erinnern, nicht Rede und Antwort stehen konnten, solche, die befohlen und gehorcht, getötet, erniedrigt und korrumpiert hatten – törichter und nutzloser Versuch: Denn nicht sie, sondern die wenigen Gerechten hätten an ihrer Statt geantwortet.« (Primo Levi, ›Die Atempause‹, Hanser 1988, S. 241 f.)

Nach seiner Rückkehr in die Heimat arbeitet Levi wieder als Chemiker, doch getrieben vom Bedürfnis, seine Erlebnisse zu erzählen, schrieb er ›Se questo è un uomo‹ (›Ist das ein Mensch?‹) Bei seinem Erscheinen 1947 hatte das Buch kaum Erfolg, doch nachdem es 1958 von Einaudi neu veröffentlicht und in viele andere Sprachen übersetzt worden war, galt es als eines der großartigsten Bücher, die je über den Holocaust verfasst wurden, und ist heute ein Klassiker der Weltliteratur. Mit diesem Werk und mit ›Die Atempause‹, die er 1961 und 1962 schrieb, hat er sich vermutlich seinen Wunsch »die Summe zu ziehen«, den er bei seinem kurzen Münchenbesuch im Herbst 1945 empfand, selbst erfüllt.

The show must go on

Hans-Karl Behrend kam mit 15 Jahren zum Volkssturm. Das Haus, in dem er gewohnt hatte, lag nach einem Bombenangriff in Schutt und Asche. Schreckensszenarien waren ihm durchaus vertraut. Verlust und Tod im Zuge der Bombardierungen hatten sich tief ins Gedächtnis des Jugendlichen eingebrannt.

Er war dabei zu helfen, Bombenschutt wegzuschaffen, als er auf ein Bein stieß. Instinktiv zog er daran, weil er glaubte, auf eine Leiche gestoßen zu sein. Doch er hielt nur ein loses Bein in Händen.

»Sind Sie danach in psychotherapeutischer Behandlung gewesen?«, fragte ein Schüler naiv sechzig Jahre später, als Dr. Behrend, inzwischen ein pensionierter Schuldirektor, einer Schulklasse seine Erlebnisse als Zeitzeuge schilderte. »Psychotherapie?«, rief er mit gespieltem Staunen. »Wie schreibt man das?«

Hans-Karl Behrend war nur einer von Millionen junger und alter Menschen in Europa, die unter erschütternden Kriegserfahrungen zu leiden hatten. Da waren die Soldaten, die von der Front oder aus der Gefangenschaft zurückkehrten, ausgebombte Familien, Flüchtlinge, vergewaltigte Frauen, gefolterte Gefangene, Überlebende der KZ-Hölle. Trotzdem existierte die Psychotherapie, wie wir sie heute kennen, damals praktisch nicht. »In dem Moment habe ich nicht so sehr daran gedacht. Sofort kam etwas anderes, und dann wieder etwas anderes. Immer was Schreckliches«, sagte er. Er glaubt heute, all das ohne größere Traumata überstanden zu haben, weil er musste. »Wie man auf Englisch sagt: The show must go on – man musste einfach weitermachen.«

Psychotherapie war damals praktisch unbekannt. Die meisten Menschen hatten ihre eigenen Tragödien, mit denen sie nun mal leben mussten. Die einzig verfügbare Therapie für die Mehrzahl bestand darin, sich weiter durchs Leben zu kämpfen. So gut man eben konnte. Das Leben musste weitergehen.

Ein aufregender Neubeginn

In den Jahren nach dem Krieg wussten auch wir in Großbritannien, dass der von Winston Churchill sogenannte Eiserne Vorhang in Europa gefallen war und die sowjetisch dominierten Länder von den westlich orientierten sowie Deutschland geteilt hatte. Ich stellte mir den Ostblock als eine Art riesiges graues Gefängnis vor, da so viele Menschen offensichtlich versuchten, von dort zu fliehen. Die Berichte klangen sogar so schrecklich, dass ich mir das Ganze wie einen alten Schwarz-Weiß-Film, in Schwarz und Schattierungen von Grau ausmalte. Als ich dann als junge Studentin erstmals die ostdeutsche Grenze erblickte, kam es mir geradezu seltsam vor, dass die Felder und Wälder jenseits davon auch grün und braun waren, dass der Himmel dort ebenso blau war und Vögel hin und her flogen, die anscheinend hüben geradeso glücklich lebten wie drüben.

Es schien mir auch unvorstellbar, dass es wirklich Menschen geben sollte, die das neue System im Osten begrüßten, dass Exilanten sogar freiwillig dorthin zurückkehrten, voller Idealismus und Begeisterung darüber, eine neue, gerechte, friedliche Gesellschaft aufzubauen, in der es keine Armut gäbe und in der ein Dach über dem Kopf, Nahrung und Arbeit für alle garantiert wären. Doch genau so war es. Es gab auch im Westen Leute, älter als ich und mit linksgerichteter Gesinnung, die das alles zumindest anfangs inspirierend fanden und darin den Beginn einer neuen, besseren Gesellschaftsordnung sahen.

Eine der Heimkehrerinnen, der viel daran lag, beim Aufbau

einer neuen Gesellschaft mithelfen zu können, war Edith Donat, die Tochter einer ehemals wohlhabenden, später verarmten ungarisch-jüdischen Familie, die sich einst in Deutschland niedergelassen und assimiliert hatte. Als überzeugte Kommunistin und Jüdin war sie vor den Nazis zunächst nach Dänemark geflohen und nach dem Einmarsch der Deutschen von dänischen Freunden nach Schweden geschmuggelt worden. Nach Kriegsende kehrte sie erst einmal nach Dänemark zurück, traf ihren Partner wieder und bekam eine Tochter. Das Paar heiratete nie und trennte sich schon bald.

Um das Jahr 1947 ging Edith zurück nach Berlin und wurde dort Leiterin eines Waisenhauses, verantwortlich für dreihundert Kinder, die ihre Eltern bei Bombenangriffen, an der Front oder auf der Flucht verloren hatten. Viele von ihnen trugen körperliche oder seelische Wunden davon. Das ehemalige Gebäude des Waisenhauses war zerstört, und so hatte man sich in einer alten Volksschule eingerichtet, immer zwanzig Kinder in einem Raum, auf Stockbetten verteilt und mit einem Tisch für die Mahlzeiten und Platz zum Waschen in der Mitte. Allen Schwierigkeiten der Nachkriegszeit trotzend stürzte Edith sich voller Enthusiasmus in die Arbeit. Irgendwie gelang es ihr, für die Kinder Bücher und Musikunterricht zu organisieren und dafür zu sorgen, dass viele auf den öffentlichen Schulen der Umgebung unterkamen. Sie rief sogar ein Orchester ins Leben, das öffentliche Auftritte absolvierte.

Doch mit der Zeit änderte sich die Atmosphäre im Land. Partei-Apparatschicks, die darum wetteiferten, wer der bessere Sozialist sei, bekamen das Sagen, erstickten Ideen und Initiativen im Keim und erzwangen oft unsinnige Beschlüsse. »Es wurde alles langsam pervertiert. Und so ging es mit der Begeisterung bergab«, erzählt Ediths Tochter Anna. Ihre Mutter fiel bei den Machthabern in Ungnade. Sie hatte sich geweigert, Stalinporträts aufzuhängen und auch den allmorgendlichen Appell der Kinder abgelehnt. Unter dem Einfluss ihrer Erfahrungen mit Kindergärten in Skandinavien konnte sie sich nicht mit den konformistischen, militaristischen Vorstellungen der Leute anfreunden, die sich in Bezug auf Kinder und Jugendliche an den Prinzipien der FDJ und wahrscheinlich auch noch an den Idealen der Nazizeit orientierten.

»Rückblickend ist mir klar, dass die Kommunisten, die aus westlichen Ländern heimkehrten, sich stark von denen unterschieden, die ihr Exil in der Sowjetunion verbracht hatten«, erklärt Anna mir. »Sie hatten eine ganz andere Geisteshaltung, waren viel aufgeschlossener und hatten einen viel größeren Horizont. Sie stießen dann auf Kleingeister wie Honecker und meinen eigenen Vater, die meinten, ›wer nicht für uns ist, ist gegen uns‹. Sie waren vom Stalinismus geprägt. Diejenigen, die aus dem Westen kamen, wurden aussortiert.«

Auch Edith sortierte man aus. Dabei war es ihr unter großen Schwierigkeiten gelungen, ein nagelneues Waisenhaus zu bekommen, nach dem Vorbild der Kinderdörfer im Westen, im Grünen vor den Toren Berlins. Trotzdem erhielt eine Konkurrentin ihren Job, und sie musste gehen. Anschließend arbeitete sie als Volkshochschuldirektorin und bildete später Kindergärtnerinnen aus.

Auch wenn sie von diesen Erfahrungen bitter enttäuscht gewesen sein muss, hätte ihre Mutter niemals zugegeben, dass der Kommunismus nicht das hielt, was sie sich von ihm versprochen hatte, meint Anna. Sie selbst wurde nie Parteimitglied. Und obwohl sie bis heute viele Aspekte der ehemaligen DDR verteidigt, macht sie sich kaum Illusionen. Sie hält es für eine Tragödie, dass der Idealismus und gute Wille so vieler Menschen in der Anfangszeit vom System gezielt vernichtet wurde.

Ein hübsches Kleid in Rot, Schwarz und Weiß

Marianne war sieben Jahre alt und wuchs schnell. So schnell, dass es ihre Mutter zur Verzweiflung brachte. Sie hatte die Säume aus Mariannes Kleidern immer wieder herausgelassen, aber bald waren sie ihrer Tochter erneut zu kurz, und sie wusste nicht, wie sie etwas anderes für sie auftreiben sollte. In den harten Zeiten direkt nach dem Krieg bekam man in der stillen bayerischen Kleinstadt K., aber auch im Umkreis von Kilometern weder Kinderkleidung noch Stoff, um selbst welche daraus zu nähen. Sachen, die sie von anderen hätte erben können, waren schon so oft verlängert oder umgeändert worden, dass sie praktisch zerfielen.

Eines Tages kamen ein paar Nachbarn, um mit ihrem Vater zu sprechen, und man zog sich ins Wohnzimmer zurück. Als Marianne fragte, worum es dort drinnen denn ging, wurde sie von ihrer Mutter zum Spielen in den Garten gescheucht.

Am selben Abend, als Marianne schon fest schlief, machten sich einige Gestalten mit Werkzeugen in den Taschen auf den Weg zu einer kleinen Fabrik am Stadtrand. Seit Kriegsende war sie versperrt, still und anscheinend vergessen dagestanden. In den Jahren zuvor hatten die Frauen der Stadt dort allerdings fleißig gearbeitet. Sie nähten riesige rote Fahnen mit weißen Kreisen und schwarzen Hakenkreuzen in der Mitte – die unverwechselbare Nazi-Flagge, die Hitler höchstpersönlich entworfen hatte und die praktisch überall wehte. In den letzten Jahren hatten die Frauen sogar noch mehr Fahnen produziert als je zuvor, denn sie legten riesige Vorräte an, für die große Siegesfeier, nachdem Deutschland, wie der Führer versprach, den Krieg gewonnen hätte. Als die Amerikaner anrückten und der Krieg ganz anders endete als geplant, hatte man die wehenden Fahnen schnell heruntergerissen und größtenteils zerstört. Die unbenutzten blieben ordentlich gestapelt in der Fabrik liegen. Niemand wollte sich mehr damit sehen lassen.

Die schattenhaften Gestalten brachen das Schloss des Lagerraums auf, und nachdem sich diese Neuigkeit im Ort verbreitet hatte, näherten sich noch mehr Menschen dem Fabrikgebäude. Schweigend und sehr geordnet wurden die Stapel nach draußen gebracht und unter den Leuten verteilt, die damit in ihren eigenen Häusern verschwanden. Dann verschloss man die Fabrik wieder und niemand verlor je ein Wort darüber.

Mariannes Großmutter konnte sehr gut nähen, und so bekam die Enkelin zu ihrem Geburtstag ein paar Wochen später ein hübsches Kleid aus fester roter Baumwolle, mit einer weißen Schürze und schwarzen Verzierungen. Es hatte einen breiten Saum und viel Stoff in den Nähten, so dass sie es lange würde tragen können. Marianne war außer sich. Noch nie hatte sie ein so schönes Kleid besessen.

Vielleicht fiel ihr auf, dass auch eine Reihe anderer Mädchen im Ort auf einmal rote Kleider trugen, dass Nachbarn plötzlich neue rote Tischdecken und Vorhänge hatten, auf denen man, wenn man ganz genau hinsah, Kreise aus Löchern entdeckte; als wäre dort etwas aufgenäht gewesen, das man abgetrennt hatte.

K. ist eine rechtschaffene, gesetzestreue Kleinstadt, und der Vorfall geriet so rasch in Vergessenheit wie ein ins Meer geworfener Stein. Niemand wollte daran erinnert werden. Nur ein einziges Mal, viele, viele Jahre später, da erzählte Marianne ihrer eigenen – damals auch schon erwachsenen – Enkelin von ihrem hübschen roten Kleid. Aber sie beharrte darauf, niemand dürfe davon erfahren, selbst jetzt nicht. Und – was noch viel schlimmer wäre – niemand dürfe wissen, dass sie die kollektive Plünderei verraten habe. Deshalb wird auch von mir nie jemand erfahren, wer Marianne ist, wie sie in Wirklichkeit heißt und wo sich die Kleinstadt K. befindet, deren ansonsten so rechtschaffene Bürger sich den Besitz eines nicht mehr existierenden Regimes aneigneten, um die Not, die dieses angerichtet hatte, ein wenig zu lindern.

In der Sowjetischen Besatzungszone nahm das Flaggenrecycling andere Dimensionen an. Im Juni 1945 rückten gemäß eines Abkommens der Alliierten und zum Missfallen der Einwohner die amerikanischen Besatzer aus Naumburg an der Saale ab, um die Stadt der Roten Armee zu überlassen. Als Erste erschienen drei Offiziere, die eine Unterredung mit dem Bürgermeister hatten. Dann rückte am darauffolgenden Tag die Rote Armee ein. Hubert Bjarsch, damals ein Jugendlicher, lief in die Stadt, um zuzusehen, und traute seinen Augen nicht. »Die gesamte Straße war mit roten Fahnen beflaggt! Und sehr eigenartige rote Fahnen waren das: allesamt hellrot und mit einem großen runden dunkelroten Fleck in der Mitte – die Stelle war unverblichen!« Aus gutem Grund befand sich jetzt dort, wo einst Naziparolen über der Straße gehangen hatten, ein Banner mit der Aufschrift: »Wir begrüssen die ruhmreiche Rote Armee!«

Das war ganz leicht gewesen: Es bedurfte nur einer Nagelschere, um aus einer Nazifahne eine kommunistische Flagge zu machen und um die Gefolgschaft einer Stadt von einem Unterdrückerregime zum nächsten zu versichern.

2. KAPITEL

DAS NEUE DEUTSCHLAND

Wie man Wählerstimmen auszählt

Hubert Bjarsch kehrte im Oktober 1950 aus Westberlin nach Bautzen zurück, um dort seine Mutter und alte Freunde zu besuchen. Er hatte in der sächsischen Stadt die Schule besucht und war nach wie vor dort gemeldet. Allerdings erzählte er in Bautzen allen, er arbeite als Hilfslaborant in Bitterfeld. Schließlich brauchte niemand zu wissen, dass er gerade sein 13. Schuljahr in Westberlin absolvierte, um das West-Abitur zu machen und im Anschluss an einer Universität im Westen zu studieren. Im Osten benötigte man nur zwölf Schuljahre, um auf die Uni zu kommen, doch er wusste, dass er in der neugegründeten DDR wahrscheinlich niemals studieren könnte. In seinem Abiturzeugnis stand unter der Rubrik »soziale Aktivitäten« – was eigentlich politische Aktivitäten meinte – »Mitarbeit ohne innere Überzeugung«. In der Folge hatte die Humboldt Universität in Ostberlin ihn abgelehnt. Theoretisch war es damals noch völlig legal, in Westberlin zu studieren, doch er hatte bereits gelernt, allein die Tatsache, dass etwas legal war, nicht bedeutete, dadurch keine ernsthaften Schwierigkeiten zu bekommen.

Zufällig fanden an jenem Wochenende die ersten Wahlen zur Volkskammer statt. Da seine Mutter, eine Lehrerin, genau über der Schule wohnte, die auch als Wahllokal fungierte, brauchte er nur die Treppe hinunter zu gehen, um sich anzusehen, wie das Ganze ablief. Genau das tat er auch.

Vergeblich hielt er nach einer Wahlkabine Ausschau, denn die gab es nicht. Es gab auch keine Stifte und auf den Wahlzetteln keinen Platz, um etwas anzukreuzen. Der Zettel bestand nur aus einer langen Liste von Namen und einem schmalen Rand drum herum. Die Wähler sollten das Blatt einfach nur falten und durch den Schlitz in die Wahlurne werfen. Bjarsch beobachtete, wie Arbeiter gruppenweise von ihren Aufpassern reingeführt wurden – es war zwar Sonntag, aber die Leute hatten sich an ihrer Arbeitsstelle einzufinden, um von dort zur Wahl gebracht zu werden. Es gab auch Wähler, die allein kamen – vor allem Rentner. Leute, die nicht um ihren Arbeitsplatz bangen mussten, die nichts zu verlieren hatten. Immer wieder kamen welche, die sich weigerten, den Anweisungen Folge zu leisten. »Eine alte Frau, die minutenlang in ihrer Handtasche kramte, bis sie einen Stift fand. Ein alter Mann, der sogar eine der Wahlhelferinnen bat, ihm einen Schreiber zu leihen«, schreibt Bjarsch viele Jahre später in seinen Erinnerungen (Ein Überlebender, unverschämt, Frieling-Verlag, Berlin 2006, S. 221–224). »Solche Menschen mussten auf einem offenen Tisch – unter den bohrenden Blicken aller Anwesenden – ihr NEIN irgendwo auf den Rand des Stimmzettels kritzeln, und sie taten es!« Eine Frau mit faltigem Greisengesicht brachte ein völlig verzittertes NEIN zuwege. Aber nicht alle Regimegegner waren alt. Bjarsch sah beispielsweise einen jüngeren Mann ohne Bewacher hereinkommen, der entschlossen mit ruckartigen Bewegungen aus der Schulter heraus alles diagonal durchstrich. »In dieser Atmosphäre hier gehörte dazu schon ein Stück Heldentum.«

Bjarsch deutete die misstrauischen Blicke der Wähler und Wahlhelfer so, dass sie in ihm eine Art Sonderaufpasser sahen. Um die ohnehin schon herrschende Atmosphäre der Einschüchterung nicht noch zu verschlimmern, verließ er den Ort des Geschehens. Erst am Abend kam er zurück, um beim Auszählen zuzusehen.

»Mich erwartete eine Überraschung. Da hatten sich im Laufe des Tages doch eine ganze Menge Nein-Stimmen angesammelt. Die Stöße der Nein-Zettel wuchsen allmählich. Im Vergleich mit den Mengen der unveränderten Zettel wurden das natürlich keine hohen Stöße, aber nach den bedrückenden Umständen dieses Tages erschienen sie schon ganz beachtlich und erstaunlich.«

Während das Auszählen ziemlich gemächlich voranschritt – schließlich erwartete niemand gespannt das Ergebnis – »kamen plötzlich zwei späte Besucher zur Tür herein, Männer in langen, schwarzen Ledermänteln. Vielleicht kein echtes Leder. Sie schauten sich alles an und verhandelten dann mit dem Leiter des Wahllokals. Offensichtlich waren sie weisungsbefugt. Sie erklärten schließlich laut für alle Anwesenden, die Nein-Stöße seien einfach mit den anderen zusammenzuschieben und zusammenzurechnen, denn das seien auch alles Ja-Stimmen. Verdutzte Gesichter bei den Auszählenden! So ganz auf Anhieb war anscheinend nicht allen klar, wieso Nein denn Ja bedeuten sollte.

Das bewog einen der beiden Schwarzbelederten zu einer in herablassendem Ton vorgetragenen Belehrung. So ein irgendwo schräg auf den Rand geschriebenes NEIN stehe immer irgendeinem der aufgelisteten Kandidatennamen am nächsten, z.B. Karl-Heinz Meier. Also habe der Wähler damit ausdrücken wollen, dass er gegen den Meier sei. Damit sei das aber nun auch nicht etwa eine ungültige Stimme. Es sei doch völlig in Ordnung, wenn mal jemand einen einzelnen Kandidaten nicht möge, dafür müsse man einfach Verständnis haben. All die anderen Namen seien aber dann von dem Wähler durch die Abgabe des Zettels anerkannt worden. Also sei das im Ganzen eben eine Ja-Stimme. Anders wäre es nur, wenn da etwa jemand ringsherum auf dem Papierrand geschrieben hätte: ›Ich bin gegen sämtliche Kandidaten dieser Einheitsliste der Nationalen Front des Demokratischen Deutschland.‹ Das wäre dann selbstverständlich eine Nein-Stimme gewesen.

Eine der Helferinnen fragte noch zaghaft nach der Einordnung eines kleinen Stoßes ganz durchgestrichener Stimmzettel ... Der Sprecher der beiden Bonzen zeigte einen leichten Anflug von Grinsen im Gesicht, als er mit seiner Belehrung fortfuhr: Auch das seien alles Ja-Stimmen. Da hätten doch offenbar ältere Leute noch so von früher her gemeint, sie müssten etwas ankreuzen. Kreise dafür hätten sie auf dem ›modernen Stimmzettel‹ natürlich nicht gefunden. Sie hätten also den Zettel nicht etwa durchstreichen wollen, sondern hätten begeistert sämtliche Kandidaten sozusagen angekreuzt.

Es war geschafft! Nun gab es in diesem Lokal nur noch Ja-Stimmen. 100 Prozent«, schreibt Hubert Bjarsch.

Ähnliche Szenen spielten sich offenbar in Wahllokalen überall in der DDR ab. Denn die offiziellen Ergebnisse der Wahlen zur Volkskammer lauteten: Ja-Stimmen 99,72 Prozent; ungültige Stimmen 0,28 Prozent. Für die Nein-Stimmen gab es nicht einmal eine Zahl.

Ein erster flüchtiger Blick auf das neue Deutschland

Ich saß in einem Zug, der von der Nordsee Richtung Rhein ratterte. Draußen war es stockdunkel, und ich konnte beim Hinausschauen nichts anderes erkennen als mein eigenes Spiegelbild auf dem Glas sowie gelegentlich die Lichter eines Bahnhofs, die aber so schnell vorbeirasten, dass kein Ortsschild zu lesen war. Drinnen war es vollkommen still, die anderen Reisenden schliefen oder dösten in dem unangenehmen Zwielicht. Erst vor Kurzem hatte man uns alle mehrmals aufgeschreckt, als die Beleuchtung ganz aufgedreht wurde und eine hellwache Stimme uns aufforderten, doch bitte unsere Pässe vorzuweisen, und fragten, ob wir etwas zu verzollen hätten. Erst auf Französisch, dann auf Deutsch. Danach wieder Dämmerlicht und Stille.

Ich war damals eine sechzehnjährige Schülerin aus England, auf dem Weg zu ihrem ersten Austauschbesuch in Deutschland. Die dunklen Ebenen, durch die wir fuhren, waren mit dem Blut unzähliger Soldaten getränkt, die dort im jüngsten Krieg gekämpft hatten und gefallen waren. Oder auch im Krieg davor und zweifellos noch mehr in den Kriegen davor. Meine Eltern, meine Gasteltern und viele andere europäische Eltern wünschten sich, dass ihre Kinder das Grauen, das sie selbst erfahren hatten, niemals kennenlernen sollten. Sie wünschten sich, dass wir Freunde würden, uns gegenseitig besuchten, einander verstünden, in der Hoffnung, dass so etwas nie wieder passieren würde. Da war ich jetzt also, zum ersten Mal allein auf Reisen und ein wenig ängstlich. Alles war so neu, so fremd, so anders als zu Hause. Ich fühlte mich wie ein Film in einer Kamera; jedes Bild würde sich mir unauslöschlich einprägen.

Endlich fuhren wir in den Kölner Hauptbahnhof ein. Das Licht im Zug wurde wieder heller. Ein freundlicher Mitreisender hob mir meinen Koffer von der Ablage, denn ich musste hier umsteigen. Es war halb drei Uhr morgens. Die Reise von meinem Zuhause in der Nähe von Manchester bis ins hessische Marburg sollte insgesamt 26 Stunden dauern. Einige davon würde ich auf meinen Anschlusszug wartend in Köln zubringen. Mein Vater hatte mir Geld mitgegeben und die strikte Anweisung, mich nicht auf dem Bahnhof herumzutreiben, sondern mir ein Hotel zu suchen, dort ein Zimmer zu nehmen und mich ein paar Stunden schlafen zu legen.

Der von Bomben schwer beschädigte Bahnhof wurde gerade wieder aufgebaut. Daher sah ich überall nur Bretter, Stege und provisorische Schilder. Denen folgte ich zum Ausgang und stand dann plötzlich auf einem großen weiten Platz. Über mir ragte im Mondlicht etwas auf, das wie ein riesiger Fels, ja, wie ein Berg wirkte. Versehen mit einer Million Rippen und Spitzbögen, einem Wald von Spitzen, Stützpfeilern und filigranen Mustern. Der Kölner Dom. Atemberaubend, überwältigend. Er war das Erste, was ich von Deutschland sah. In den folgenden Jahren sollte er für mich zum Symbol eines zeitlosen Deutschlands werden, Symbol einer Kultur und die Errungenschaft von Jahrhunderten, die zwar beschädigt wurde, aber trotzdem die Katastrophe überstand, die alles ringsherum zerstört hatte. Und der Dom würde zweifellos noch viele weitere Jahrhunderte überstehen.

Dass dieser gotische Koloss gleichzeitig auch das Weltbild eines achtzigjährigen Mannes mit flächigem, maskenhaftem Gesicht symbolisierte, der das Deutschland, in dem ich soeben angekommen war, geprägt hatte, davon hatte ich natürlich keinen Schimmer. Immerhin kannte ich seinen Namen und wusste, dass er in einer kleinen Stadt weiter oben an diesem großen Fluss lebte, der nur ein paar hundert Meter von dort, wo ich gerade stand, vorbeifloss. Doch was ich bis dahin in Miss Presleys Deutschstunden an der Schule gelernt hatte, betraf eher die Stellung des Verbs in einem Nebensatz als die geopolitische Vision des ersten Bundeskanzlers. Erst Jahre später sollte ich begreifen, dass Konrad Adenauers Weltbild ziemlich große Ähnlichkeit mit den Karikaturen hatte, die die Menschen gegen Ende des Jahrhunderts amüsierten und auf denen das provinzielle Denken mancher amerikanischer Präsidenten oder Bewohner bestimmter Städte dargestellt war: Darauf ist das Heimatland oder die eigene Stadt groß im Vordergrund zu sehen, die unmittelbaren Nachbarn sind in gehörigem Abstand gezeichnet, während der Rest der Welt nur als kleine Linien am Horizont auszumachen ist. Für den leidenschaftlichen Rheinländer Konrad Adenauer soll nach Aussage von Historikern schon alles östlich von Braunschweig »Asien« gewesen sein. Es heißt, er habe die Vorhänge seines Eisenbahnabteils schon hinter Magdeburg zugezogen, wenn er auf dem Weg zu den Versammlungen des Preußischen Staatsrats in Berlin war. So wollte er sich den Anblick ersparen. Und er drohte wohl auch, aus dem Fenster zu spucken, sobald der Zug die Elbe überquerte. Für ihn war das Rheinland sowohl geographisch als auch geistig das Zentrum des christlichen Westens: liberal, weltoffen, katholisch, von den Römern kolonisiert, nahe zu Frankreich, industriell entwickelt – und im Herzen des Rheinlands stand und steht eben der Kölner Dom. Während seiner 16 Jahre als Oberbürgermeister von Köln, von 1917 bis 1933, machte Adenauer sich für die Gründung einer unabhängigen »westdeutschen Republik« stark, die das Rheinland von Preußen befreit und ihm eine viel bedeutendere Rolle innerhalb des Deutschen Reiches eingebracht hätte. Aus dieser Idee wurde nichts, doch nach dem Zweiten Weltkrieg waren die Pläne der westlichen Alliierten, die drei westlichen Zonen unter einer Regierung zu vereinigen, absolut nach Adenauers Geschmack. Hinter seiner Ablehnung von Stalins Angebot eines wiedervereinigten, aber neutralen und demilitarisierten Deutschland, für die er über die Jahre hinweg kritisiert wurde, stand eindeutig mehr als nur Misstrauen gegenüber Stalins

Motiven. Die Wiedervereinigung konnte seiner Ansicht nach warten, bis Westdeutschland vollständig in Westeuropa integriert wäre – so passierte es dann ja auch, dauerte allerdings mehr als vierzig lange Jahre.

Während ich meinen Koffer über den leeren Platz vor dem Dom schleppte und auf das Neonschild eines neugebauten Hotels zuging, war mir nicht im Mindesten bewusst, dass hier die Fundamente eines Deutschlands lagen, wie ich und zahllose andere Menschen der westlichen Welt es in den kommenden Jahrzehnten kennenlernen sollten. Genauso wenig konnte ich ahnen, dass das Deutschland jenseits der Elbe, Konrad Adenauers »Asien«, von Mächten mit einem völlig konträren Weltbild gestaltet, jahrzehntelang schemenhaft, fremd, ja fast eine *terra incognita* sein würde.

Die Abschaffung des rechten Winkels

Bei meinem ersten Besuch bei meiner Austauschfamilie in Marburg stand im Gästezimmer, wo ich schlief, ein seltsames Objekt, wie ich es noch nie zuvor gesehen hatte. Es bestand aus einer nierenförmigen Platte, die von rotem Plastik überzogen war und auf drei spindeligen Holzbeinen stand, die in einem solchen Winkel darunter hervorragten, dass ich mehrmals über sie stolperte. Im selben Raum befand sich auch eine eigenartige Lampe mit gebogenem Stiel, deren Glühbirne in einem Stück durchsichtigem Plastik steckte. Der Schirm sah tatsächlich aus wie die Papiertüten, in denen altmodische Geschäfte damals noch unverpackte Süßigkeiten oder Zucker verkauften. Auch das Muster der Vorhänge war befremdlich – keine Streifen oder Blümchen wie zu Hause, sondern abstrakt und in abenteuerlichen Farbkombinationen.

Auch anderswo, etwa in Cafés oder neu gebauten Studentenheimen entdeckte ich denselben Stil: kleine, schaumstoffgepolsterte sogenannte Cocktailsessel ohne Armlehnen, dafür mit rundlich kurvigen Formen, wie ich sie noch nie zuvor gesehen hatte, Lampenschirme in Tulpenform und Aschenbecher, die an Amöben erinnerten. Keine gerade Linie, kein rechter Winkel weit und breit. So etwas gab es bei uns zu Hause nicht, wo damals Möbel und Formgebung im Allgemeinen noch ziemlich traditionell waren. Von dem Trend inspiriert kaufte ich mir ein exzentrisch geformtes Fotoalbum, das ich noch heute besitze.

Es kam mir vor, als wollten die Leute einen absoluten Neuanfang; alles musste vollkommen anders sein, als es bislang gewesen war. Keine plüschigen Polstermöbel mehr, keine schweren Buffets, kein dunkles Holz – nur unbeschwerte Freiheit, neue, asymmetrische Formen, fließende Linien, synthetische Materialien, leuchtende Farben. Ein ganz neues Lebensgefühl. Als hätten die Menschen die harten Nachkriegsjahre endlich hinter sich gelassen, den meisten ging es besser, und die Zukunft erschien vielversprechend. Später las ich in einer Studie aus der damaligen Zeit, dass über die Hälfte der deutschen Familien, insbesondere jene aus weniger gebildeten Schichten, nach wie vor ihrem schweren, althergebrachten Mobiliar den Vorzug gaben. Weil es ihnen ein Gefühl von Sicherheit vermittelte und ihren gesellschaftlichen Status bestätigte. Aber es waren Nierentische, Tütenlampen & Co, die die Stimmung widerspiegelten und das Image der damaligen Zeit, der frühen Jahre des Wirtschaftswunders, prägten.

Kurioserweise scheint bis heute unbekannt, wer den Nierentisch erfunden oder die anderen Markenzeichen dieser Ära entworfen hat. Sie waren nicht die Produkte anspruchsvoller Designer wie zum Beispiel der Künstler des Bauhauses, sondern rein kommerzielle Artikel, die industriell für einen Massenmarkt produziert wurden. Und anscheinend hielten selbst die Herstellerfirmen sie für so banal, dass sie keinerlei Aufzeichnungen von ihrer Erfindung bewahrten. Dass sie von den großen Designern der Zeit wie Arne Jacobsen und Eero Saarinen geprägt waren, ist offensichtlich, doch Kunstakademien und Kritiker verachteten sie. Wahrscheinlich weil sie zu wenig eigenständig und zu populär waren.

»Mein« roter Nierentisch zog später mit meiner Austauschfreundin Renate von zu Hause aus, nachdem diese ihren Universitätsabschluss gemacht, eine Arbeit gefunden und sich eine eigene Wohnung zugelegt hatte. Eines Tages allerdings, wann das war, weiß sie nicht mehr, muss er wie so vieles andere den Weg auf den Sperrmüll gefunden haben. Was ausgesprochen schade ist, denn heute könnte sie ihn für ein hübsches Sümmchen verkaufen. Doch wer hätte sich damals vorstellen können, dass so ein wackeliges Tischchen 50 Jahre später Kultobjekt würde? Heiß begehrt von den Fans der Fifties-Nostalgie.

Die Courage einer Kartoffel-Frau

Als ich in Großbritannien aufwuchs, waren Kartoffeln eine solche Selbstverständlichkeit, dass man sich eigentlich keinerlei Gedanken über sie machte. Selbst in den schwierigen Nachkriegsjahren waren sie nie Mangelware. Ihr Geschmack variierte zwischen fade, etwa wenn meine Mutter sie kochte, und eklig, wenn die Schulköchin Kartoffelbrei daraus machte, in dem sich noch dazu seltsame dunkle Klumpen befanden. Die einzig annehmbare Form waren Chips, also Pommes, und zwar egal ob mit oder ohne den traditionellen frittierten Fisch.

Daher war es eine erfreuliche Überraschung, als ich bei meinem ersten Austauschbesuch in Deutschland feststellte, dass Kartoffeln durchaus auch Charakter besitzen können. Zunächst einmal kochte die Mutter meiner Austauschpartnerin sie in der Schale, was schon für einen viel besseren Geschmack sorgte. Und dann lernte ich die unvergesslichen Vorzüge des großartigen deutschen Kartoffelsalats kennen. Ich wusste, dass in den harten Zeiten gegen Ende des Krieges und in den Jahren danach viele Deutsche kaum etwas anderes außer Kartoffeln zu essen hatten. Doch soweit ich das beurteilen konnte, schmeckten diese hierzulande in jeglicher Zubereitung.

Allerdings gab es mit den deutschen Kartoffeln ein Problem: und zwar wie man sie essen sollte. Kurz nach meiner Ankunft stellte ich fest, dass ich einen schrecklichen Fauxpas beging. Ich zerschnitt meine Kartoffeln so, wie wir es zu Hause taten, mit dem Messer. Undenkbar! Sowohl meine Eltern als auch meine Schule zu Hause hatten viel Wert auf gute Tischmanieren gelegt, und nun hatte ich mich hier offensichtlich benommen wie ein Straßenkind! Behutsam und höflich wies man mich darauf hin, dass Kartoffeln auf deutschen Tellern mit der Gabel zerteilt werden. Der Grund dafür? Die Schneiden der Messer waren oft noch nicht aus rostfreiem Stahl und die Inhaltsstoffe der Kartoffeln hätten Flecken darauf erzeugt. Fortan zerkleinerte also auch ich meine Kartoffeln mit der Gabel. Und es entging mir nicht, dass die Leute diese Gewohnheit beibehielten, auch als längst alle Messer Edelstahlklingen hatten. Von einem Fettnäpfchen trat ich jedoch sogleich ins nächste, als ich meine Erbsen, typisch englisch, auf dem Gabelrücken zerdrückte, um sie leichter in meinen Mund zu befördern. Das sorgte für große Heiterkeit, und man zeigte mir, wie ich die Erbsen leichter essen konnte, indem ich meine Gabel umdrehte und sie wie mit einem Löffel aufnahm. Bis heute bin ich nicht davon überzeugt, dass das die bessere Methode ist, aber um nicht als unmanierlich zu gelten, übernahm ich sie lieber.

Eines Tages erfuhr ich auch, woher meine Gastfamilie ihre Kartoffeln bezog. Wir kauften auf dem Marburger Markt ein und kamen dort an den Stand einer lächelnden alten Frau. Sie sah verhutzelt und wettergegerbt, aber sehr lebhaft aus. Außer Kartoffeln, an denen noch frische Erde klebte, bot sie auch ein paar andere Gemüsesorten feil. Wir kauften eine Tasche voll. Als wir ein paar Schritte gegangen waren, erzählte die Gastmutter mir, dass die Frau ein Flüchtling aus dem Osten sei. Sie habe alles verloren, ihr Zuhause, ihre Familie, und sei praktisch nur mit den Sachen, die sie am Leib trug, hergekommen. Irgendwie schaffte sie es, dass sie ein Stück Land bearbeiten durfte, wo sie Gemüse anbaute. Mit dessen Verkauf bestritt sie ihren bescheidenen Lebensunterhalt. Mehr wusste sie auch nicht von ihr.

Mit 16 hatte ich keine Ahnung von Flüchtlingen aus dem Osten und keine Vorstellung von der Tragödie und dem Elend, die diese Frau wahrscheinlich erlitten hatte. Erst viele Jahre später, als ich für mein Buch über die Flucht der Trakehner aus Ostpreußen recherchierte, wurde mir richtig bewusst, welche Schrecken Millionen erlebt hatten, als sie ihre Heimat im Osten verlassen mussten. Erst da erfuhr ich von dem bemerkenswerten Mut, dem Erfindungsreichtum und der harten Arbeit, die sie geleistet hatten, um ihr Leben bei Null wieder anzufangen.

Aber ich denke, ich stand damals mit meiner Unwissenheit nicht allein. Außer der Geschichte von der alten Frau hörte ich von Flüchtlingen nur, wenn jemand sich grummelnd über die fremden Gewohnheiten der Leute beschwerte, die sich im Marburger Umland niedergelassen hatten. Wahrscheinlich waren die Menschen einfach zu beschäftigt damit, ihr eigenes Leben wieder in Ordnung zu bringen, als dass sie sich für diejenigen interessiert hätten, die noch mehr Leid erfahren hatten als sie selbst. Erst gegen Ende des zwanzigsten Jahrhunderts begann das eigenartige Tabu, das die Flucht aus dem Osten umgab, langsam zu weichen. Nach und nach erfuhr man mehr darüber, was Millionen Deutsche damals durchgemacht hatten. Für viele der Betroffenen kam das allerdings zu spät. Die alte Kartoffelfrau muss einen sehr einsamen Kampf gekämpft haben.

Eine Flasche deutschen Weins

Meine erste Kostprobe deutschen Weins werde ich nie vergessen. Es muss am ersten Abend meines ersten Besuchs in Marburg gewesen sein. Mir war schon mit Befremden aufgefallen, dass es zum Abendessen nichts zu trinken gab, nicht einmal Wasser. Aber nach dem Essen erlebte ich etwas Neues, Wunderbares: Wir tranken Wein.

Damals saßen wir, wie später noch so oft, um den schweren Couchtisch aus Eichenholz im Wohnzimmer. Man plauderte, las Zeitung oder ein Buch und hörte Schallplatten. Wie meine eigene Familie besaß auch meine Gastfamilie noch keinen Fernseher. Der Professor, Renates Vater, brachte eine Flasche Weißwein aus dem Keller – ich kann mich nicht daran erinnern, dass sie zuvor im Kühlschrank gewesen wäre – öffnete sie und schenkte jedem von uns ein Glas ein. Dann gab es den Trinkspruch – dabei lernte ich, dass man demjenigen, mit dem man anstieß, in die Augen zu schauen hatte – und schließlich wurde probiert. Weder vorher noch nachher habe ich eine solche Symphonie von komplexen, feinen und erlesenen Aromen gekostet. Ich meine mich zu erinnern, dass wir Bachs Konzert für zwei Violinen hörten, denn seither assoziiere ich mit dem unvergleichlichen Wein, den ich damals kennenlernte, eben diese Musik. Es folgten noch viele solcher Abende, mit anderer Musik und anderen Weinen, jedenfalls waren sie alle himmlisch. Ich habe keine Ahnung mehr, was auf den Etiketten stand, aber es waren zumindest Rieslinge von der Mosel darunter. Diese Eindrücke gehören zu meinen ersten unauslöschlichen Erinnerungen an Deutschland.

Dabei war es für mich gar nicht das erste Mal, dass ich Wein trank. Während des Krieges und der entbehrungsreichen unmittelbaren Nachkriegsjahre hatten in Großbritannien nur sehr reiche Menschen und Leute mit ausgesprochen guten Beziehungen Wein trinken können. Wenn wir später ein Restaurant besuchten, bestellte mein Vater zwar Wein, aber stets französischen Sauternes oder einen Barsac – auch das wunderbare Weine, allerdings süß und fast sirupartig, weshalb sie heute auch als Dessertweine gelten. Erst viel später begriff ich, dass seine Wahl daher rührte, dass Leute wie wir, die mit Wein nicht so vertraut waren, dazu neigen, erst einmal den süßeren Sorten den Vorzug zu geben.

Dann gab es natürlich auch Chianti oder genauer gesagt: Miniatur-Flaschen Chianti mit dem typischen Strohgeflecht um den runden Flaschenbauch. Den hatten die Eltern einer meiner Freundinnen im Internat ihrer Tochter von einem Italienaufenthalt mitgebracht. Eines Abends beschlossen wir, enorm erwachsen, eine kleine Weinparty zu veranstalten. Nachdem das Licht ausgegangen war, schenkten wir uns also im schwachen Schein unserer kleinen Taschenlampen die dunkelrote Flüssigkeit in unsere Zahnputzbecher aus Plastik. Wir stießen miteinander an, nahmen jede ein Schlückchen – und spuckten es sofort wieder aus. Billiger Essig mit Zahnpasta-Note!

Ich kehrte später wieder nach Deutschland zurück, diesmal als Korrespondentin. Nun konnte ich es mir leisten, selbst Wein zu kaufen, aber wo um Himmels Willen gab es die Weine, die ich damals so gemocht hatte? Es gab überall Wein, in Lebensmittelgeschäften, Supermärkten, Restaurants und natürlich bei Freunden zu Hause und auf Partys. Man trank ihn sogar zum Essen! Aber er schmeckte süß, flach, langweilig. Die Komplexität und Subtilität schienen verschwunden. Ich war untröstlich. Weil es mir an Zeit und Erfahrung fehlte, Winzer aufzuspüren, die noch guten Wein wie in »alten« Zeiten produzierten, flüchtete ich mich zu den Diabetikerweinen. Die waren immerhin trocken, wenn auch oft zu trocken, zu säurehaltig.

Eines Abends saß ich bei einem Presse-Essen Walter Scheel gegenüber. Der künftige Bundespräsident war offensichtlich Weinliebhaber, und weil mir schien, dass er dafür empfänglich sein würde, klagte ich ihm mein Leid. Scheel verstand mich absolut. »Sie haben völlig recht. Der meiste Wein heutzutage ist schrecklich.« Und dann erfuhr ich, dass mein Kummer größtenteils eine Folge des Wirtschaftswunders war. Millionen Menschen konnten es sich jetzt leisten, Wein zu kaufen, aber unerfahren, wie sie waren, gaben die meisten süßen Tropfen den Vorzug. Der Markt lieferte, was verlangt wurde, und die Produktion explodierte geradezu, um mit der Nachfrage Schritt zu halten. In dem massenhaften Kampf um Quantität hatte die Qualität leider das Nachsehen.

Ironisch grinsend gab Scheel sogar zu, an dieser Entwicklung nicht ganz schuldlos zu sein. Er erzählte, wie er eine lange Nacht nach der anderen (ob als Außenminister oder Minister für wirtschaftliche Zusammenarbeit wurde nicht klar) vor allem gegen den französischen Widerstand in der Europäischen Gemeinschaft gekämpft hatte, um eine Einigung auf die deutschen Weingesetze zu erzielen. Diese seien inzwischen leider umgesetzt, was den Weg für den weiteren Niedergang der deutschen Weine bereitete. Nachdem er sein Ziel erreicht hatte, erzählte er – wahrscheinlich spätnachts und als alle schon völlig erschöpft waren –, da habe er den Fehler begangen, den Franzosen triumphierend zu verraten, er persönlich würde die Weine, die diese gerade akzeptiert hätten, niemals trinken. Erfreut hatten die Franzosen sein Eingeständnis zum Anlass genommen, die Vereinbarung in aller Öffentlichkeit zu schwärzen.

»Sie müssen mal etwas gegen diese schrecklichen süßen Weine schreiben, Frau Clough«, bat er mich. »Sie müssen die Leute wissen lassen, dass deutscher Wein so viel besser sein kann.«

Ich kann nicht behaupten, ich sei diesem Wunsch nachgekommen. Aber im Laufe der Zeit formte sich eine Gegenbewegung und viele Weine wurden trockener. Was jedoch meine Landsleute zu Hause in Großbritannien nicht davon abhielt, weiterhin unkritisch Unmengen von Zuckerwasser, das unter der Bezeichnung Liebfrauenmilch verkauft wurde, zu bechern. Ich weiß, dass es in Deutschland inzwischen viele Winzer gibt, die ihr Bestes geben, um wirklich fantastische Weine zu produzieren. Trotzdem habe ich bislang noch keinen Tropfen getrunken, der es mit meinen Erinnerungen an die Weine aus dem Keller des Professors in den Fünfzigerjahren aufnehmen könnte.

Kaffee und Kuchen (I)

Ich war noch gar nicht lange in Deutschland, als ich die angenehme Sitte »Kaffee und Kuchen« kennenlernte. Als Ritual ähnelte das Ganze dem englischen »Afternoon Tea«: Es fand ungefähr zur gleichen Tageszeit statt und galt als gewisser gesellschaftlicher Anlass; nur eine erfreuliche kleine Stärkung zwischen Mittag- und Abendessen. Dass es dennoch Unterschiede gab, sollte ich bald erfahren. Schon der Kaffee war köstlich und so viel leckerer als die dunkle, eklig schmeckende Brühe, die man damals bei mir zu Hause unter dieser Bezeichnung trank. Und erst die Kuchen … Als ich zum ersten Mal mit Kaffee und Kuchen Bekanntschaft machte, war meine Gastgeberin die liebenswürdige Großmutter meiner Austauschfreundin Renate. Sie führte mich in eine elegante Konditorei und lud mich ein, mir etwas aus der dort präsentierten Auswahl auszusuchen, deren Anblick einem das Wasser im Mund zusammenlaufen ließ. Weil ich davon ausging, dass sie die eher leichte Konsistenz englischer Kuchen hätten, wählte ich zwei verschiedene Stücke aus. Erst als ich begonnen hatte, davon zu essen, wurde mir klar, dass in jedem Kubikzentimeter davon mehr Butter, Sahne, Zucker und was weiß ich noch enthalten war, als ich bis dahin in einem Monat im kulinarisch immer noch eher bescheidenen Großbritannien zu mir genommen hatte. Das erste Stück war gerade mal zur Hälfte aufgegessen, als mir schon leicht übel wurde. Wie es dann weiterging, weiß ich nicht mehr so genau, aber vermutlich war meine Gastgeberin so gnädig, dass ich den Rest einfach stehen lassen durfte. Denn an eine Riesenpeinlichkeit in der Öffentlichkeit hätte ich mich sicher bis an mein Lebensende erinnert.

Ein weiterer Unterschied war die Unterhaltung, die man beim sogenannten Kaffeeklatsch führte. Vielleicht bilde ich es mir ja nur ein, aber irgendwie schienen mir die Gespräche bewusster, feinsinniger, interessierter und kultivierter zu sein als das Geplauder, das ich gewohnt war. Eines Tages wurden meine Austauschpartnerin und ich ins Haus von Freunden ihrer Familie eingeladen, um mir den Wurf entzückender Welpen ihrer Cockerspaniel-Hündin anzusehen. Wir brachten ein Päckchen Hackfleisch als Geschenk mit, spielten ausgiebig mit den Hündchen und wurden anschließend zu Kaffee und Kuchen ins Wohnzimmer der riesigen, aber doch leicht heruntergekommenen Gründerzeitvilla eingeladen. Außer der charmanten, gebildeten Gastgeberin und deren Tochter in unserem Alter war auch noch der Hausherr anwesend. Ich vermutete, dass er bereits pensioniert war. Groß, distinguiert und auf altmodische Weise höflich war er ein wunderbarer Erzähler und berichtete mir eine Anekdote aus dem Ersten Weltkrieg, als er Luftwaffenoffizier gewesen war. Wo, das habe ich inzwischen vergessen. Aber jedenfalls kam eines Tages ein kleines Flugzeug von hinter den britischen Linien angeflogen und ließ über den deutschen Schützengräben an einem kleinen Fallschirm ein Geschenk fallen. Vielleicht einen Kuchen oder eine gut eingepackte Flasche Whiskey, aber jedenfalls eine schriftliche Nachricht: »die britischen Offiziere haben keine Tennisbälle«. Ein oder zwei Tage später nahm eine kleine deutsche Maschine die umgekehrte Richtung und warf eine Tasche mit Tennisbällen bei den Briten ab. Dadurch dürften die englischen Offiziere in der Lage gewesen sein, sich die Zeit mit Tennisspielen zu vertreiben. Ich fand das bezaubernd und behielt den Besuch bei dem höflichen Gentleman in bester Erinnerung, bis ich eines Tages, viele Jahre später, eine andere, entsetzliche Geschichte über ihn erfahren sollte.

Freiheit auf vier Rädern!

Wir tuckerten über die Autobahn Richtung Frankfurt. Das winzige Auto machte ta-tam, ta-tam, jedes Mal, wenn es über die Fugen zwischen den Betonblöcken fuhr, aus denen Autobahnen damals noch bestanden. Die Sonne schien und wir fühlten uns wunderbar frei, wenn auch – das muss ich zugeben – ein kleines bisschen unsicher.

Denn in unserem Wagen saßen nur Frauen: meine Austauschfreundin Renate, deren Mutter und ich. Kein Paterfamilias, der bis vor kurzem bei Urlaubs- und Ausflugsfahrten – eigentlich immer, wenn es irgendwo mit dem Auto hinging – hinter dem Steuer gesessen hatte.

Denn sobald Renate und ich achtzehn geworden waren, hatten wir Fahren gelernt. Genau wie unsere Mütter – meine hatte ihre Prüfung nur wenige Monate vor mir abgelegt, vermutlich, um mir in nichts nachzustehen. Sie bekam einen kleinen grünen Morris aus zweiter Hand, den auch ich fahren durfte. (Ein paar Jahre später gab dieses Auto plötzlich ein beängstigend lautes Wrouuum von sich. Es dauerte eine Weile, bis wir dahinterkamen, dass mein jüngerer Bruder, der inzwischen auch einen Führerschein besaß, kurzerhand ein Loch in den Auspuff gebohrt hatte, damit es mehr nach Rennwagen klang.)

Renates Mutter fuhr einen ebenfalls gebrauchten grauen Fiat Topolino, und so waren wir in der Tat Familien mit Zweitwagen. Für unsere Mütter, die ja Hausfrauen waren, bedeuteten diese Autos und ihre Fähigkeit, sie selbst zu steuern, eine ganz neue Dimension. Für uns Mädchen waren sie ein aufregender Vorgeschmack auf die Zukunft.

Der Verkehr war damals noch nicht so dicht und natürlich auch nicht so schnell. Wir fuhren an jenem Tag zum Goethehaus, Römer und anderen Sehenswürdigkeiten Frankfurts. Renate saß in braunem Tweedkostüm mit Bleistiftrock hinterm Steuer. Ta-tamm, ta-tamm. Ihre Mutter wurde ein wenig nervös. »Du fährst zu schnell, Renate! Langsamer! Du bist ja schon bei 60!« Ta-tamm, ta-tamm.

Der Topolino brachte uns auch über die immer noch rumpeligen und löchrigen Landstraßen Hessens, vorbei an Bauernhäusern mit Fachwerk und großen Misthaufen im Hof, durch Dörfer, wo die Frauen wie selbstverständlich nach wie vor weite Röcke mit unzähligen Unterröcken, weiße Strümpfe und manchmal auch Kopftücher mit lustigen Bommeln trugen. Während Renate und ich wie selbstverständlich weiter Auto fuhren, verlor ihre Mutter irgendwann die Lust daran, so dass der Wagen verkauft wurde.

Manchmal bedaure ich ein wenig, dass der Topolino trotz seiner niedlichen Form und seines Namens – »kleine Maus« oder »Mickey Mouse« – nie zu einer solchen Institution wurde wie der VW-Käfer. Letzterer war damals allgegenwärtig, häufig in der für mich unerklärlichen Farbe von Tomatensuppe aus der Dose. Doch anscheinend war der Käfer einfach das bessere Automobil. Jahre später sollte ich einmal über einige seiner Heldentaten schreiben: Dass er ohne irgendwelche Zusatzteile noch in der Antarktis bei minus 30 Grad funktionierte; oder über seine Seetüchtigkeit – eine Frau war mit ihrem Käfer in einen Fluss gestürzt und entstieg dem Wagen einige Meilen flussabwärts trocken und unverletzt; ein anderes Modell durchquerte mit einem Propeller versehen die Straße von Messina in nur 38 Minuten, also zwei Minuten schneller als die Fähre damals. Außerdem gab es die Geschichte vom in der libyschen Wüste fünf Monate lang halb im Sand versunkenen VW, der beim ersten Versuch sogleich wieder ansprang. Und nicht zu vergessen der amerikanische »Babies born in Beetles Club« mit seinen mehreren hundert Mitgliedern, die vermutlich für einen guten Start ins Leben Aktien der amerikanischen VW-Werke bekamen. (In den 50er- und 60er-Jahren, also in Zeiten, als es noch als Kuppelei galt, wenn Eltern oder andere Personen unverheiratete Paare in einem Haus übernachten ließen, waren die Autos eben ein häufig genutzter Ausweichraum.) Wie viele Babys nun genau in Käfern oder auch in Topolinos gezeugt wurden, darüber kann man allerdings nur spekulieren.

Wie wir einmal den Arbeiter- und Bauernstaat beklauten

Mich schaudert immer noch, wenn ich daran denke, wie verantwortungslos und naiv wir als Studenten um die zwanzig waren.

Wir, das war eine Gruppe von Germanistikstudenten der Universität Bristol, die 1958 ein Politikseminar der Bundesregierung in Westberlin besuchten. Es war dazu gedacht, uns die Teilung Deutschlands und Berlins näherzubringen. Eine wahrlich gute Idee, nachdem die Professoren daheim uns die Köpfe nur mit der Dichtung von Hölderlin und Walther von der Vogelweide vollstopften, aber nichts über den deutschen Alltag während des Kalten Krieges zu erzählen wussten.

An den Abenden waren wir mehr oder weniger auf uns

selbst gestellt, und so machten wir uns, fasziniert von der Fremdartigkeit Ostberlins und dem Gruseln, das es bei uns auslöste, natürlich auch dorthin auf. Dieser Teil der Stadt war damals sogar noch trister als später. Abends waren die Straßen wie ausgestorben, es gab praktisch keine Lokale und eigentlich nichts anderes zu tun, als spazieren zu gehen. Ein Bier im Restaurant Ganymed am Schiffbauerdamm erwies sich auch als wenig erbauliches Erlebnis: das Lokal war absolut spartanisch, die Kellnerin unfreundlich und die wenigen anderen Gäste saßen nur stumm da und starrten uns kalt an, oder zumindest kam es uns so vor. Eines Abends spazierten wir zum Alexanderplatz hinüber. Dort stießen wir auf einen Wald aus rot-goldenen Plakaten zur Feier des bevorstehenden SED-Parteitags. Wow! Es war ein beliebter Zeitvertreib unter uns englischen Studenten, solche Dinge zu sammeln, am besten, wenn sie geklaut waren. Eines dieser Plakate würde in diesem Wettbewerb unvergleichlichen Eindruck schinden. Und so schlugen wir alles, was wir tagsüber über den Arbeiter- und Bauernstaat gelernt hatten, einfach in den Wind. Es war weit und breit außer uns kein Mensch zu sehen, und so nahmen wir rasch ein großes Plakat ab, das die Form einer Faust hatte, die eine wehende rote Fahne umklammert. Darauf stand in goldenen Lettern irgendetwas vom »V. Parteitag der Sozialistischen Einheitspartei Deutschlands«. Die Größte aus unserer Gruppe versteckte es unter ihrem zeltartigen Regenmantel. Im Galopp rannten wir zum S-Bahnhof und sprangen in den Zug Richtung Westen.

Zu unserem Entsetzen stiegen an der nächsten Haltestelle zwei Volkspolizisten ein und begannen, durch den Zug auf uns zuzukommen. Meine Freundin presste sich die Hände auf einmal fest auf den Bauch und das Plakat, als wäre ihr furchtbar schlecht. Wir wischten ihr die Stirn ab und beugten uns besorgt zu ihr. Nach einem durchdringenden Blick kehrten die zwei Polizisten uns den Rücken zu und gingen weiter.

Gott sei Dank waren damals diese zeltförmigen Mäntel in Mode. Denn wir waren einer praktischen Lektion zum Thema

Verhältnisse in der DDR, die wir wohl für den Rest unseres Lebens nicht wieder vergessen hätten, gefährlich nahe gekommen.

3. KAPITEL

MAUERN, ROYALISTEN UND REBELLEN

Schnittlauch für den Chef

Walter Ulbricht scheint sich hinter hohen Mauern sicherer gefühlt zu haben. Unmittelbar bevor der bärtige, glatzköpfige, absolut unbeliebte Parteichef und Staatsratsvorsitzende 1961 die Berliner Mauer errichten ließ, befahl er, noch eine andere Mauer zu bauen. Letztere war acht Kilometer lang und umgab die neue Waldsiedlung Wandlitz vor den Toren Berlins, wo die zwanzig Mitglieder des Politbüros verborgen vor den Menschen, die sie regierten, leben sollten.

Bis dahin hatten Ulbricht und seine Genossen am Majakowski-Ring residiert, in einer Reihe renovierter edler Villen im Stadtteil Pankow. Auch dieser Bereich war abgeriegelt und streng bewacht gewesen, doch der Aufstand von 1953 und der in Ungarn drei Jahre später hatten Ulbricht wohl den Eindruck vermittelt, man könne trotz der sowjetischen Panzer und eigenen Volkspolizisten nachts außerhalb der Stadt ruhiger schlafen. Noch besser bewacht und vor allem uneinsehbar, so dass der deutlich privilegierte Lebensstil keinen Unmut hervorrief.

Die Mauer rund um die Waldsiedlung Wandlitz wurde grün angestrichen. Vielleicht damit sie von dem wunderschönen Wald rundherum nicht so abstach, vielleicht auch damit das Ganze nicht so sehr nach Internierungslager aussah, wie Kurt Hager, einer der letzten Mitglieder des Politbüros, es knapp drei Jahrzehnte später ironisch beschrieb. Damals waren beide Mauern eben erst eingerissen worden und Normalsterbliche – oder genauer gesagt: Rundfunk und Presse – durften erstmals einen Blick auf Wandlitz werfen.

Was da ans Licht kam, löste bei den ehemaligen »Untertanen« des Politbüros einen Sturm der Entrüstung aus. Dabei ärgerten sich die Leute gar nicht so sehr über das Schwimm-

bad oder das eigene Kino, viel wütender machte sie der Laden, wo die angeblich doch so auf Gleichheit bedachte Spitze
des Arbeiter- und Bauernstaates ihre Einkäufe erledigt hatte.
Luxuswaren wie Bananen und Ananas, von denen die meisten Ostdeutschen nur träumen konnten, gab es dort in Hülle
und Fülle, dazu noch alle erdenklichen und an sich ebenso
unerreichbaren westlichen Konsumgüter, und zwar nicht gegen harte Devisen, sondern für gewöhnliche DDR-Mark. Und
alles, was man nicht vorrätig hatte, ließ sich bestellen.

Zu Ulbrichts Zeiten mag es in Wandlitz noch ein wenig
kärglicher gewesen sein, doch privilegiert waren die Bewohner auch damals schon. Etwa 600 Menschen arbeiteten an
ihrer Versorgung, ob als Köche, Putzleute, Wachen, Gärtner,
Chauffeure oder was auch immer – allesamt mit dem Auftrag,
der Staatsspitze »ihre Wünsche von den Augen abzulesen«. In
einer faszinierenden Dokumentation von Thomas Grimm und
Werner Tress mit dem Titel »Das Politbüro privat« (mdr 2004),
beschrieb Ulbrichts Chefkoch Helmut Bäuml Ulbrichts sta-
linistische, kontrollwütige Ehefrau Lotte. Diese überwachte
die Zubereitung des Frühstücksrühreis ihres Gatten: Es hatte
unter Rühren exakt vier Minuten gebraten und anschließend
zusammen mit sechs Häppchen auf einem Teller serviert zu
werden. Die Häppchen wiederum mussten mit Leinölquark
bestrichen und – sommers wie winters – mit frischem Schnittlauch bestreut sein. »Wehe, wenn kein Schnittlauch«, erzählte
der ehemalige Chefgärtner Wolfgang Rechow den Filmema-
chern Grimm und Tress. »Wir haben die unmöglichsten Dinge
versucht.« Erst stellten sie fest, dass Schnittlauch erst keimt,
nachdem er Frost bekommen hat. Also ließ Rechow sich eine
große Tiefkühltruhe besorgen und bunkerte darin Schnitt-
lauchwurzeln bei idealen minus 18 Grad. Bei Bedarf wurden
sie herausgenommen und in einem beheizten Gewächshaus
eingepflanzt. Siehe da – so mangelte es den Schnittchen des
Staatsratsvorsitzenden nie am obligatorischen Grün.

Allem Luxus und allen Privilegien zum Trotz war das Leben der DDR-Bonzen und ihrer Familien in Wandlitz kein
großer Spaß. Kurt Hagers Schilderung der Siedlung als eine

Art Internierungslager war offenbar nicht so abwegig. Keiner scheint es genossen zu haben, dort zu wohnen, denn viele Mitglieder des Politbüros verbrachten ihre Zeit lieber in den diversen, ebenso gut ausgestatteten Landhäusern an anderen Orten. Die im schrecklichen Stil der 1960er erbauten Wandlitzer Villen waren zwar durchaus komfortabel, aber zugleich eben auch bieder, spießig und langweilig. Die Bewohner lebten isoliert, oft einsam und aus Angst vor dem Vorwurf einer Verschwörung voneinander abgeschottet. Diese gab es allerdings trotzdem. Als Erstes verschwor sich eine Gruppe unter der Führung von Erich Honecker 1971 zum Sturz von Ulbricht. Die zweite Konspiration brachte 1989 angeführt von Egon Krenz Honecker zu Fall. Ob diese Aktionen ihren Anfang in Wandlitz nahmen, ist nicht bekannt.

Eine Tatsache ist dagegen, dass die Mauern die Machthaber der DDR weitgehend vom Leben und den Sorgen der Menschen abschotteten und so zweifellos zum Sturz des Regimes beitrugen. Man kann nur rätseln, welchen Verlauf die Geschichte wohl ohne diese Bauwerke genommen hätte.

Der Eiserne Vorhang fällt am Ende des Gartens

In der Villa Urbig am Ufer des Potsdamer Griebnitzsees waren die eleganten Partys, Musikabende und anderen kulturellen Anlässe der Vorkriegszeit, zu denen sich Künstler – viele davon fielen später in Ungnade –, Angehörige des Königshauses, Bankiers und kultivierte Nachbarn versammelten, nur noch verblasste Erinnerungen. Das galt auch für Winston Churchills lärmendes Staatsbankett zu Ehren von Truman und Stalin. Die Gegend blieb Sperrgebiet und durfte nur von Angehörigen des DDR-Regimes genutzt werden. Aus den Villen machte man Kindergärten, Bürogebäude oder Erholungsheime – manche überließ man aber einfach nur dem Verfall. Aus der Villa Urbig wurde der Club und das Gästehaus der »Deutschen Akademie für Staats- und Rechtswissenschaft Walter Ulbricht«. Der Salon, das Musikzimmer und die anderen Repräsentationsräume wurden mit modernen Möbeln im DDR-Stil der 1950er Jahre ausgestattet. Die Decke des Speisezimmers strich man grellorange, damit sie zu den neuen Vorhängen passte. Die Terrasse pflasterte man mit hässlichen Klinkersteinen. Das Haus selbst wurde allerdings unter Denkmalschutz gestellt und glücklicherweise nahm man keine architektonischen Veränderungen daran vor.

Doch dann rückten 1961 eines Tages Bauarbeiter an und fällten die großen alten Bäume auf dem Rasen, der sich bis zum See hinunter erstreckte. Bulldozer ebneten den Grund ein und zerstörten dabei wahrscheinlich auch das Bootshaus. Man legte einen Streifen nackter Erde am Seeufer frei, der Teil des Kolonnenwegs für die Patrouillen quer durch alle Gärten wurde. Unmittelbar am Wasser errichtete man einen Grenzzaun, und fortan patrouillierten dort Grenzwachen der DDR. Sie hielten Ausschau nach Leuten, die versuchen mochten, den Zaun zu überwinden und durch den See zu den Westberlinern hinüber zu schwimmen, die man im Wald auf der anderen Seite beim Spazierengehen, Joggen und Radfahren sehen konnte.

Fortan war es den Akademikern, dem Personal und Gästen untersagt, die Terrasse mit Blick über den See auch nur zu betreten. Wohl aus Angst, dass sie genau das tun könnten. Der »Eiserne Vorhang«, von dem Churchill gesprochen hatte und der Deutschland sowie ganz Europa in zwei feindliche Lager teilte, verlief unter anderem am Ende des Gartens der Villa Urbig.

Ein einziges Kopftuch

Mit zwanzig stand Filiz Taskin am Scheideweg ihres jungen Lebens. In einer griechischen Schneiderwerkstatt in Istanbul hatte sie ihre Ausbildung gemacht und sie hätte dort auch nach Belieben weiterarbeiten können. Doch dann zog die Schneiderei ins griechische Thessaloniki um, und dazu hatte sie keine Lust. Die Vorstellung, andere Länder kennenzulernen und sich neue Sprachen anzueignen, gefiel ihr jedoch. Als sie erfuhr, dass eine Firma namens Telefunken Frauen als Arbeitskräfte für ihre Fabrik in Berlin anwarb, ergriff sie diese Gelegenheit.

»Leidest du denn Hunger?«, fragte ihr Vater sie. Denn damals verließen eigentlich nur Menschen die Türkei, die verzweifelt waren, weil sie nicht genug für ihren Lebensunterhalt verdienten. Doch der Vater und seine Frau waren aufgeschlossen, nicht besonders religiös und sahen daher keinen Grund, ihre Tochter davon abzuhalten, allein nach Berlin aufzubrechen. Der Vertrag galt, mit der Möglichkeit zur Verlängerung, zunächst nur für ein Jahr, was bedeutete, dass sie zurückkommen konnte, wenn es ihr nicht gefiel.

So schloss sich Filiz im Jahr 1964 am Hauptbahnhof von Istanbul einer riesigen Gruppe junger Frauen an, die zu der langen Reise nach München, von dort nach Hannover und schließlich mit dem Flugzeug nach Berlin aufbrachen. Während sie bei der Verteilung des Proviants anstand, machte sie die Bekanntschaft eines griechischen Mädchens, und die beiden wurden auf ihrer langen Reise in die fremde Stadt Gefährtinnen. Westdeutschland, wo das Wirtschaftswunder gerade in Schwung kam und man dringend Arbeitskräfte benötigte, hatte soeben ein Abkommen mit der Türkei geschlossen, wonach deutsche Firmen türkische Arbeitskräfte anwerben durften. Damals war den Leuten anscheinend nicht bewusst – und vielleicht ist das sogar bis heute so –, dass ein Großteil dieser Gastarbeiter anfangs Frauen waren. Deren geschickte Finger waren eher gefragt, um alle Arten von elektronischen, elektrischen und mechanischen Bauteilen zusammenzusetzen, nach denen der Wirtschaftsboom und vor allem die deutschen Exporte verlangten. Allerdings waren männliche Gastarbeiter in der Öffentlichkeit präsenter, weil man sie in ihrer Freizeit eher auf der Straße und in Lokalen sah.

Damals herrschte nach wie vor extremer Wohnungsmangel in Berlin, und so mietete Telefunken in der Stresemannstraße eine Etage eines großen alten Gebäudes an, später eine weitere und noch eine, und wandelte das Ganze in ein Wohnheim um. Zunächst wohnten dort 30 Frauen, dann 90 und am Ende 170. Es gab keine Privatsphäre; man schlief in Stockbetten, zwei, vier, sechs oder mehr in einem Raum. Auf Filiz' Etage gab es nur drei Duschen und Toiletten für 30 Frauen. Das bedeutete oft, schon um vier Uhr aufzustehen, um sich waschen und fertig machen zu können, damit man den Bus um fünf Uhr erwischte und rechtzeitig um fünf vor sechs seine Karte in die Stechuhr der Fabrik stecken konnte. Am Abend teilte man gerade mal sechs Kochstellen, um sich ein Essen zuzubereiten. Die Zimmer, Flure, Küchen und Waschräume hatten die Frauen abwechselnd selbst zu putzen. Männerbesuch war verboten, und die Türen wurden wochentags um zehn Uhr abends abgeschlossen, an den Wochenenden um Mitternacht. Für die Miete zog die Firma jeder Mitarbeiterin 30 DM ab, so dass den nach Stunden bezahlten Frauen monatlich zwischen 300 und 350 DM blieben. Auch wenn die Bedingungen im Wohnheim schwierig waren, mussten sie sich damit abfinden, denn die Chancen, selbst eine bezahlbare Unterkunft in Berlin zu finden, waren gleich null.

Manche kamen mit der Situation sehr gut zurecht, andere nicht. Einige hatten vorher schon gearbeitet, andere kamen direkt von der Schule und taten sich mit der Eingewöhnung schwer. Ein Teil der Frauen wollte abends früh schlafen gehen, der andere länger aufbleiben, plaudern oder Briefe schreiben. In jener Zeit kamen die meisten von ihnen wie Filiz aus Städten, erst später verdingten sich auch türkische Frauen vom Land als Gastarbeiterinnen. Manche kehrten wieder in die Türkei zurück. Filiz jedoch blieb. An den Wochenenden ging man abends oft zum Tanzen aus, doch ein Flirt oder eine Beziehung zu einem gleichaltrigen Deutschen stand – selbst wenn sie es gewollt hätten – völlig außer Frage. Auf Filiz wirkte Berlin wie eine Stadt der Alten und Kinder. Eine ganze Generation schien zu fehlen. Etwa eineinhalb Jahre nach ihrer Ankunft lernte sie ihren künftigen Ehemann kennen, der ebenfalls aus der Türkei stammte. Gemeinsam mit einem anderen türkischen Paar konnten sich die beiden eine billige Wohnung leisten und dort würdevoller leben. Eine

Tochter kam zur Welt, doch die Ehe hielt nicht. Filiz wechselte ein paarmal den Job und trat auf den Rat einer deutschen Kollegin hin in die Gewerkschaft ein, auch wenn Gastarbeiter damals dort kein Stimmrecht hatten und schon gar kein Amt übernehmen durften. Nachdem sich das geändert hatte, wurde sie Gewerkschaftsfunktionärin und Mitglied im Betriebsrat ihrer Firma. Sie unterstützte den wichtigen Kampf für die Einrichtung eines Betriebskindergartens, lernte viel über deutsche Gesetze, die hiesige Bürokratie und verbesserte natürlich auch ihre Deutschkenntnisse enorm.

In meinen Augen ist das bemerkenswerteste Detail ihrer Erinnerungen an jenes Frauenwohnheim vor 50 Jahren, dass von den 170 Türkinnen dort gerade mal eine einzige ein Kopftuch trug. »Und selbst das war nur so ein kleines, einfaches Halstuch, das sie unter dem Kinn verknotete«, berichtet sie. Damals war Religion unter Türken absolute Privatsache. »Wenn Familien religiös waren und beteten, dann taten sie das nur zu Hause. Niemand erfuhr davon. Heute machen Leute eine richtige Show daraus.« Und wirklich spazieren, während wir in einem Straßencafé an einer belebten Kreuzung im multikulturellen Kreuzberg sitzen, viele Frauen an uns vorbei, die in große Tücher und voluminöse Kleidung gehüllt sind, wie sie unter praktizierenden Muslimen Tradition sind. Die kleine, lebhafte Filiz mit ihrem kurz geschnittenen grauen Haar hat dagegen niemals einen Schleier getragen. Sie hat auch wenig mit solchen Leuten zu tun, die so viel später als sie selbst nach Berlin gekommen sind, oft als Ehefrauen oder Kinder türkischer Gastarbeiter. Viele von ihnen sprachen kein Deutsch, manche haben es nie gelernt.

Aber auch andere Dinge mussten sich ändern. Filiz und ihre Landsleute mussten sich immer mit etwas auseinandersetzen, das sie selbst »unsichtbaren Fremdenhass« in der deutschen Bevölkerung nennt. Streit über Nichtigkeiten, Unannehmlichkeiten, Anflüge von Feindseligkeit beim Einkaufen, bei der Arbeit, in der Nachbarschaft. Erwiderungen im Stil von »Warum gehen Sie dann nicht nach Hause zurück?«, falls man sich mal beschwerte. Vor der Nase zugeknallte Türen bei der Wohnungssuche. Solche Dinge passierten ihr tagtäglich. Jahrelang wurden Feindseligkeiten dieser Art subtil, fast versteckt geäußert, doch nach der Wende, weiß Filiz zu berichten, »fiel die Maske und man erblickte das wahre Gesicht«. Türken wie sie begegneten Ostberlinern, die nie Kontakt zu Ausländern gehabt hatten. Die wenigen Vietnamesen, die in der DDR gelebt hatten, waren vom Rest der Gesellschaft völlig isoliert gewesen. »Die hatten keine Ahnung von uns, wussten nicht, wie zahlreich wir waren und wie man mit Ausländern zusammenlebt. Es war nicht auszuhalten.« Filiz' Tochter empfand die Situation als so unerträglich, dass sie nach Spanien auswanderte, wo man Ausländern wie ihr viel freundlicher begegnete. Inzwischen lebt sie abwechselnd in Spanien und Istanbul.

Filiz jedoch, die Berlin trotz seiner Schattenseiten liebt, blieb. Sie hat gelernt, mit der Diskriminierung zu leben. »Ich habe aufgehört zu kämpfen, es bringt nichts und macht dich nur kaputt«, sagt sie heute. Mit Leidenschaft engagiert sie sich ehrenamtlich im Museum Friedrichshain-Kreuzberg, wo sie hilft, die Erfahrungen unzähliger Türken und anderer Ausländer, die als Gastarbeiter nach Berlin kamen, zu dokumentieren.

Die Fahrt in einem Kleintransporter

Für die meisten DDR-Bürger war der Barkas B-1000 ein allgegenwärtiger Kleintransporter. Er war irgendwie liebenswürdig – was man an den Aktivitäten seiner Fans im Internet ablesen kann –, ungefähr so wie der einst noch stärker verbreitete Trabbi. Der Barkas war jedenfalls ausgesprochen wandlungsfähig und nahm vielerlei Gestalt an. Etwa als Krankenwagen, als Mannschaftswagen von Feuerwehr oder Polizei, als Kastenwagen zum Transport von Waren, als Pritschenwagen für Arbeitstrupps oder als Minibus, der irgendwelche Gruppen auf Ausflügen beförderte. Mit seinem Wartburg Dreizylinder-Zweitakt-Motor schaffte er bis zu hundert

Stundenkilometer und war ziemlich robust und zuverlässig. Im Laufe der Jahre erfuhr er auch stets Verbesserungen.

Der Barkas hatte allerdings auch eine finstere Seite, die viele zu spüren bekamen, die in die Fänge der Stasi gerieten. Etwa weil man nach einer Demonstration verhaftet, bei einem Fluchtversuch aufgegriffen oder auch ohne ersichtlichen Grund auf der Straße einfach mitgenommen wurde. Dann wurde man in Handschellen und eventuell verletzt oder geschlagen in einen total harmlos aussehenden, fensterlosen Barkas gezerrt, der an den Seiten vielleicht auch noch die Aufschrift eines bekannten Betriebs, zum Beispiel des Centrum Warenhauses, trug. Im Wagen befanden sich dann allerdings keine Waren, sondern vier oder fünf winzige Zellen, jede kaum größer als ein Spind. In so eine wurde man gesperrt. Man musste sich zusammenkauern und konnte sich nicht bewegen, manchmal stundenlang. Sobald der Transporter losfuhr, wurde man gegen die Metallwände gepresst und rumpelte an ein unbekanntes Ziel. Am besten versuchte man gar nicht, sich auszumalen, was im Falle eines Verkehrsunfalles mit einem passiert wäre. Die Zellen waren fast ganz dunkel, und Luft drang nur durch ein paar spärliche Löcher oben an den Türen ein. Vor allem im Sommer muss sich das angefühlt haben wie ein Backofen.

Am 22. Mai 1964 wurde der damals 20-jährige Wolfgang Welsch entdeckt bei seinem naiven Versuch, die DDR in der Nähe von Boizenburg, das heute zu Mecklenburg-Vorpommern gehört, zu verlassen. Er wurde an Ort und Stelle zusammengeschlagen, getreten, mit dem Tode bedroht und beschimpft – als »Hund!«, »Republikflüchtiges Schwein!« und Ähnliches. Man fesselte ihn mit Handschellen, die ihm tief in die Handgelenke schnitten, so dass diese bluteten und anschwollen. »Mit einem derartigen Ausbruch von Gewalt und Hass hatte ich nicht gerechnet. Brutalität und Menschenverachtung kannte ich bisher nur aus dem Geschichtsunterricht, wenn von Faschisten und Nazis die Rede war, von Konzentrationslagern und Verfolgung durch die Gestapo. So etwas hatte ich in der DDR immer für ausgeschlossen gehalten. Jetzt wurde ich eines Besseren belehrt«, schrieb er in einem Bericht über seine Verhaftung. Dieser erschien in ›Die vergessenen Opfer der Mauer‹, einem Erinnerungsband ehemaliger Stasi-Opfer, herausgegeben von Hubertus Knabe, dem wissenschaftlichen Direktor der Gedenkstätte Berlin-Hohenschönhausen. Die Gedenkstätte befindet sich im ehemaligen zentralen Untersuchungsgefängnis der Stasi.

Nachdem er unbestimmbare Zeit in einer völlig leeren Zelle zugebracht hatte, wo es nicht einmal eine Sitzgelegenheit gab, holte man ihn heraus und befahl ihm, in einen vor dem Tor wartenden Barkas B 1000 zu klettern. »Ich stieg ein und musste mich dabei bücken. Rechts und links befanden sich kleine Verschläge. Einer stand offen und in den wurde ich geschoben. Ich hatte es bis dahin für undenkbar gehalten, dass diese kleinen Lieferwagen als Gefangenentransporter dienen können. Von außen schnappte ein Riegel. Ich konnte nur nach vorn gebeugt sitzen, mit eingezogenen Schultern, links die Außenwand, rechts die Tür. Es war beklemmend eng. Noch ein Verschlag wurde verriegelt (…) Kurz darauf setzte sich der Wagen mit dem zweitakterüblichen Geheul in Bewegung. Die harten Schläge der Räder und das penetrante Geräusch des Motors verhinderten, dass ich vor Erschöpfung einschlief.« (»Ende einer Flucht«, S. 60–65, in: ›Die vergessenen Opfer der Mauer‹)

Die Fahrt dauerte Stunden. Und ebenso erging es zweifellos vielen anderen »Passagieren« solcher Barkas. »Alles verschwamm in meinem Kopf. Ein Gedankenbrei kreiste unaufhörlich um die Frage: Was wird jetzt?« Und wie immer endete die Reise mit dem Zuschlagen eines schweren Metalltors. Der Motor wurde abgestellt.

Jemand schloss die Tür des Verschlags auf. »Fast wäre ich hinausgefallen, so steif waren meine Glieder durch die stundenlange ›Presspackung‹.« Er sah nur Gitterstäbe, Schlüssel, Schlösser. Niemand sagte ihm, wo er sich befand oder warum, nur dass er »beim Ministerium für Staatssicherheit« sei. Man befahl ihm zu schweigen.

Trotzdem verlangte er nach einem Arzt. »Ich habe Schmerzen. Ich bin von den Grenzsoldaten geschlagen worden.« Daraufhin herrschte ein pickeliger Wachmann ihn an: »Hören Sie nicht gut? Überlegen Sie sich, was Sie sagen, und verleumden Sie nicht unsere Grenzorgane. Die Arbeiter- und Bauernmacht schlägt niemanden.«

Man zwang Welsch, sich nackt auszuziehen, gab ihm Gefängniskleidung und Bettwäsche, führte ihn in eine Zelle und schloss ihn dort ein. Das systematische Terrorisieren und die menschenunwürdige Behandlung, die jeden Bürger trafen, der sich irgendwie gegen das Regime auflehnte, hatten begonnen.

Vermutlich wehrten sich nur wenige Gefangene gegen die vom MfS angeordneten Schikanen, doch Wolfgang Welsch war entschlossen, sich nicht brechen zu lassen. Er weigerte sich, falsche Geständnisse zu unterschreiben, protestierte gegen gefälschte Beweise, stritt mit den Leuten, die ihn verhörten, und verlangte nach einem Anwalt. Über zwei Jahre verbrachte er in Untersuchungshaft bei der Stasi in Berlin, wo er malträtiert und gefoltert wurde, man ihn tagelang in eine Eiszelle sperrte, mehrfach auch in Isolationshaft und ihn sogar einer Scheinhinrichtung unterzog. Schließlich wurde er wegen Flucht, Hochverrat, staatsgefährdender Hetze und Propaganda sowie wegen Verbindungsaufnahme zu einer »verbrecherischen Organisation« (damit waren die Vereinten Nationen gemeint) zu insgesamt neuneinhalb Jahren Gefängnis verurteilt. Auch dort misshandelte man ihn körperlich und seelisch. Erst 1971 gelang es, aufgrund der Bemühungen einer britischen Sektion von Amnesty International und des Bundeskanzlers Willy Brandt, ihn freizukaufen.

Im Westen angekommen musste Welsch allerdings bald feststellen, dass die Zeit im Gefängnis eine posttraumatische Belastungsstörung nach sich zog und er daher tragischerweise seinen Beruf als Schauspieler nicht mehr ausüben konnte. Er schrieb sich an der Universität Gießen ein und verfasste später in England seine Doktorarbeit über die Stasi. Gleichzeitig begann er, anderen Ostdeutschen, vor allem Akademikern, in ausgeklügelten Operationen bei der Flucht aus der DDR über andere Ostblockstaaten zu helfen. Jeder der 220

Menschen, denen er in den kommenden zehn Jahren behilflich war, gelangte wohlbehalten in den Westen.

Unter anderem aus diesem Grund beschloss das DDR-Regime, ihn zu eliminieren. Es kam zu drei Anschlägen, einer davon mit Gift, die er jedoch alle überlebte. Nach der Wende zeigte er die Verantwortlichen an, doch man glaubte ihm nicht und unternahm nichts. Eine Reihe von Morddrohungen, vermutlich von ehemaligen Stasi-Angehörigen, beunruhigte ihn derart, dass er sich in Costa Rica in Sicherheit brachte. Dort begann er auch, ein Buch über seine Erlebnisse zu schreiben, das unter dem Titel ›Ich war Staatsfeind Nr. 1‹ veröffentlicht wurde. Erst nach umfassenden Recherchen des Magazins ›Stern‹ kamen die Schuldigen 1993 endlich vor Gericht. Heinz Fiedler, der Hauptverantwortliche für seinen Fall, nahm sich kurz nach seiner Verhaftung das Leben; Stasi-Chef Erich Mielke wurde krankheitsbedingt nicht verurteilt. Alle anderen Beschuldigten wanderten ins Gefängnis.

Seither versucht Welsch in Vorträgen und Lesungen im ganzen Land gegen die verbreitete Unkenntnis, vor allem unter jüngeren Leuten, anzukämpfen. Er will die wahre Natur der Stasi und des DDR-Regimes aufzeigen und gegen die Vorstellung angehen, eigentlich sei die DDR doch gar nicht so schlimm gewesen. Es ist ein harter Kampf, gesteht er, gegen Gleichgültigkeit, Desinteresse und »eine geschickte Propaganda der Täter, die nach wie vor unter uns sind (…) Die Verklärung der Diktatur schreitet voran.«

Weg mit dem dämlichen Teddybär

Es war Mai 1965. Der erste Besuch von Königin Elizabeth in Westdeutschland stand kurz bevor. Die Bundesrepublik existierte inzwischen seit 16 Jahren und erwies sich als vorbildliche Demokratie und verlässliches Mitglied der westlichen Staatengemeinschaft. Gleichzeitig war man aber trotzdem noch unsicher und bemühte sich um Bestätigung aus dem Ausland, dass man alles richtig machte. Daher war der königliche Besuch auch ein sehr, sehr besonderer Anlass. Die letzte Visite eines britischen Monarchen hatte im Jahre 1909 stattgefunden. Und, was noch viel wichtiger war, dieser Besuch nun sollte die Aussöhnung der beiden Nationen nach dem Krieg symbolisieren. Man hatte den Eindruck, Deutschland bekäme dadurch wieder Zugang zur internationalen High Society. Darum musste auch alles absolut perfekt sein. Politikergattinnen übten den Hofknicks, Gebäude entlang der geplanten Route der Königin wurden herausgeputzt und beflaggt, alle Programmpunkte waren bis ins letzte Detail durchgeplant. In der Bonner Villa des Bundespräsidenten inspizierte man die Geschenke für die Queen, ihren Gemahl, den Herzog von Edinburgh und die übrigen Familienmitglieder. Zu den Präsenten gehörte auch ein großer Teddybär, der für den damals fünfjährigen Prinz Andrew, das dritte Kind der Königin, gedacht war. Allerdings hatte dieser Bär einen so außergewöhnlich dummen Gesichtsausdruck, dass das Inspektionskomitee ihn aussortierte. Der kleine Prinz sollte schließlich nicht mit der Vorstellung aufwachsen, die Deutschen seien dämlich.

Grüne Schuhe

Zur königlichen Reise durch Westdeutschland gehörte auch ein Besuch auf dem ultramodernen Fernsehturm in Stuttgart – damals der Stolz der ganzen Region und Vorbild für viele ähnliche Bauwerke weltweit. Rundherum waren Rasenflächen und Blumenbeete angelegt. Die Royals wurden pflichtgemäß nach oben befördert, um den prächtigen Ausblick zu genießen, doch während man auf dem Turm weilte, unterbrach ein heftiger Wolkenbruch das ansonsten sonnige Wetter.

Nachdem alle wieder unten waren und über das Gras zu den bereitstehenden Autos gingen, färbten sich die eigentlich weißen oder pastellfarbenen Schuhe der Damen plötzlich leuchtend grün.

Die anhaltende Hitze hatte die frisch angelegten Rasenflächen strohgelb vertrocknen lassen. Um kein Missfallen darüber zu erregen, hatte die Stadtverwaltung sie für den hohen Besuch kurzerhand mit grüner Farbe besprühen lassen.

Eine rote Fahne

Wieder einmal eine Demo in Berlin. Wieder einmal protestierten Zehntausende junger Leute, darunter zahlreiche Studenten, einige schwangen rote Fahnen, sangen Parolen und viele waren angespannt und ein wenig verängstigt. Sie hätten mehr Demokratie, Freiheit und soziale Gerechtigkeit fordern können. Oder gegen die starren, altmodischen, undemokratischen Verhältnisse an den Unis mit ihrem »Muff von 1000 Jahren« protestieren. Oder gegen die Große Koalition aus CDU/CSU und SPD in Bonn, die die Opposition allein der kleinen Partei der Freien Demokraten – und natürlich der Straße – überließ. Oder gegen die repressiven Notstandsgesetze der Koalition. Bei diesem speziellen Anlass wurde jedoch wie so oft zornig und laut gegen den Vietnamkrieg demonstriert.

Die Demonstranten waren zu Recht angespannt. Denn die Nachkriegsjugend der westdeutschen Städte und Großstädte durchbrach gerade den Panzer, den sich die bundesdeutsche Gesellschaft nach dem Krieg zugelegt hatte – eine dicke Mauer aus Schweigen über die Vergangenheit und die Schuld der Eltern, aus Autoritarismus, Konformismus, überholtem Denken, Konventionen und der Obsession von wirtschaftlichem Aufstieg.

Doch andere hassten und fürchteten die Demonstranten, weil sie genau diesen Schutzpanzer für ihr seelisches Gleichgewicht brauchten. Konservative und rechtsgerichtete Menschen bangten um die Stabilität der Nachkriegsgesellschaft. Die rechten Zeitungen des Springerkonzerns verteufelten die Protestler. Die Polizei, die den Umgang mit Andersdenkenden noch nicht gewohnt war, ging mit brutaler Gewalt gegen sie vor. Passanten schrien: »Leute wie euch müsste man vergasen!« Oder: »So was wie euch hätte es unter Adolf nicht gegeben.« Auch: »Geht doch nach drüben, wenn es euch hier nicht passt. Solche langhaarigen Penner brauchen wir hier nicht.« Rechtsgerichtete Schläger fanden in ihnen willkommene Ziele für ihre Aggressionen. Daher überraschte es auf der erwähnten Demonstration auch niemanden, als ein solcher Trupp einer Gruppe junger Kommunisten eine rote Fahne entriss und sich daran machte, sie zu verbrennen.

»Würdet ihr das bitte lassen«, schaltete sich da ein nicht besonders groß gewachsener, aber muskulöser und entschlossen dreinblickender Demonstrant ein.

»Was soll das? Ist das ein Rollkommando?«, erwiderte einer. »Wo sind dann die anderen?«

»Es reicht nur einer«, sagte der Mann ruhig.

Sie musterten ihn und spürten anscheinend, dass es ihm ernst war, denn schließlich ließen sie die Fahne fallen und verzogen sich. Eine kluge Entscheidung. Dabei sah Peter Schunter auf den ersten Blick gar nicht wie ein Schläger aus. Er war Künstler, Student an der Hochschule der Künste und Bühnenarbeiter an der Schaubühne. Und weil er eben nicht groß und stämmig war, traute man ihm die Rolle eigentlich nicht zu. Der gebürtige Schwabe hatte sich nach seiner Ankunft in Berlin zunächst überhaupt nicht für Politik interessiert. Doch dann wurde er Stammgast in einem Künstlercafé in der Kurfürstenstraße, wo sich irgendwann auch eine Gruppe von Studenten regelmäßig traf, unter ihnen ein gewisser Rudi Dutschke. Schunter ließ sich von ihren Ideen und Argumenten faszinieren und wurde nach und nach in die Studentenproteste hineingezogen, bis er schließlich in die Kommunistische Partei Deutschlands eintrat. Das fiel ihm – wie er später gestand – auch deshalb nicht schwer, weil bei den Linken die hübschesten Mädchen zu finden waren.

Peter war rauflustig und geriet oft in kleine und große Schlägereien bei politischen Auseinandersetzungen. Zweimal wurde ihm die Nase gebrochen, aber er kann sich nicht einmal mehr daran erinnern, von wem. Schließlich machte er eine Nahkampfausbildung und fungierte fortan bei den zahllosen Demonstrationen als Bodyguard und Ordner für seine kommunistische Zelle. Seltsamerweise hat er sich nach seiner Kampfausbildung nie mehr geschlagen: »Ich brauchte nur aufzutreten.«

Auch als er noch kein Parteimitglied war, arbeitete er als Redakteur für die KP-Zeitung mit dem Titel – na, was wohl? – »Rote Fahne« unter Hochdruck 36 Stunden die Woche, »damit die Zeitung, die nie jemand las, pünktlich erschien«. Und so lebten er und seine Freunde das Leben typischer 68er, in Kommunen, ständig wechselnden Beziehungen und mit Kindern, die in Kinderläden auf antiautoritäre Weise erzogen werden sollten. Viele von ihnen waren hochintelligente, bestens ausgebildete junge Leute, die irgendwann erfolgreich Karriere in der »normalen« Gesellschaft machten und denen einige der Vorstellungen, die sie damals so leidenschaftlich verfochten hatten, später sehr peinlich wurden. Auch Peter wurde ein etablierter Künstler und malte später – was er sich zu jener Zeit nicht im Traum hätte vorstellen können – unter anderem das Porträt des Bundespräsidenten Karl Carstens von der CDU, das heute im Bundesrat in Berlin hängt.

Wie so viele seiner Zeitgenossen, kann er stundenlang von den Studentenunruhen in Berlin erzählen – im Unterschied zu manch anderem allerdings ohne verklärende Nostalgie. »Es war eine brutale Zeit«, sagt er.

Die befreienden Eigenschaften einer Schaumstoffmatratze

Sybille ist eine Freundin von mir aus Deutschland, die heute ebenso wie ich in Umbrien wohnt. Als sie Anfang zwanzig war, wusste sie, dass sie von Zuhause ausziehen musste. Nicht weil sie irgendwelche Probleme mit ihren Eltern gehabt hätte. Die waren liebe- und verständnisvoll, und obwohl beide aus bescheidenen, aber sehr autoritären Verhältnissen kamen, gewährten sie ihr beachtliche Freiheiten. Doch inzwischen war Sybille 21, hatte begonnen, Sozialpädagogik zu studieren, und wusste, dass sie nun ein eigenes Leben anfangen musste.

Das alte war ihr zunehmend beengt und erstickend erschienen. Sie war ein schüchternes, furchtsames Kind gewesen, eines, dem man beigebracht hatte, einen Knicks zu machen, wenn ein Erwachsener ihm die Hand gab. Eines, das davon träumte, so zu werden wie die süße, mustergültige Filmschauspielerin Doris Day, eine brave kleine Hausfrau, die jeden Morgen ihrem Mann nachwinkte, wenn er sich auf den Weg zur Arbeit machte. Sobald ein Junge zu Besuch kam, ließen ihre Eltern die Rollläden runter, aus Angst, die Nachbarn könnten die beiden zusammen allein in einem Zimmer sehen und sie, die Eltern, wegen »Kuppelei« anzeigen. Solche Besuche waren zwar stets vollkommen harmlos, doch die Mentalität in den Arbeiterbezirken im Berlin der 1960er Jahre ließ das durchaus denkbar erscheinen. Andere Stars der damaligen Zeit waren die propere Caterina Valente, Peter Alexander und Conny Froboess, doch die fanden Sybille und ihre Freunde langweilig, altmodisch, einfach »unmöglich«. Sie bevorzugten amerikanische Hits und Jazz, wie ihn der Sender AFN, American Forces Network, in Westdeutschland spielte. Den durften sie allerdings nur heimlich und leise hören, damit ihre Eltern sie nicht wegen der »Negermusik« schimpften. Als sie nach dem Schulabschluss und vor Beginn ihres Studiums ein Jahr als Au-Pair in Manchester verbrachte, staunte Sybille darüber, Beatles, Rolling Stones und alle Arten von »Negermusik« im Radio, in den Pubs und anderswo zu hören – zur offensichtlichen Freude von Menschen verschiedensten Alters und nicht nur rebellischer Teenager. Das England der 1960er Jahre, sagt sie heute, kam ihr vor wie das Paradies. Sie erlebte dort eine viel freiere, aufgeschlossenere Gesellschaft.

Vielleicht war es dieser Einblick in eine andere Welt, der den Ausschlag gab, jedenfalls stürzte Sybille nach ihrer Rückkehr in eine tiefe Depression und verlor zehn Kilogramm Gewicht. Sie wusste, dass sie ihr Leben ändern wollte. »Ich musste raus, raus aus der ›heilen Welt‹«, sagt sie rückblickend.

Die Gelegenheit dazu ergab sich, als sie ihr Studium in Berlin anfing und sofort in eine Wohngemeinschaft zog. Einen entscheidenden Wendepunkt bildete der Tag, als sie einen Laden an der Hauptstraße aufsuchte, der nichts anderes als Schaumstoff in unterschiedlichen Stärken verkaufte. Dort ließ sie sich ein Stück mit den Maßen 1,40 mal 2 Meter von mittlerer Dicke zuschneiden. Fortan diente ihr das als Bett und war breit genug, um nötigenfalls auch zwei Leuten Platz zu bieten. Diese Matte war nicht nur billig, sondern auch leicht, problemlos zusammenzurollen und wohin auch immer zu transportieren. Sie bedeutete Freiheit, Flexibilität, ein Nomadenleben. Und tatsächlich leistete sie ihr im Verlauf der nächsten drei Jahre gute Dienste in neun verschiedenen Wohngemeinschaften – manche davon nur aus Frauen bestehend, andere gemischt. Nach nur eineinhalb Jahren beschwerte sich ein Beamter der Meldebehörde, der Platz für die Adresse in ihrem Ausweis sei aufgebraucht, so oft hatte sie ihren Wohnsitz gewechselt.

Die Schaumstoffmatratze stand auch für eine ganz neue Einstellung zu materiellem Besitz. »Ein Bett war ein Symbol für Spießertum«, sagt sie. Bettgestelle, Federbetten, richtige Matratzen, das war alles spießig. Kleiderschränke und Bügelbretter waren spießig, Nachthemden und Pyjamas auch, höchstens schlief man in einem Hemd seines Freundes. Im Gegensatz zu den Vermutungen der Spießer wurde allerdings sehr wenig getrunken – Frauen tranken meist nur Coca-Cola oder Wasser, die Männer einfach Bier. Drogen waren nicht besonders verbreitet.

Aber alle besaßen kaum etwas. Wenn Sybille von einer Wohngemeinschaft in die nächste umzog, dann nahm sie nur einen Koffer mit, in dem sie ihre Klamotten verwahrte, ihre Matte und Bettzeug und vielleicht zehn Orangenkisten voller Bücher. Küchengeschirr erbte man meist von den Vorgängern in der WG und reichte es dann selbst an die eigenen Nachmieter weiter. Sachen, aber auch Liebhaber, gingen von Hand zu Hand. Es galt als uncool, besitzergreifend zu sein oder gar eifersüchtig.

Arme Studenten konnten sich nur billige Wohnungen leisten, die natürlich alt und heruntergekommen waren. Heutzutage sind sie wahrscheinlich allesamt renoviert und mit den modernsten Annehmlichkeiten saniert, was sich auch in entsprechenden Mieten widerspiegelt, doch damals gab es oft keine Duschen oder Badewannen. Um warmes Wasser zu haben, mussten altertümliche Öfen befeuert werden. Nur diejenigen, deren Eltern wie Sybilles in Berlin lebten, konnten mal eben nach Hause fahren, um zu baden, ihre Bettwäsche und Kleider zu waschen. »Manche der Typen stanken«, erzählt sie heute.

Aber das machte ihnen nicht viel aus. Sauberkeit stand auf den Prioritätenlisten nicht sehr weit oben, da hatte man ganz andere, viel wichtigere Ziele. Immerhin wollten diese Leute die Welt verändern.

Sie verpassten kaum eine Demonstration, und die gab es damals in Westberlin fast wöchentlich. Ob gegen den Vietnamkrieg, für eine Universitätsreform, gegen die umstrittenen Notstandsgesetze oder gegen die Regierung im Allgemeinen. Und manche setzten, wie Sybille, ihre Ideale auch in die Realität um. Neben ihrem Sozialpädagogikstudium freundete sie sich mit zwei drogenabhängigen Jugendlichen aus der Szene am Bahnhof Zoo an und half ihnen. Sie arbeitete mit psychisch auffälligen, kranken und sozial benachteiligten Kindern und begann nach ihrem Abschluss im Westberliner Senat für Gesundheit und Soziales zu arbeiten. Dort wollte sie mithelfen, die repressiven Strukturen der Sozialhilfe zu verändern, die in der Stadt als Erbe ihrer autoritären Vergangenheit nach wie vor existierten. So regte sie, aber auch andere sich etwa darüber auf, dass schwererziehbare Jugendliche oder Ausreißer, die zu Hause von ihren Eltern geschlagen oder vergewaltigt worden waren, immer noch in geschlossene Einrichtungen gesperrt wurden, die sich kaum von Gefängnissen unterschieden. Ziel war es, diese Menschen zu befreien und ihre beschädigten Seelen zu heilen.

Sybille und ihresgleichen waren in Bezug auf ihre Mission sehr idealistisch. Sie dachten humanistisch, naiv und vertraten auf ihre Weise auch einen sehr hohen moralischen Anspruch. Rückblickend gesteht Sybille, dass sie mit Blick auf das Establishment zwar ausgesprochen antiautoritär dachten, selbst aber gleichzeitig auch intolerant gegenüber anderen waren, die ihre radikalen Ansichten nicht teilten.

Die Jahre vergingen, und als sie langsam auf die Dreißig zuging, dämmerte es Sybille, dass die Schaumstoffmatratze ausgesprochen unhygienisch war. Außerdem stellte sie sich, üblicherweise mit nichts als einem Sisalteppich darunter, auch als nachteilig für ihren Rücken heraus. Einige Jahre zuvor hatte sie das Original zwar gegen eine zweite Matte ausgetauscht, aber auch die löste sich inzwischen auf und wurde eklig. Also warf sie die Matratze auf den Sperrmüll und kaufte sich ein Bett – eines, das sich tagsüber in ein Sofa verwandeln ließ, aber immerhin ein richtiges, gepolstertes Bett. Außerdem schaffte sie sich noch eine kleine Kommode an. Sie heiratete, und obwohl sie die zu ihrer Studentenzeit entwickelten politischen Ansichten nie änderte, legte sie sich einen komfortableren Lebensstil zu, den sie selbst früher als schrecklich bürgerlich abgetan hätte. »Ich bin halt älter geworden«, meint sie heute lakonisch dazu.

Fliegende Tomaten

Manchmal reichen Worte, Logik und Leidenschaft nicht aus, um andere von der absoluten und unbestreitbaren Richtigkeit des eigenen Anliegens zu überzeugen. Manchmal braucht es etwas anderes, ein Ereignis, wie trivial es auch sein mag – das wie ein Schneeball die Lawine ins Rollen bringt.

Man könnte behaupten, dass die Ausbreitung der westdeutschen Frauenbewegung, die letztlich das Leben von Millionen stärker verändert hat als praktisch jede andere gesellschaftliche Revolution je zuvor, durch ein paar simple Tomaten ausgelöst wurde.

Das Ganze passierte Ende der 60er, als unter den studierenden Möchtegern-Revolutionären, die die Welt verändern wollten, das alte patriarchalische System noch funktionierte. Es bedeutete, dass die Männer am meisten redeten und dachten und die Frauen hauptsächlich als Hilfskräfte und Freundinnen behandelten, die ihnen Kaffee kochten und vielleicht auch die Hemden wuschen. Die ersten Anzeichen einer Veränderung gab es, als linksgerichtete Studentinnen den »Aktionsrat zur Befreiung der Frau« gründeten und Kinderläden eröffneten. Letztere waren kleine Einrichtungen für Vorschulkinder, oft untergebracht in ehemaligen Ladenlokalen – daher auch der Name – wo ihre und die Kinder von Gleichgesinnten nach aufregend neuen antiautoritären Prinzipien erzogen wurden.

Die Frauen des Aktionsrats betrachteten den Sozialistischen Deutschen Studentenbund SDS als ihre natürliche Heimat. Als der SDS für den 13. September 1968 eine Delegiertenkonferenz in Frankfurt vorbereitete, verlangte daher eine Gruppe von ihnen, dass sie eine Delegierte entsenden und dort das Konzept und die Aktivitäten des Aktionsrates vorstellen sollte. Im SDS herrschte damals zwar schon deutlich mehr Gleichberechtigung als im Rest der bundesrepublikanischen Gesellschaft, doch trotzdem entbrannte eine hitzige Debatte unter der rein männlichen Führung darüber, ob man einem Mitglied des Aktionsrats überhaupt erlauben sollte zu sprechen. Schließlich gestattete man nach einer Abstimmung der Filmregisseurin und Autorin Heike Sander, die eine der Führungspersönlichkeiten im Aktionsrat war, eine Rede zu halten. Mit Worten, wie sie wahrscheinlich nur wenige je gehört hatten und die vermutlich kaum willkommen waren, drängte Heike Sander den SDS, sein unausgesprochenes Tabu zu brechen und seine politischen Überzeugungen endlich auch aufs Privatleben anzuwenden. Denn diese Haltung im privaten Bereich, spottete sie, teilten sie mit den traditionellen politischen Parteien und Gewerkschaften. »Diese Tabuisierung hat zur Folge, dass das spezifische Ausbeutungsverhältnis, unter dem die Frauen stehen, verdrängt wird, wodurch gewährleistet wird, dass die Männer ihre alte, durch das Patriarchat gewonnene Identität noch nicht aufgeben müssen. Man gewährt zwar den Frauen Redefreiheit, untersucht aber nicht die Ursachen, warum sie sich so schlecht bewähren, warum sie passiv sind, warum sie zwar in der Lage sind, die Verbandspolitik mitzuvollziehen, aber nicht dazu in der Lage sind, sie auch zu bestimmen«, sagte sie. Sie rief den SDS dazu auf, den Aktionsrat und die Kinderläden zu unterstützen, beharrte dabei aber auf Folgendem: »Die Zusammenarbeit hat jedoch zur Voraussetzung, dass der Verband die spezifische Problematik der Frauen begreift, was nichts anderes heißt, als jahrelang verdrängte Konflikte endlich im Verband zu artikulieren.«

Das Ende ihres Redebeitrags war eine echte Kampfansage: »Genossen, wenn ihr zu dieser Diskussion, die inhaltlich geführt werden muss, nicht bereit seid, dann müssen wir allerdings feststellen, dass der SDS nichts weiter ist als ein aufgeblasener konterrevolutionärer Hefeteig. Die Genossinnen werden dann die Konsequenzen zu ziehen wissen.«

Die Genossen wollten sich der Herausforderung nicht stellen. Sie verweigerten eine Debatte über Heike Sanders Rede und bestanden auf einer Pause, bevor sie zur Tagesordnung übergehen wollten. Sigrid Rüger, eine der führenden SDS-Aktivistinnen, holte daraufhin wutentbrannt ein paar Tomaten aus ihrer Tasche und warf sie in Richtung Podium. Eine davon traf Hans-Jürgen Krahl, den Chefideologen des SDS, mitten ins Gesicht.

Der darauffolgende Streit stürzte die Konferenz dermaßen ins Chaos, dass sie vertagt werden musste. Doch der Vorfall kam der Presse zu Ohren, und der feministische Ball geriet ins Rollen. Bald wurden in zahlreichen Universitätsstädten Weiber- und Aktionsräte gegründet. Die linksgerichteten Feministinnen zogen die Konsequenzen, vor denen Sander gewarnt hatte, wurden autonom, verließen den SDS – der sich ohnehin kurze Zeit später selbst auflöste – und wurden Teil der Gesellschaft. Ulrike Meinhof erklärte in der linksgerichteten ›konkret‹, kurz bevor sie Karriere in der terroristischen Baader-Meinhof-Gruppe machen sollte, die Gründe dafür: »Die Reaktion der Männer auf der Delegierten-Konferenz und auch die der immer noch wohlwollenden Berichterstatter zeigte, daß noch erst ganze Güterzüge von Tomaten verfeuert werden müssen, bis da etwas dämmert. Die Konsequenz aus Frankfurt kann nur sein, daß mehr Frauen über ihre Probleme nachdenken, sich organisieren, ihre Sache aufarbeiten und formulieren lernen und dabei von ihren Männern erstmal nichts anderes verlangen, als daß sie sie in dieser Sache in Ruhe lassen und ihre tomatenverkleckerten Hemden mal alleine waschen, vielleicht weil sie gerade Aktionsratssitzung zur Befreiung der Frau hat.«

Immer mehr feministische Gruppen wurden gegründet, die auch militanter und lauter auftraten. Der Kampf gegen jegliche Form von Diskriminierung und Ungerechtigkeit sowie für die legale Abtreibung hatte begonnen.

Später versuchte Sigrid Rüger, die damals hochschwanger gewesen war, den Vorfall zu entmystifizieren. Sie beharrte darauf, dass, auch wenn die Presse es so zu verbreiten suchte, nicht ihr Tomatenwurf die Frauenbewegung in Deutschland ausgelöst hatte. Die Bewegung habe vielmehr ihre Wurzeln in der äußerst widersprüchlichen Lage der Frauen und in der Studentenrevolution gehabt: »Im Rückblick kann man feststellen, sie [die Tomaten] waren eben eine gelungene Provokation zum richtigen Zeitpunkt und gaben der überfälligen und auch schon begonnenen neuen Frauenbewegung einen kräftigen Push nach vorne«.

Ein verstaubtes Weinglas

Es war Weihnachten 1969, und in jedem Postfach der Mitglieder des rheinland-pfälzischen Parlaments in Mainz stand ein Weinglas. Die Gläser waren das Weihnachtsgeschenk des neuen Ministerpräsidenten. Bald waren alle von ihren Empfängern mitgenommen, alle, bis auf eines. Dieses Glas blieb monatelang dort stehen, bis sich eine dicke Staubschicht darauf gelegt hatte. Es war für Peter Altmeier gedacht gewesen, den alten Ministerpräsidenten von Rheinland-Pfalz, der zu Anfang des vergangenen Jahres von diesem dreisten, ehrgeizigen Neuling nach 22 Jahren aus dem Amt gedrängt worden war.

Als man nach Kriegsende in Deutschland wieder demokratische Strukturen errichtete, waren diejenigen, die in die Politik gingen, hauptsächlich ältere Männer (und sehr wenige Frauen), die schon in der Weimarer Republik oder sogar noch früher aktiv gewesen waren. Das galt vor allem für die neugegründete Christlich Demokratische Union, die oft ehemalige Mitglieder der nicht mehr existierenden Katholischen Zentrumspartei rekrutierte oder auch einfach Honoratioren der Städte und Dörfer, die über keinerlei politische Erfahrung verfügten. Solche Leute waren zweifellos oftmals würdevoll, wohlmeinend und fähig, neigten aber auch dazu, erzkonservativ, wenn nicht autoritär zu sein und im Allgemeinen von ihren Vorstellungen her eher in eine vergangene Ära zu passen als in die raue neue Zeit, die aus dem Krieg hervorgegangen war. Üblicherweise kannten diese Leute einander, gehörten derselben Gesellschaftsschicht an, benahmen sich wie die Angehörigen eines trauten Clubs und meinten, alles besser zu wissen. Peter Altmeier war ein absolut typischer Vertreter dieser Gattung.

1899 geboren, besaß er später ein Fischgeschäft in Koblenz. Er war strenger Katholik und vor dem Krieg Mitglied der Zentrumspartei. Ehrenwert und redlich, angesehen und clever benahm er sich wie der Patriarch des Landes. In der autoritären Atmosphäre, die damals sowohl in der Landesregierung wie auch in seiner Partei noch herrschte, war sein Wort Gesetz. Es gab wenig Diskussionen und noch weniger Opposition.

Die mittlere oder Kriegsgeneration fehlte größtenteils. Viele Männer waren versehrt und traumatisiert aus dem Krieg zurückgekehrt; die Frauen standen unter immensem Druck, zu ausschließlich häuslicher Tätigkeit zurückzukehren, Hausfrauen und Mütter zu sein. Nach den Erfahrungen des »Dritten Reiches« fühlten viele sich von der Politik abgestoßen oder schämten sich ihrer eigenen Rolle in der Vergangenheit. Und für die meisten stand außerdem an erster Stelle, nach dem Verheerungen des Krieges zunächst einmal ihr eigenes Leben wiederaufzubauen.

Dann tauchte die jüngere Generation auf, mit einer ganz anderen Perspektive, ehrgeizig, zielstrebig und begierig, die Lücke zwischen den Generationen zu füllen. Die älteren Herren betrachteten sie, wenn überhaupt, als lästige Emporkömmlinge, als Kinder, die man vielleicht sehen, aber gewiss nicht hören solle. Für die »Kinder« dagegen waren die älteren, wie einer von ihnen es nannte »vereinigte Kalkwerke«.

Dieser Junge nervte die älteren Herrschaften ganz besonders: der Anführer der jungen Möchtegern-Politiker. Er war aus dem Nichts erschienen und hatte die politische Karriereleiter in atemberaubender Geschwindigkeit erklommen – von der Jungen Union, die zu transformieren und modernisieren er geholfen hatte, über den Bezirksvorstand der CDU Pfalz bis in den Landesvorstand. Er besaß keinen Mentor oder Beschützer, aber er war eine Kämpfernatur, ein Ellenbogenpolitiker. Oft benahm er sich provozierend, respektlos und überheblich, zettelte Streit an und schuf sich Feinde. Aber er wusste auch, je häufiger er von sich reden machte, desto schneller würde er vorankommen.

Denn er besaß mehr politischen Instinkt im kleinen Finger als die meisten anderen in ihrem ganzen Leib. Er wusste, wie man Unterstützer gewann, nicht nur in seiner eigenen Generation, sondern nach und nach auch bei zumindest einigen der Älteren; er wusste, wie man unterschiedliche Interessen in Einklang bringt, Menschen zur Zusammenarbeit motiviert und Kompromisse schließt. Innerhalb der Partei knüpfte er ein unglaublich großes Netz von Unterstützern. So war er dabei, einer der professionellsten Politiker seines Bundeslandes, wenn nicht gar der gesamten Bundesrepublik zu werden.

1963 war er bereits Fraktionsvorsitzender der CDU im rheinland-pfälzischen Landtag. 1966 übernahm er Altmeiers Position als Chef der Landes-CDU und untergrub dabei permanent die Macht des alten Mannes in der Region. Nachdem die CDU die Landtagswahlen im darauffolgenden Jahr gewonnen hatte, hätte er als inzwischen mächtigster Politiker den Posten des Ministerpräsidenten für sich reklamieren können. Doch erkannte der 37-jährige weise, dass es für diese Spitzenposition noch zu früh war und die Sache nach hinten losgehen könnte, weil er dadurch zu machthungrig gewirkt hätte.

Also traf er eine Vereinbarung mit Altmeier, die besagte, dass dieser noch zwei Jahre Ministerpräsident sein sollte – eine halbe Legislaturperiode lang. Er selbst würde so lange der Kronprinz bleiben, Erfahrungen und Autorität sammeln. Dann käme er zum Zug. Doch als die zwei Jahre um waren, wollte Altmeier nicht gehen und musste de facto aus dem Amt gezwungen werden.

Es gab eine große Abschiedsfeier für ihn, bei der er eine Rede hielt. Darin erwähnte er alles, was er in seinen 22 Jahren im Amt erreicht hatte und bedankte sich bei allen – mit Ausnahme seines Nachfolgers. Der stand ganz allein abseits und hörte regungslos zu. Dann verließ er die Veranstaltung, ohne sich von dem Mann, den er entmachtet hatte, zu verabschieden.

Altmeier verzieh ihm das nie. Und so blieb das Weinglas in dem Postfach einfach stehen. Denn Peter Altmeier hätte nie ein Geschenk von Helmut Kohl angenommen.

4. KAPITEL

SÄCKEWEISE POST, TRÄNEN UND KONDOME MIT HAIFISCHKOPF

»Same procedure as every year«

»Dann sehen wir uns noch ›Dinner for One‹ an, bevor wir ausgehen – du hast das bestimmt auch schon oft gesehen, aber es ist einfach so witzig«, sagte meine Gastgeberin. »Dinner for One?« Ich hatte nicht die geringste Ahnung. »Ja, das musst du doch kennen, das ist britisch. Die senden das hier alljährlich zu Silvester. Es ist weltberühmt.«

Weltberühmt vielleicht, aber nicht in Großbritannien. Ich hatte noch nie auch nur davon gehört. Also saß ich schließlich mit den anderen auf dem Sofa, kicherte über Freddie Frinton alias Butler James, wenn er über den Kopf des Tigerfells stolperte – oder auch nicht, was ebenfalls vorkam –, während er immer betrunkener wurde, weil er die vier imaginären Gäste mimen musste, denen von ihrer Gastgeberin, der anscheinend schwerreichen Miss Sophie, beim Dinner anlässlich ihres 90. Geburtstags reihum immer wieder zugeprostet wurde.

Ja, das war durchaus amüsant. Aber warum ausgerechnet dieser kleine 18-minütige Sketch unter den Hunderten, vielleicht Tausenden jemals in Großbritannien geschriebenen und gespielten Stücken zu einem solchen Hit in Deutschland avancierte, warum er seit 1972 zu einer Institution geworden ist, ein unverzichtbarer Bestandteil der Feierlichkeiten, ohne die man das alte Jahr nicht richtig abhaken kann, das war und ist mir bis heute ein Rätsel.

›Dinner for One‹ ist ein Relikt der alten britischen Music Halls. In diesen beliebten Theatern wurde das Publikum mit Liedern, Tanz und komödiantischen Einlagen unterschiedlichster Art unterhalten, volkstümlich und oft derb. Diese Theaterkultur blühte besonders in Blackpool, einem Badeort an der Westküste, den vor allem die Arbeiterklasse aus dem industrialisierten Lancashire frequentierte. Und es war auch in Blackpool, wo Freddie Frinton und May Haden als Miss Sophie von dem Entertainer Peter Frankenfeld entdeckt wurden. Offensichtlich trafen die beiden einen Nerv, denn Frankenfeld lud sie ein, ihren Sketch in Deutschland, und zwar in seiner Live-Sendung zu spielen. Später wurde er in Schwarz-Weiß gedreht, und der Rest ist, wie es so schön heißt, Geschichte.

Ich wurde nicht weit von Blackpool geboren, und der Sketch weckt eine Menge lange vergessener Assoziationen bei mir. In meiner Jugend sperrten die Music Halls bereits der Reihe nach zu. Ich glaube sogar, selbst nie eine besucht zu haben. Sie wurden Opfer des sich immer stärker verbreitenden Fernsehens, doch die volkstümliche Form der Music-Hall-Unterhaltung veränderte sich weiter zu Shows und Pantomimen fürs Theater oder Fernsehen. Gleichzeitig verschwanden auch die Tigerfelle aus den Häusern der besseren Leute, genauso wie die Butler. Für mich war Miss Sophie, obwohl sie sich so gewählt ausdrückte, keine Aristokratin, sonst hätte man zweifellos ihren Adelstitel erwähnt. Sicher war sie den Töchtern der Textilmillionäre des 19. Jahrhunderts nachempfunden, die, wie auch meine Großtante Nellie noch in den riesigen, massiven, romantisch gestalteten Villen residierten, die diese Magnaten sich einst hatten bauen lassen und die sich ihre verschiedenen Macken leisten konnten. Mr. Winterbottom, mit seinem ausgeprägten Lancashire-Akzent und dem typischen Benehmen, konnte auch nur einer dieser reichen Selfmade-Men gewesen sein.

Also warum ist daraus nicht nur in Deutschland, sondern auch in vielen anderen europäischen Ländern ein solcher Erfolg geworden, während der Sketch in Großbritannien und anderen englischsprachigen Ländern, etwa den USA, unbekannt blieb? Warum gilt er inzwischen sogar als die am häufigsten wiederholte Sendung der Welt? Liegt es am Slapstick-Charakter? Am Klischee der reichen Briten, die den Bezug zur Realität total verloren haben? An der Anspielung auf Seniorensex? Oder wird er vielleicht wegen des unmäßigen

Alkoholkonsums ausgerechnet so häufig an Silvester ausgestrahlt?

Wer weiß? Aber wenn ich raten sollte, würde ich sagen, es
könnte viel mit Wiederholung zu tun haben. Und zwar nicht
nur mit den paar englischen Zeilen, die das Publikum versteht
und für sich jedes Mal wiederholen kann (»Same procedure
as last year, Miss Sophie?«), sondern auch an der simplen Tatsache, dass es so oft im Fernsehen gezeigt wurde, noch dazu
an einem Tag, wenn die Zuschauer Tradition besonders zu
schätzen wissen. Ehrlich gesagt habe auch ich die Aufzeich-
nung inzwischen so oft gesehen, dass sie mir gefällt und ich
sie nicht nur amüsant, sondern sogar saukomisch finde ...

Eine Flut von Briefen

Eines Morgens Ende Januar 1979 machte sich der Fahrer der
Bundeszentrale für Politische Bildung in Bonn wie jeden Tag
auf den Weg zum Bonner Hauptpostamt, um die Post abzuho-
len. Doch statt des üblichen Packens aus einigen Briefen, den
er hier üblicherweise vorfand, stand er staunend vor mehreren Säcken mit Briefen und Karten aus der gesamten Bundesrepublik. Am nächsten Tag war es genauso, ebenso am
übernächsten und überübernächsten.

Als er die Säcke erstmals in die modernen Büros der Bundeszentrale in der Nähe der Kennedy-Brücke im Zentrum
von Bonn schleppte, da trauten auch die Angestellten ihren
Augen kaum. Sie hatten zwar gewusst, dass sie mit mehr Zu-
schriften rechnen konnten, aber niemand hatte eine solche
Lawine erwartet – und das über Tage hinweg.

In jener Woche hatten Millionen Westdeutsche vor ihren
Fernsehern gesessen, gefesselt von dem amerikanischen
Mehrteiler ›Holocaust‹. Nach dem enormen Erfolg in den
USA und der Ausstrahlung in Großbritannien, Belgien und
Israel hatten sich die Verantwortlichen zögernd und nervös
dazu durchgerungen, die Serie gleichzeitig und landesweit
in allen fünf dritten Programmen zu zeigen. Die Entschei-

dung war keine leichte gewesen. Eine Sorge betraf die Qualität der Sendung, die einige als Seifenoper kritisierten, als ausgesprochen kommerzielles Produkt des Senders NBC, um seine Einschaltquoten zu steigern. Kurz zuvor hatte ABC mit der wahnsinnig erfolgreichen Serie ›Roots‹ über die ersten schwarzen Bürger der USA alle Erwartungen übertroffen. Außerdem fürchtete man mögliche Konsequenzen: Könnte dadurch der Antisemitismus in Deutschland wieder aufflammen? Könnte der behutsame Prozess der Versöhnung mit Israel unterbrochen werden? Wie würde die Öffentlichkeit auf die so eindringliche Darstellung deutscher Schuld reagieren? Auf der anderen Seite konnte es dem Mehrteiler gelingen, Deutsche zu erreichen, die sich bisher kaum oder gar nicht für andere Filme über den Holocaust interessiert hatten. Und als letztes Argument: Wie konnte das deutsche Fernsehen eine Ausstrahlung ablehnen, wenn andere Länder die Serie zeigten?

Schließlich einigte man sich auf einen Kompromiss und strahlte ›Holocaust‹ gleichzeitig in allen dritten Programmen aus, die jedoch weniger populär waren. Der größte Nachteil daran war, wie sich herausstellen sollte, dass dadurch viele DDR-Bürger die Serie nicht sahen, weil die dritten Programme keine so große Reichweite hatten.

Der Film handelt von den Angehörigen zweier deutscher Familien während des »Dritten Reichs«: die Dorfs, deren Hauptfigur Erik Dorf in der Nazi-Hierarchie rasch aufsteigt und persönlich in die Judenvernichtung involviert ist, und die jüdische Arztfamilie Weiss, die zu den Opfern gehört.

Es hatte in der Bundesrepublik schon zuvor Filme, Fernsehsendungen, Bücher und Diskussionen über die Nazizeit gegeben, doch nichts davon erreichte die emotionale Wirkung dieser amerikanischen Serie. Es schien, als habe es bis dahin eine mentale Blockade in Bezug auf die Vergangenheit gegeben. Menschen, die diese Zeit durchlebt hatten, wollten nicht darüber sprechen, Lehrer, die bereit waren, das Thema aufzugreifen, waren oft total überfordert. Man beklagte die quasi kollektive »Unfähigkeit zu trauern«.

Dann war der Damm plötzlich gebrochen. Umfragen ergaben, dass die Hälfte aller Erwachsenen in der Bundesrepublik mindestens eine Folge gesehen hatte; jeder Dritte hatte sich sogar alle vier Teile angeschaut. Überall wurde darüber diskutiert – in den Familien, unter Freunden, am Arbeitsplatz, in den Schulen. Junge Leute verlangten zu erfahren, was ihre Eltern damals getan hatten. Für Horst Dahlhaus, den damaligen Direktor der Bundeszentrale für politische Bildung, war der Grund dafür ein ganz einfacher: »Die Serie hat die Herzen der Bürger erreicht. Hier konnten sie am Beispiel von einzelnen Personen und Familien verstehen, was das alles bedeutet hat.«

Nach jedem der vier Teile der Serie wurde der Hinweis eingeblendet, dass die Zuschauer Material zum Thema erhalten würden, wenn sie an die Bundeszentrale für politische Bildung schrieben, und die entsprechende Adresse genannt. Viele Hunderttausend Leute machten das, und längst nicht nur Lehrer, die Materialien für ihren Unterricht brauchten. Rückblickend sagt Horst Dahlhaus, die Absender seien »ein Querschnitt durch die Bevölkerung« gewesen. »Wir mussten das Material wieder und wieder nachdrucken lassen«, erinnert er sich. »Insgesamt haben wir deutlich über eine Million Exemplare gedruckt.« Man musste damals sogar neues Personal einstellen, um die Flut der Anfragen abzuarbeiten. Diese Leute bekamen zunächst nur Zeitverträge, doch bald musste die feste Belegschaft der Bundeszentrale für politische Bildung vergrößert werden. – Denn endlich war das Schweigen gebrochen und das Land bereit, etwas über seine Vergangenheit zu lernen und sich dieser zu stellen.

Via Militärzug nach Berlin

Während der Kalte Krieg langsam abflaute und die Entspannungspolitik die Gegensätze zwischen Ost und West abbaute, trat die Tatsache, dass die Bundesrepublik Deutschland kein völlig souveräner Staat war und die vier Alliierten nach wie vor über ihre Zukunft mitzubestimmen hatten, in den Hintergrund. Im Alltag ignorierte man diesen Umstand sogar völlig. Die amerikanischen und britischen Truppen – einst Besatzer – hatten längst eine Schutzfunktion übernommen. Im Osten Deutschlands lagen die Dinge natürlich anders.

Ein Überbleibsel des Vier-Mächte-Status waren die Luftkorridore zwischen Westdeutschland und Berlin. Ursprünglich für kleine Maschinen der Kriegszeit geschaffen, blieben sie selbst in der Ära der großen Jets unverändert, so dass diese gezwungen waren, ausgesprochen niedrig zu fliegen. Rumpelige Flüge und durch die Luftverschmutzung extrem verdreckte Maschinen waren die Folge. Doch keine Seite wollte den Versuch machen, das zu ändern, und dadurch am Status quo rütteln. Die Kontrolle der Luftfahrt lag in den Händen der vier Siegermächte, und wenn, was anfangs gelegentlich passierte, das russische Personal wegen irgendwelchem politischen Geplänkel nicht erschien, dann blieben die Flugzeuge so lange am Boden, bis es wieder auftauchte.

Ein weiteres Relikt war der britische Militärzug, der – auch wenn die meisten Westdeutschen das nicht wussten – mit Ausnahme des 1. Weihnachtsfeiertags täglich zwischen der Rheinarmee im Norden Deutschlands und der britischen Garnison in Westberlin hin und her fuhr. Er beförderte Menschen und Güter, Familien und Kinder von Soldaten, erfüllte aber noch einen weiteren Zweck: Er bekräftigte permanent das Recht der britischen Armee auf den Zugang nach Berlin. Neugierig erbat ich mir eines Tages Ende 1979 die Erlaubnis, mitfahren zu dürfen.

Der Zug startet, versehen mit großen Union Jacks und der Aufschrift »ROYAL CORPS OF TRANSPORT« auf blauem Untergrund, um exakt 16 Uhr vom Bahnhof Braunschweig. Von innen sah er aus wie jeder andere britische Zug, allerdings mit einer Eigenart: alle Türen und Fenster waren verriegelt, und zwar mit Ketten und Keilen, von innen. Niemand konnte unterwegs aufspringen, und es war nicht möglich, während der Fahrt etwas hinauszuwerfen.

Wir hatten kaum unseren Tee ausgetrunken, als der Zug in Helmstedt hielt. Zu meiner Überraschung erfuhr ich, dass es sich zwar um einen britischen Militärzug handelte, die Lok jedoch eine zivile westdeutsche war. Genau hier wurde diese abgekoppelt, denn eine ostdeutsche Lokomotive würde uns durch die DDR ziehen.

Sobald es weiterging, ähnelte die Reise einem Film aus der Ära des Kalten Kriegs. Es dämmerte, als wir hohe Wachtürme passierten, Maschendrahtzäune, Stolperdrahte und gepflügte Minenfelder – alles, was zum hässlichen Todesstreifen gehörte, der die Deutschen im Osten von ihren Landsleuten im Westen trennte.

Wenige Augenblicke später hielt der Zug wieder. Wir waren in Marienborn, im Osten. Ein sowjetischer Offizier in beeindruckendem langem Wintermantel und schwarzen Stiefeln stand reglos am Ende des langen, schäbigen Bahnsteigs. Der Kommandant des Zugs, ein Hauptmann der königlichen nordirischen Rangers, ein Offizier des Royal Transport Corps sowie ein Übersetzer der Army stiegen aus und marschierten rasch auf ihn zu. Alle vier salutierten, schüttelten sich lächelnd die Hände und begrüßten einander auf Russisch: »Sdravstwujtje.« Dann bedeutete der Russe den drei Briten, ihm in seinen winzigen Wachraum zu folgen, wo er einen kurzen Blick auf die Papiere und Pässe aus der Mappe des Offiziers des Transport Corps warf. »Zum Glück haben wir heute Morgen, als mein Major vorbeikam, kein Bier getrunken«, ließ er den Dolmetscher übersetzen. Inzwischen behielten andere sowjetische Soldaten beide Seiten des Zuges im Auge, während britische das Gleiche an strategischen Punkten taten, indem sie sich aus den Fenstern lehnten. Zweien hatte man aufgetragen, besonders einen Güterzug scharf zu beobachten, der hoch mit Baumstämmen beladen auf dem Nachbargleis stand. Jemand hätte versuchen können, von dem Holz herab auf den britischen Zug zu springen. So sehr die Briten insgeheim mit den Flüchtlingen sympathisiert hätten – die Anwesenheit eines einzigen in diesem Zug hätte eine größere internationale Krise ausgelöst.

In dem Wachzimmer wurde einstweilen freundschaftlich über dieses und jenes geplaudert. Nur die Politik sparte man aus. »Man will sie ja nicht in Schwierigkeiten bringen. Die müssen eben auch ihren Job machen«, erklärte mir der Kommandant später. Wäre dem sowjetischen Offizier der Sinn danach gestanden – oder hätte er den Befehl dazu gehabt –, dann hätte die Prüfung der Dokumente Stunden dauern können. Um das zu vermeiden, verriet Jahre später ein Zugkommandant, habe man unter den Dokumenten einen ›Playboy‹ versteckt. Auch Zigaretten seien gern genommen worden. Ob diesmal ebenfalls ein ›Playboy‹ im Spiel war, erfuhr ich nicht, aber jedenfalls waren die Formalitäten rasch erledigt. Und während wir im Speisewagen ausgezeichnete Steaks und Wein zum Abendessen bekamen, passierte der Zug Magdeburg, ein Manövergelände für russische Panzer, ein sowjetisches Artillerielager, Brandenburg und kam schließlich nach Potsdam. Dort wurde die Lok abgekoppelt, nach blinden Passagieren durchsucht und wieder angekoppelt. Bald darauf erreichten wir den Bahnhof Charlottenburg, das Ende unserer Reise. Die Türen wurden entriegelt, und man entließ uns in die geschäftige Normalität von Westberlin.

Breschnews Tränen

Ein Charakteristikum der Bundesrepublik, das Ausländern in den ersten Jahrzehnten nach dem Krieg ungemein auffiel, war das offensichtliche Fehlen jeglichen Nationalstolzes. Damit meine ich nicht Nationalismus im negativen Sinne, sondern eher eine Spur Patriotismus oder kollektive Identität. Angesichts der Scham über die Nazizeit, der Traumata des Krieges und der Schwierigkeit, mit all dem zurechtzukommen, war das natürlich mehr als verständlich. Aber ich denke, man war sich weitgehend darin einig, dass die Menschen aus dem Westen Deutschlands ein extrem problematisches und kompliziertes Verhältnis zu ihrem Vaterland hatten. Über den Osten Deutschlands wusste ich in dieser Hinsicht nicht genug, aber ich vermutete, dass es wenn auch ein wenig anders, so doch nicht viel leichter war.

Wir befanden uns inzwischen in den späten 1980er Jahren und ich hatte zu meinem eigenen großen Erstaunen fast zu Tränen gerührt einem königlichen Event in London zugesehen. Ich glaube, es war die Hochzeit von Prince Andrew und Sarah Ferguson. Was mich bewegte, war allerdings nicht das Brautpaar oder deren Liebesgeschichte, sondern die majestätische Westminster Cathedral, die erhebende Musik, die jahrhundertealten Traditionen, der ganze Pomp. All das empfand ich irgendwie als Inbegriff meines Britischseins. An sich hätte ich gedacht, dass mir solche Dinge nicht das Geringste bedeuten, doch anscheinend gibt es Gefühle, die man schon ganz früh in die Seele eingepflanzt bekommt und die dort bleiben, bis irgendwelche mehr oder weniger dramatischen Ereignisse sie ans Licht bringen.

Ich begann über den Unterschied in der Bundesrepublik Deutschland nachzudenken. Nicht nur über die minimalistischen und extrem nüchternen Manifestationen von Nation bei offiziellen Anlässen, sondern auch über die Gefühle einzelner Menschen hinsichtlich ihres Deutschtums. Also machte ich mich daran, Leute zu fragen, ob es Anlässe gebe, bei denen es sie bewegte oder sogar mit Stolz erfüllte, Deutsche zu sein.

Die erste Reaktion war meist ein irgendwie peinlich berührter Gesichtsausdruck, als ob die Leute sich wünschten, ich hätte sie so etwas nicht gefragt. Einige Männer murmelten, nun ja, vielleicht wenn die bundesdeutsche Fußballmannschaft bei irgendwelchen Länderspielen gewann. Ich vermute, der Sieg bei der WM von 1954 fiel in diese Kategorie.

Intellektuelle, Kollegen und andere wiesen schon die Vorstellung lässig von sich. Sie fühlten sich als Weltbürger oder zumindest Europäer, jedenfalls als Teil einer sehr viel größeren Gesellschaft. Einer von ihnen spezifizierte seine Befindlichkeit ein wenig mehr – alles, was er für sein »Deutschtum« brauche, seien die deutsche Literatur, Goethe, Schiller usw., sowie deutsche Musik. Aber beides könne er mitnehmen, selbst wenn er ganz woanders wohne, in Italien, den USA oder wo auch immer.

Eines Tages saß ich in einem Ostberliner Café und unterhielt mich mit einem österreichischen Kollegen über dieses Thema. Den Mann mittleren Alters am Nebentisch hatte ich kaum beachtet. Ich hätte mich auch gehütet, einen Wildfremden in Ostberlin mit ungewöhnlichen Fragen zu konfrontieren. Aber offensichtlich hatte er unser Gespräch verfolgt, denn irgendwann mischte er sich ein und sagte leise: »Wir fühlen uns hier auch als Deutsche, selbst wenn wir nicht darüber sprechen. Wir fühlen das tief hier drin.« Dabei tippte er an seine Brust.

Nicht lange danach warf ich bei einem Interview mit dem damaligen Bundeskanzler Helmut Schmidt die gleiche Frage auf. Und ich erzählte ihm, welche Antworten ich bislang darauf erhalten hatte und erwähnte auch die des Mannes in jenem Ostberliner Café. »Der hat recht«, bestätigte er mir. »Die Deutschen empfinden tief in ihrem Inneren so.« Ich fragte ihn, ob er selbst jemals von diesem Gefühl bewegt worden sei. Daraufhin schilderte er mir eine Anekdote, die ich zuvor nicht gekannt hatte und auch danach nie mehr hörte.

Die Geschichte trug sich, wenn ich recht verstanden hatte, am Moskauer Flughafen Wnukowo zu, und zwar zum Auftakt seines ersten Staatsbesuchs 1974. Er stand in strammer Haltung neben dem sowjetischen Generalsekretär Leonid Breschnew, während die Kapelle die Nationalhymnen spielte. Schmidt kannte Breschnew bereits, nachdem er ihm ein Jahr zuvor bei einem privaten Abendessen in der Amtswohnung des damaligen Kanzlers Willy Brandt begegnet war. Wie er später in seinen Memoiren (Menschen und Mächte. Siedler, München 1987) schrieb, hielt Schmidt Breschnew nicht nur für einen berechnenden Politiker, sondern auch für einen ausgesprochen emotionalen Menschen. Breschnew hatte ausführlich über das ungeheure Leid der sowjetischen Völker gesprochen, das diese während des Krieges durch die völkerrechtswidrigen, verbrecherischen Untaten der Deutschen – er nannte sie »faschistische Soldaten« – erfahren hatten.

»Es lag ihm daran, dies war uns deutlich, seinen Gastgebern die große Wende fühlbar zu machen, die große Selbstüberwindung, die es ihn und die Russen gekostet hatte, sich zur Zusammenarbeit mit der Bundesrepublik Deutschland, zum Moskauer Gewaltverzichtvertrag und zum Viermächteabkommen über Berlin zu entschließen – und zum Besuch in Bonn, bei den ehemaligen Feinden.«

Während Breschnew noch redete und der Dolmetscher übersetzte, musste Schmidt an seine eigenen schrecklichen Kriegserinnerungen denken. Als Breschnew schwieg, meldete er sich, zunächst leise und zurückhaltend, zu Wort – nicht um zu widersprechen, denn er wusste, Breschnew hatte absolut recht. Er wollte auch nicht darauf hinweisen, dass die sowjetischen Soldaten und ihre Befehlshaber ebenfalls Schuld an unbeschreiblichen Gräueltaten trugen, stattdessen ging es ihm darum, dem Gast und seinen Genossen, von den eigenen Erfahrungen in der Wehrmacht zu berichten. Er erzählte, dass nur ganz wenige seiner Kameraden, ganz wenige der Offiziere Nazis gewesen waren, dass sie Hitler Tag und Nacht verflucht hatten, aber dennoch ihre Pflicht hatten tun und für ihr Heimatland hatten kämpfen müssen.»Ich machte unseren sowjetischen Gästen die Schizophrenie deutlich, in der wir jungen deutschen Soldaten den Krieg durchgestanden und durchlitten hatten.« Breschnew hörte ihm aufmerksam zu. Diese Begegnung war, wie Schmidt schreibt, der Beginn »eines sehr besonderen und persönlichen Verhältnisses«.

Nur ein Jahr danach, inzwischen war er selbst Kanzler, flog Schmidt mit einer Delegation nach Moskau, wo er mit einem besonders »großen Bahnhof« empfangen wurde. Nicht nur der Ministerpräsident Alexej Kossygin und Außenminister Andrej Gromyko waren da – wie es das Protokoll auch gebot –, sondern Breschnew höchstpersönlich. Diese Ehre war weder dem US-Präsidenten Richard Nixon noch Willy Brandt zuteil geworden und stellte eine große Ausnahme dar. Ebenso ungewöhnlich war die »fast überschwängliche Herzlichkeit« des Empfangs, zu dem auch Hunderte fähnchenschwingender Moskowiter am Flughafen, Blumen für die Gattinnen und später viele Trinksprüche und herzliche Gastfreundschaft in den offiziellen Gästehäusern gehörten.

Was der reservierte Hanseat in seinen Memoiren ausließ, mir aber bei unserem damaligen Gespräch in seinem Bonner Büro anvertraute, war Folgendes: Während er und Breschnew am Flughafen den Hymnen lauschten, die die Militärkapelle spielte, warf er verstohlen einen Seitenblick auf Breschnew und staunte, denn in den Augen des sowjetischen Staatschefs standen Tränen. In dem Moment hatte er zweifellos Breschnews Bemerkungen bei ihrem ersten Treffen in Erinnerung und begriff, was jener Besuch für den alten Kommunisten und was dieser Staatsbesuch für die Geschichte der beiden Länder bedeuten musste.

»In jenem Augenblick rührte es mich sehr, ein Deutscher zu sein«, sagte er.

Kaffee und Kuchen (II)

Wir befinden uns im selben Haus von Freunden in Hessen, wo vor rund zwanzig Jahren meine Freundin Renate und ich mit Hundewelpen spielten und dabei den Anekdoten unseres charmanten Gastgebers aus dem Ersten Weltkrieg lauschten. Auch diesmal werden Kaffee und Kuchen serviert, nur handelt es sich bei den Gästen nun um Damen, die ihr Französisch aufpolieren möchten: ein französischsprachiges Kaffeekränzchen also. Ich selbst bin nicht anwesend, die folgende Geschichte hat mir eine Freundin erzählt, die dabei war.

Der Hausherr ist inzwischen alt und bettlägerig, seine Gattin übernimmt die Rolle der Gastgeberin allein. Das Nippen an den Kaffeetassen und die französische Konversation werden permanent durch das Klingeln des Telefons gestört. Nach jedem Abnehmen des Hörers wirkt die Gastgeberin blasser und entnervter. Ihr Mann ruft aus dem oberen Stock immer wieder nach unten, um zu erfahren, wer das gewesen sei, während sie jedes Mal zurück ruft, es sei »nichts, gar nichts«. Sobald sie ihre Fassung wiedererlangt hat, kehrt sie zu den Gästen zurück, als sei tatsächlich nichts geschehen, und widmet sich wieder ihren Pflichten als Gastgeberin: »Voulez-vous encore du café?«

Erst im Nachhinein erfahren die damals Anwesenden, was da eigentlich vor sich ging. Am Vorabend war eine Folge der TV-Serie ›Holocaust‹ ausgestrahlt worden. Während die Charaktere der Geschichte erfunden waren, wurde in einer Szene eindeutig der Ehemann der Gastgeberin dargestellt, mit vollem Namen und Titel, und zwar als wissenschaftlicher Berater für die Vergasung von Juden und anderen Gefangenen in den Konzentrationslagern. (Ich entdeckte erst später, dass die kurze Szene offensichtlich eine Episode aus der Dokumentation der Entnazifizierungskampagne der Alliierten zum Vorbild hatte. Warum sein wahrer Name genannt wurde, obwohl praktisch alle anderen Identitäten in der Fernsehserie fiktiv gewesen waren, das habe ich nie herausgefunden.)

Einige der Anrufer waren empörte Mitbürger. Aber es meldeten sich auch seine eigenen Kinder. Als moderne, demokratisch gesinnte Eltern hatten sie ihren Nachwuchs vor dem Fernseher versammelt, um sich ›Holocaust‹ als wichtigen Teil ihrer Erziehung anzusehen; ihre Kinder sollten erfahren, welche Verbrechen im Namen Deutschlands begangen worden waren. Und dann tauchte da Opa auf! Sie bestanden darauf, dass ihre Mutter dem Vater mitteilte, was sie, seine Enkelkinder und alle anderen nun wussten.

Doch diese Dame hatte nach dem Krieg ohnehin schon eine schreckliche Bürde zu tragen. Ihr Ehemann war einige Jahre lang interniert gewesen. Damals hatte sie die große Familie mit Hilfsarbeiten über Wasser halten müssen. Als er schließlich freigelassen wurde, blieb ihm die Ausübung seines Berufs verboten, und die Familie musste weiter in ärmlichen Verhältnissen leben. Trotzdem hatte sie ihm für den Rest seines Lebens treu und ergeben zur Seite gestanden.

Von seiner Vergangenheit wurde in der Familie kaum gesprochen, niemals darüber diskutiert, und das, obwohl die älteren Kinder deshalb gelegentlich angefeindet wurden. Die Jüngste glaubt, dass ihre Mutter dem Vater wahrscheinlich nie erzählt hat, dass seine Vergangenheit der Öffentlichkeit und der Familie via Fernsehen kundgetan worden war. Ihrer Ansicht nach hat sie bis an sein Lebensende Schweigen darüber gewahrt.

Erhöhter Aspirinbedarf

Es war Ende 1979 und in der belebten Westberliner Vorstadt fand eine riesige, unsichtbare Kollision statt. Auf der einen Seite war das ganze Land zunehmend alarmiert vom technologischen Fortschritt und man fürchtete, dass dieser irgendwann unser komplettes Leben bestimmen würde. Auf der anderen Seite gab es da dieses neue, monumentale Internationale Kongresszentrum (ICC), das eben diese Technologie zu verkörpern schien, über die die Leute sich so viele Gedanken machten.

Wie das Schicksal es wollte, diskutierte im Dezember jenes Jahres der Parteitag der Sozialdemokraten ausgerechnet an diesem Ort über eben dieses Thema.

»Viele Menschen plagt das Schreckensbild einer anonymen, komputergesteuerten Gesellschaft, automatisiert, medien-hypnotisiert – ohne Gegenkontrolle, womöglich sogar ohne hinreichenden Datenschutz.«, sagte der Parteivorsitzende in seiner Eröffnungsrede. Vor dem Eingang verteilten Angehörige von Umweltschutzgruppen Flugblätter, auf denen Parolen standen wie »Small is beautiful« oder »Menschen sind wichtiger als Maschinen« an die Delegierten.

Bis jeder von ihnen seinen Platz gefunden hatte – sofern ihm das überhaupt gelang –, war die Botschaft absolut offensichtlich. Um diesen Platz zu erreichen, musste man sich durch einen Alptraum aus zahllosen Rolltreppen, Brunnen, Etagen, Ebenen, Freiflächen und Korridoren arbeiten, unter Neonröhren und Punktstrahlern, Ventilatoren, Hinweistafeln, Plakaten und Videobildschirmen hindurch.

Das Ganze erinnerte an eine riesige Raumstation. Staunend standen wir vor einer Skulptur aus fluoreszierenden

Röhren, die von einer bestimmten Ebene aus wie ein Atomreaktor aussah. Ungläubig starrten wir auf das Nervenzentrum des Bauwerks, eine Art gläsernes Eisenbahnabteil im ersten Stock, wo Ingenieure Reihen von Fernsehschirmen und blinkenden Lichtern überwachten, während Fernschreiber seltsame Formulare ausdruckten. Ein Computersystem – damals eine großartige Neuerung – informierte sie über jegliche Störung innerhalb des Gebäudes, sei es an Kabeln, Pumpen, Lampen oder Rolltreppen, damit sie Arbeitstrupps sofort dorthin schicken konnten. Halbstündig gingen die Lufttemperaturwerte aus diversen Räumen ein. Mit Hilfe von Kameraübertragungen ließ sich jeder Stau von Delegierten auf den Fluren auflösen. Und für den Fall, dass noch jemand die Ankunft der Schönen Neuen Welt in Berlin bezweifelte, gab es brillenförmige rote und blaue Neonlichter, die zwar eigentlich die Wege durchs Gebäude markieren sollten, einem aber eher das unangenehme Gefühl vermittelten, von einem kurzsichtigen Big Brother beobachtet zu werden.

Von außen sah das Gebäude aus wie ein riesenhaftes, gepanzertes Monster, das in einem Meer von Autobahnen und Straßenkreuzungen kauerte. Es erinnerte mich an einen Zug der Londoner U-Bahn, der wie in ›Alice im Wunderland‹ unerwartet gewachsen war und seinen eigenen Lokschuppen auf dem Rücken trug.

Das ICC war eine Kathedrale der damals modernsten deutschen Technologie und eines der größten Kongresszentren der Welt. Ein fantastisches Vorzeigeobjekt der aktuellsten Ingenieurskunst, ökonomischen und logistischen Planung und Effizienz. Die blanken Zahlen waren schon schwindelerregend: 800 000 Kubikmeter, in denen 80 Konferenzsäle und Versammlungsräume Platz fanden; 57 000 Stangen Rundstahl und 3000 Eisenbahnwaggons Beton hatte man dafür verbaut. Und zugegeben, man konnte darin ausgesprochen komfortabel konferieren, sitzen und arbeiten. Während die Sozialdemokraten sich über notwendiges Energiesparen ausließen, verbrauchten 50 000 Lampen, 60 Klimaanlagen und zahllose andere Geräte Millionen von Watt, allesamt gewonnen aus primären Rohstoffen, die man von außerhalb nach Westberlin hatte transportieren müssen.

Damals gab es auf der ganzen Welt nichts Vergleichbares, wie mir ein Ingenieur stolz erzählte. Trotzdem schrieb ich damals, »es ist furchterregend« und »es ist nicht für Menschen gemacht«. Ich erinnere mich noch daran, dass mich das fast unwiderstehliche Bedürfnis überkam, aus dem fensterlosen, schallisolierten, klimatisierten Gebäude zu rennen, um den Himmel zu sehen, auch wenn er bleigrau war, und um frische Luft zu atmen, egal wie verschmutzt sie sein mochte. Viele Sozialdemokraten schienen ähnlich zu empfinden, denn die Sanitätsteams berichteten von einem ständigen Bedarf an Aspirin.

Die Ingenieure, mit denen ich damals sprach, gaben zu, dass die Computer der Planer eine Sache nicht berücksichtigt hatten: Und zwar dass Menschen dazu neigen, Hilflosigkeit, wenn nicht gar Panik zu empfinden, wenn sie sich in einer so artifiziellen Umgebung befinden, wo jede Aktivität von außen kontrolliert und gesteuert wird.

So sah es damals aus. Auch wenn man anfangs nicht unbedingt damit gerechnet hätte, scheint das ICC den Berlinern und auch vielen anderen mit der Zeit regelrecht ans Herz gewachsen zu sein. Ich bin seither nie mehr dort gewesen, vermute jedoch, dass es sich im Laufe der Jahre beträchtlich verändert hat. Das gilt auch für unsere Einstellung gegenüber moderner Technologie, denn inzwischen sind wir schließlich umgeben von unseren eigenen PCs, Handys, Navis, Überwachungskameras und allen möglichen anderen noch viel raffinierteren Gadgets, die man sich damals nicht einmal vorstellen konnte. Das ICC war gebaut worden, um Leute und Geld in die eingemauerte Stadt zu bringen, und diese Funktion hat es eindeutig gut erfüllt. Heute allerdings gilt das einst so futuristische Bauwerk als überholt, als modernisierungs- und sanierungsbedürftig. Während ich dies hier schreibe, wird gerade darüber diskutiert, wie viel das kosten würde und ob Berlin sich das überhaupt leisten kann.

Im Westen fischen

Das Leben eines ostdeutschen Spions brachte ganz klare Vorteile mit sich. Egal, wie sehr sich jemand mit dem Kommunismus identifizierte, auf Reisen in den Westen Deutschlands kam man an alle möglichen Besonderheiten heran, die es zu Hause nicht gab.

Kurt* genoss seine Missionen in die Bundesrepublik ganz besonders. Man schickte ihn Ende der 1970er Jahre dorthin, um Spione für die DDR zu rekrutieren. Er war ein bemerkenswerter Mann: energiegeladen, geistreich, humorvoll, eine großartige Persönlichkeit – nicht im Geringsten so, wie man sich einen typischen Stasi-Mann vorstellt. Er hatte eine große landwirtschaftliche Produktionsgenossenschaft geführt, aber von sich aus nach größeren Herausforderungen gesucht. Er fand, dort seien seine Talente, seine Energie und sein Bekenntnis zum Kommunismus nicht richtig zur Geltung gekommen – und ich denke, dass er auch begonnen hatte, sich zu langweilen. Also marschierte Kurt eines Tages zur Parteiverwaltung und verkündete dort: »Ich fühle mich nicht ausgelastet. Ich habe viel mehr beizutragen. Gebt mir irgendwas Neues zu tun.«

Aus diesem Grund fand er sich kurze Zeit später in einer westdeutschen Universitätsstadt wieder, wo er in einem Lokal sitzend das Nachrichtenmagazin ›Spiegel‹ las. Das war eines seiner liebsten Vergnügen, denn zu Hause bekamen nur die allerhöchsten Parteibonzen solchen Lesestoff. Damals mangelte es nicht an politischem Protest und Demonstrationen, so dass Kurt rasch klar wurde, was für reiche Fischgründe sich hier für ihn auftaten. Und tatsächlich fand sogar gleichzeitig auf der Straße vor dem Lokal eine Demonstration statt. Nachdem die Veranstaltung vorüber war, kam eine Gruppe durstiger junger Protestler auf ein Bier in eben diese Kneipe. Als es ans Zahlen gehen sollte, stellten die Demonstranten

---

* Das war sein richtiger Name – an anderer Stelle habe ich ihm den Decknamen Hans gegeben. Dafür ist mir der Nachname, wie ich fürchte, komplett entfallen.

verlegen fest, dass sie nicht genug Geld bei sich hatten. Daraufhin schaltete Kurt sich ein und ließ den Kellner wissen, »die jungen Leute sind meine Gäste«. Er spendierte ihnen sogar noch eine weitere Runde. Dankbar bot man ihm an, sich zu ihnen zu gesellen. Kurt stellte sich als Geschäftsmann auf Reisen vor, und bald war man in ein Gespräch über Politik vertieft. Eins ergab das andere, und schon bald hatte Kurt einen »Fisch« an der Angel.

Die Geschichte dieses Fischs – Rainer Rupp alias Topaz, der Tausende Topsecret-Dokumente der NATO an den Osten weitergeben und später behaupten sollte, er habe damit doch einen Atomkrieg verhindern wollen – ist allseits bekannt. Noch faszinierender fand ich persönlich allerdings Kurts eigene Geschichten, nämlich die Anekdoten, die er später an meinem Küchentisch in Berlin zum Besten gab. Von amüsanten Begegnungen mit seinen westlichen Gegenspielern nach der Wende oder von dem ideologisch unbeirrbaren höheren Offizier, der sich geweigert hatte, seine Informationen für einen Batzen Geld an die Amerikaner zu verkaufen, sondern stattdessen lieber eine Currywurst-Bude in Berlin Mitte aufgemacht hatte. Doch seine schönste Story war die von den Kondomen mit Haifischköpfen.

Eines Tages sah Kurt bei einem Besuch im Westen im Schaufenster eines Sexshops regenbogenbunte Kondome, die wie Haifischköpfe geformt waren. »Die muss ich haben!«, dachte er. »So was haben die zu Hause noch nie gesehen!« Und sofort erstand er ein Päckchen davon.

Kurt pflegte den DDR-Grenzübergang am S-Bahnhof Friedrichstraße zu benutzen. Vor den Beamten, die dort für die Passkontrolle und den Zoll zuständig waren, durfte er seine wahre Mission allerdings nicht enthüllen, sondern musste seine Tarnung als DDR-Geschäftsmann, der in den Westen reisen durfte, aufrechterhalten. So erreichte er also spätabends mit den Kondomen im Koffer die Friedrichstraße in der Hoffnung, problemlos passieren zu können. Doch oje, ausgerechnet diesmal war bei der Zollkontrolle eine Frau im Dienst. »Öffnen Sie Ihren Koffer«, befahl sie ihm. Kurt tat wie ihm geheißen, woraufhin sie seine Sachen durchwühlte und unvermeidlich auf das Kondompäckchen stieß. »Was ist *das* denn?«, herrschte sie ihn an. Weil Kurt klar war, dass es Ärger geben würde, verlangte er, ihren vorgesetzten Offizier zu sprechen. Als der Mann erschien, offenbarte Kurt ihm seinen wahren Dienstherrn. »Und was ist jetzt Ihr Problem?«, fragte der Offizier. »Das hier«, sagte Kurt und zeigte auf die Packung mit den Kondomen. Dem Offizier fielen vor Staunen fast die Augen aus dem Kopf. »Mann, die muss ich haben!«, rief er. »Wie viel wollen Sie dafür?«

5. KAPITEL

VERSCHIEDENE WELTEN

Big Brother is watching you

Ich stand in einem riesigen, kühlen, gedämpften Raum. Man hörte ein schwaches Summen und gelegentliches Rauschen. Reihenweise große blassgraue Computer führten in Sekunden Suchaufträge aus, für die Hundertschaften von Polizisten Jahre gebraucht hätten. Ich war voller Bewunderung, aufgeregt – aber zunehmend auch von Furcht erfüllt.

Diese Computer im schwerbewachten Gebäude des Bundeskriminalamts in Wiesbaden waren zur Wunderwaffe des Staates gegen Terroristen geworden. Mit einem Knopfdruck konnte ein Kripobeamter irgendwo im Land jegliche der Millionen von Informationen abrufen: terroristische Verbindungen, Vorgeschichten von Straftätern, Details zu Diebesgut, den Standort von Akten, wertvolle Verweise und Querverweise. So wusste man beispielsweise, dass Terroristen die Stromrechnungen für ihre Verstecke im Unterschied zu den meisten Bundesbürgern bar bezahlten. Daraufhin ließ das BKA die Rechnungen aller bar zahlenden Stromkunden durch ihre Computer laufen und verglich sie anschließend mit anderen über die Terroristen bekannten Details; so stieß man schlussendlich auf zwei Namen. Einer davon gehörte tatsächlich einem Terroristen, der dann auch verhaftet wurde. Das Verfahren hieß Rasterfahndung.

Der Chef über all diese Rechner, der joviale, rundgesichtige BKA-Chef Dr. Horst Herold, lächelte zufrieden. Er strahlte unglaublichen Stolz auf sein Werk aus. Innerhalb weniger Jahre hatte er aus dem BKA, einem bis dahin ineffizienten, schlecht organisierten und personell unterbesetzten Verbindungs- und Informationszentrum für die Landespolizeien, die wahrscheinlich am weitesten entwickelte und mit Abstand effizienteste Maschinerie zur Verbrechensbekämpfung gemacht. Polizeikräfte überall auf der Welt beneideten die Bundesrepublik darum.

Lange vor den meisten anderen hatte Herold das ungeheure Potenzial von Computern bei der Verbrechensbekämpfung entdeckt. Er besaß eine Leidenschaft für das Sammeln und Analysieren der noch auf den ersten Blick unbedeutendsten Daten. Hinter seiner Tätigkeit stand auch ein persönliches Anliegen. Als Siegfried Buback, der damalige Generalbundesanwalt und ein guter Freund von ihm, 1977 von Terroristen ermordet wurde, da schwor Herold an seinem Grab:»Ich werde sie alle für dich kriegen.«

Als wir uns 1980 kennenlernten, waren bereits 16 der 21 Terroristen, von denen man annahm, dass sie mit jenem und anderen Mordanschlägen zu tun hatten, hinter Schloss und Riegel. Herold verfolgte sie sogar bis ins Ausland und hatte einige in Bulgarien und Jugoslawien verhaften lassen.

Die bis dahin gefassten Terroristen hatte man, so erzählte Horst Herold mir, vor allem dank der Computer gefasst. Für Zeugen hatte er keine Zeit. Normalerweise gab es die an den Schauplätzen der terroristischen Verbrechen auch nicht, aber selbst wenn, dann waren deren Erinnerungen häufig unzuverlässig. Außerdem gestanden Terroristen fast nie. Daher brauchte es harte Fakten und unumstößliche Beweise, um sie zu verurteilen.

Neben den Computern gab es damals auch ein neues Heer von Forensikern beim BKA. Wie Herold mir berichtete, war Ulrike Meinhof, eine der Anführerinnen der Baader-Meinhof-Gruppe, nicht zuletzt dadurch überführt worden, dass man im Dreck unter ihren Fingernägeln Spuren des Sprengstoffs gefunden hatte, der bei einem Bombenattentat auf das Hauptquartier der US-Streitkräfte in Heidelberg verwendet worden war.

Damals fragte ich mich, ob Dr. Herold sich von seiner Begeisterung für moderne Technologie nicht zu sehr hinreißen ließ. Denn er behauptete, eines Tages würde die Forensik so exakt und effizient sein, dass man theoretisch nicht einmal mehr einen Richter benötige. Wissenschaft und Technik könnten die wahren Ursachen von Verbrechen herausfinden, so dass – wiederum natürlich nur theoretisch – die Polizei quasi noch vor dem Täter am Tatort wäre.

Das war, wie schon gesagt, 1980, gerade mal vier Jahre vor 1984, dem Jahr, für das sich George Orwell in seinem berühmten gleichnamigen Buch (1949 erschienen) eine Gesellschaft vorstellte, deren Menschen nach Gehirnwäsche und Gedankenkontrolle der totalen Überwachung durch den Staat unterliegen. Nun gut, Datenschutzgesetze gab es in Deutschland bereits. Die ersten waren übrigens – ob das wohl purer Zufall war? – im Land Hessen erlassen worden, dessen Regierungssitz sich wie das BKA ebenfalls in Wiesbaden befindet. Trotzdem war es höchst beunruhigend zu sehen, dass, als Mitarbeiter mir stolz ihr System präsentierten, plötzlich ein mir bekannter Name auf dem Bildschirm erschien. Es handelte sich um die Tochter eines bekannten ehemaligen Politikers. Man versicherte mir, dass sie selbst nicht unter Verdacht stünde, sondern nur einmal einen Brief an einen Terroristen geschrieben hatte.

Ich vermochte mir Horst Herold, promovierter Jurist, ehemaliger Staatsanwalt und SPD-Mitglied, kaum als Big Brother, den Bösewicht aus Orwells Roman, vorzustellen. Trotzdem war es irgendwie unheimlich. Vollkommen unschuldige Menschen konnten ohne ihr Wissen direkt oder indirekt mit Terroristen in Zusammenhang gebracht werden. Ich zum Beispiel. Oder jeder andere. Horst Herold gab das auch indirekt zu, als er meinte: »Ja, diese Computer müssen in der Hand von Demokraten bleiben.«

Während ich mich ein wenig fürchtete, waren viele andere Menschen entsetzt. Wahre Proteststürme brachen über die stillen Büros des BKA herein und schienen jegliche Zufriedenheit mit den Erfolgen von Herolds Computern zu übertreffen. Die Gegner fürchteten, Deutschland würde ein Überwachungsstaat im Stil von ›1984‹ werden. Man sah die Freiheit in Gefahr; unschuldige Menschen konnten in die Fänge dieser Computer geraten. Außerdem, so die Gegner, kam das Ganze einer Rezentralisierung der Polizei gleich, die man in Erinnerung an die Schrecken der Vergangenheit, nach dem Krieg doch bewusst dezentralisiert und den einzelnen Bundesländern unterstellt hatte. Vielleicht war das »Dritte Reich« noch zu präsent, 1984 zu nah, vielleicht gab es zu viele totalitäre Staaten an den Grenzen der Bundesrepublik und vielleicht waren die meisten mit Computern noch zu wenig vertraut.

Die Terroristen versuchten, die Computer auszuspielen, indem sie Falschinformationen streuten, erklärte mir Horst Herold damals. Er selbst war übrigens gezwungen, in einer kleinen Wohnung im BKA-Gebäude zu hausen – nicht weniger streng bewacht als die bereits inhaftierten Terroristen. Ohne den Schutz von Bodyguards konnte er sich nirgendwohin bewegen.

Deutschland wurde kein Orwellscher Überwachungsstaat. Man könnte sogar behaupten, dass die Computer am Ende nicht nur viele Terroristen, sondern auch Horst Herold selbst zur Strecke gebracht haben. Kurz nach unserem Gespräch erlitt er, geschwächt von Kriegsverletzungen, durch die Angriffe gegen seine Person zermürbt und erschöpft von 16-stündigen Arbeitstagen und schlaflosen Nächten, einen Zusammenbruch. Seine Ärzte rieten ihm, in Ruhestand zu gehen. Sechs Monate später drängte der Staat ihn dazu. So wurde er mit 57 in Frührente geschickt. Offenbar hielt man ihn für zu besessen, zu ängstlich, in vielerlei Hinsicht für zu erfolgreich. Gleichzeitig wurde ihm jedoch auch vorgeworfen, wegen eines technischen Problems, das er allerdings nicht zu verantworten hatte, den von der RAF entführten und später ermordeten Arbeitgeberpräsidenten Hanns-Martin Schleyer nicht gerettet zu haben.

Weil er damals nach wie vor als höchst gefährdet galt, musste Herold mit seiner Frau streng bewacht auf dem Gelände einer Bundesgrenzschutzkaserne in Rosenheim leben, in einem Fertighaus, das jahrelang von Erdwällen umgeben war. Und obwohl er sein eigenes Leben im Kampf gegen den Terrorismus riskiert hatte, musste er – für wie es hieß 600 000 DM – Grundstück und Haus aus eigener Tasche bezahlen. Über seine Arbeit und seine Erfahrungen durfte er nichts veröffentlichen und wurde zu einer Unperson. Sein Name tauchte nur noch im Zusammenhang mit Verleumdungsklagen auf, die er meist erfolgreich gegen Personen und Medien anstrengte, die ihn verunglimpft hatten. Nach eigener Aussage war er »der letzte Gefangene der RAF«. Seine Methoden wurden inzwischen übrigens von Polizeikräften auf der ganzen Welt angewandt.

Erst einige Jahrzehnte später erkannte man in der Bundesrepublik den Wert seiner Arbeit, und erst von da an wurde der inzwischen betagte Horst Herold geachtet als »der wohl beste Polizist, den Deutschland je hatte«, wie es ein ausgezeichneter Journalistenkollege, Heribert Prantl von der Süddeutschen Zeitung, einmal formulierte.

Ewiggestrige

Am Heiligabend des Jahres 1980 erlitt ein gebrechlicher alter Rentner, der über dreißig Jahre in dem hübschen Dorf Aumühle unmittelbar vor den Toren Hamburgs gelebt hatte, einen Herzanfall und starb. Er war 89 Jahre alt. Zu Lebzeiten stand er im Mittelpunkt einer erbitterten Kontroverse über Vergangenheit und Gegenwart, Pflicht und Gewissen, über Gerechtigkeit und Rache sowie über Schuld und Ehre. Am 5.1.1981 wurde er beerdigt.

Großadmiral Karl Dönitz, der letzte von Deutschlands Großadmirälen, war der Kopf hinter dem furchtbaren U-Boot-Krieg gegen Großbritannien und Hitlers designierter Nachfolger gewesen. Und er war der Mann, der im Mai 1945 die bedingungslose Kapitulation der Deutschen anordnete. Als eine der wenigen überlebenden Führerfiguren der Nazi-Ära war er Angeklagter im Nürnberger Prozess gegen die Hauptkriegsverbrecher. Er hatte wegen Kriegsverbrechen zehn Jahre im Gefängnis verbracht, sich jedoch stets geweigert, die eigene Schuld einzugestehen.

Nach seinem Tod wurde er von den ehemaligen Feinden mehr geehrt als von seinem Heimatland. Die Bonner Regierung verweigerte jegliche militärische Ehren und verbot das Tragen von Uniformen, offizielle Reden oder das Niederlegen von Kränzen. Kein Vertreter der Bundeswehr oder der Regierung nahm an dem Begräbnis teil. Denn der Großadmiral repräsentierte all das, was die moderne Bundesrepublik hinter sich lassen wollte. Man erinnerte daran, dass er darauf bestanden hatte, den Krieg unter Wasser fortzusetzen, um den Preis von 756 seiner 863 U-Boote; er opferte damit das Leben von 28 000 seiner 36 000 Männer. Man erinnerte auch daran, dass er ein glühender Hitlerverehrer und Antisemit gewesen war, der selbst im Nachhinein nicht einsah, wie er sich anders hätte verhalten sollen. Gewiss, er hatte das Leben von Millionen Flüchtlingen aus dem Osten gerettet und den Krieg schließlich beendet. Aber er war eben durch und durch Militär gewesen, mit blindem Gehorsam, Pflichtgefühl und völliger Gleichgültigkeit, was das Leben der Matrosen anging. Für die moderne Bundeswehr taugte er keinesfalls als Vorbild.

Den längsten Nachruf auf ihn druckte keine westdeutsche Zeitung, sondern die *Times*. Generell waren die britischen Artikel voller Bewunderung und konzentrierten sich hauptsächlich auf seine überragenden seemännischen Fähigkeiten. In den deutschen Blättern war man kritisch und verwies auf seine tiefe Verstrickung in das verbrecherische Regime. Über hundert britische Marineoffiziere sollen ihm zu Lebzeiten geschrieben und das Urteil gegen ihn bei den Nürnberger Prozessen bedauert haben. Und es gab sogar britische Offiziere, einige davon eisern in Uniform, die zu seiner Beerdigung erschienen.

So waren es am Ende hauptsächlich Männer wie er selbst einer gewesen war, die Karl Dönitz zu Grabe trugen. Männer, die sich immer noch an das klammerten, was er verkörpert hatte. In Bussen, Autos und Zügen reisten ein paar Tausend Marineveteranen an, Flüchtlinge, deren Leben er gerettet hatte, und Rechtsextremisten. Sie alle versammelten sich an der winzig kleinen Bismarck-Gedächtnis-Kirche in Aumühle. Viele der alten Männer in strammer militärischer Haltung, zahlreiche mit einem Eisernen Kreuz am Kragen. Manche beschimpften die Fernseh-Teams, weil sie nicht »die Wahrheit« über den Admiral verbreiten würden, weigerten sich jedoch gleichzeitig, ihre eigenen Namen zu nennen. »Er hat seine Pflicht getan, wie es jeder anständige Soldat tun würde«, brüllte einer. Ein anderer, mit rot-schwarz-weißem Schal um den Hals, wetterte gegen das »kriminelle Tribunal der Alliierten«, das Dönitz verurteilt hätte. »Er war ein Held des deutschen Volkes!«, beharrte er. Kränze lagen gleich haufenweise im Schnee. »Unserem Reichspräsidenten« stand in goldenen Lettern auf einer schwarz-weißen Schleife zu lesen, »Alles für Deutschland« und »Großadmiral Dönitz, in Ehre und Treue« auf anderen. Manches sogar in Frakturschrift. Ehemalige Marineoffiziere in Zivil, jedoch mit Eisernen Kreuzen dekoriert, trugen den in eine schwarz-rot-goldene Flagge gehüllten Sarg. Der Dolch des Admirals lag obenauf, und voran schritt ein Mann mit allen Orden des Verstorbenen auf einem Kissen. Die kleine Kirche war derart überfüllt, dass man viele Trauergäste erst zum Verlassen derselben zwingen musste, damit der Gottesdienst überhaupt beginnen konnte.

Anschließend wurden alte Marineflaggen vorausgetragen und eine Veteranenkapelle spielte, als man den Sarg auf den Waldfriedhof trug. Nachdem er ins Grab gesenkt worden war, stimmten Trauergäste spontan ›Deutschland, Deutschland über alles‹, die tabuisierte erste Strophe des Deutschlandlieds, an. Eine Gruppe von Bundeswehrsoldaten, die befehlswidrig uniformiert waren, salutierte. Schließlich wurden vier Reden auf den Admiral gehalten. Als in einer davon die Abwesenheit eines Repräsentanten der Bundesrepublik kritisiert wurde, ertönten Pfiffe und Buhrufe.

Anschließend fiel der Großadmiral in die fast vollständige Vergessenheit. Nur ein schlichter flacher Stein auf seinem Familiengrab am Friedhof von Aumühle erinnert an ihn. Die spartanische Inschrift lautet: Karl Dönitz 16.9.1891 † 24.12.1980.

Den Amerikanern zu Gefallen

Ungefähr 15 Monate lang, von November 1979 bis Januar 1981, banden Amerikaner gelbe Schleifen um Bäume in ihren Vorgärten und in der Nachbarschaft oder trugen sie als Anstecker an ihren Revers. Der Song »Tie a Yellow Ribbon Round the Ole Oak Tree« war zwar schon einige Jahre zuvor ein Hit gewesen, erlebte aber noch einmal ein echtes Revival. Gelbe Bänder symbolisierten das Gedenken an abwesende Menschen, die einem nahe stehen, und dass man diese bei ihrer Rückkehr willkommen heißt.

Damals galten die gelben Schleifen den 52 Amerikanern, die militante islamische Studenten in Teheran als Geiseln festhielten, während die US-Regierung sich verzweifelt um ihre Freilassung bemühte. Das erwähnte Lied und die sentimentale Symbolik wirkten ausgesprochen amerikanisch, und genau das war dieses Geiseldrama ja auch. Trotzdem steckte hinter der ganzen Sache auch eine mysteriöse deutsche Geschichte.

Die Beziehungen zwischen der Regierung von Kanzler Helmut Schmidt in Bonn und der Administration von Jimmy Carter in Washington waren zu der Zeit, gelinde gesagt, angespannt. Es gab Streit und Missverständnisse wegen des Nato-Doppelbeschlusses, der die Stationierung von Pershing II und Cruise Missiles in Europa vorsah, um der sowjetischen Aufstellung von Raketen vom Typ SS-20 Paroli zu bieten. Gleichzeitig bot man Verhandlungen über eine ausgewogene Abrüstung auf beiden Seiten an. Der sowjetische Einmarsch in Afghanistan drohte, das Gleichgewicht der Supermächte zu stören, und hatte den Bonner Bemühungen in Sachen Entspannungspolitik schweren Schaden zugefügt. Die deutsche Regierung war zudem stark irritiert von Carters Forderung, seine Verbündeten hätten sich – ohne vorherige Absprache – dem amerikanischen Boykott der Olympischen Sommerspiele 1980 in Moskau anzuschließen. Außerdem stritt man über die Produktion und Stationierung einer Neutronenbombe. Gerade erst hatte ein relativ stürmisches und sehr emotionales Treffen zwischen Carter und Schmidt stattgefunden. Beide Seiten fühlten sich schlecht behandelt, missverstanden und in ihrem Vertrauen enttäuscht.

Nach dem gescheiterten Befreiungsversuch der USA im April 1980 bekam man in Bonn seltsamerweise den Eindruck, die Regierung sei ganz besonders darum bemüht, bei der Freilassung der Geiseln mitzuwirken. Und sei es nur, um dem wichtigsten und unverzichtbaren Verbündeten der Bundesrepublik zu versichern, dass man ein echter und verlässlicher Partner sei. Es gab Berichte über Begegnungen im Schloss Gymnich, wo Regierungsgäste oft logierten, doch wurden diese umgehend und umfassend abgestritten. Ich fragte damals Günter van Well, ob die Regierung hinter den Kulissen nicht an der Freilassung der Geiseln arbeite. Daraufhin sah mich der Staatssekretär im Außenministerium so irritiert an und leugnete diese Bemühungen derart vehement, dass ich mir meiner Vermutung umso sicherer war. Irgendwas ging da vor sich. Aber was?

Am 20. Januar trafen die Geiseln nach quälenden 444 Tagen in Wiesbaden ein. »Tie A Yellow Ribbon« wurde von den Radiostationen der US-Streitkräfte und amerikanischen Fernsehsendern wieder und wieder gespielt, während die Ex-Gefangenen ihre Angehörigen wiedersahen, medizinisch versorgt wurden und Bericht erstatteten. Präsident Reagan, der in der Zwischenzeit Carter abgelöst hatte, schickte seinen Vorgänger. In der Begrüßungsrede dankte Carter der Bundesrepublik und sagte, diese habe auf eine Weise geholfen, »die ich der Weltöffentlichkeit niemals offenbaren kann«.

Warum Carter meinte, dies »niemals« tun zu können, blieb unklar. Erst Jahre später erzählte Hans-Dietrich Genscher, der damalige Außenminister und eine zentrale Figur im Rahmen dieser Ereignisse, die Geschichte in seinen Memoiren. Nach der islamischen Revolution im Iran im Jahr 1979 reisten mehrere Delegationen junger Iraner, von denen viele im Ausland studiert hatten und ausgezeichnet Englisch oder Deutsch sprachen, in die Bundesrepublik, wo sie hofften, Unterstützung für ihr neues Regime zu gewinnen und gute

Beziehungen mit Bonn zu etablieren. Angespornt wurden sie wohl nicht zuletzt dadurch, dass Genscher Teheran demonstrativ nicht besucht hatte, solange der verhasste Schah an der Macht gewesen war. Auch Gerhard Ritzel, dem deutschen Botschafter in Teheran, war es gelungen, ein vertrauliches und freundschaftliches Verhältnis zum neuen Regime aufzubauen. Bei einem Treffen warnte Genscher den Iran allerdings vor der Illusion, Bonn gegen Washington ausspielen zu können, da die USA der wichtigste Verbündete der Bundesrepublik sei.

Im September 1980 bat Sadegh Tabatabai, der gerade an einer Veranstaltung der Friedrich-Ebert-Stiftung in Bonn teilnahm, Genscher um ein Gespräch. Der Außenminister war dem Iraner schon früher begegnet und wusste, dass dessen Schwester mit dem Sohn des Revolutionsführers Ayatollah Khomeini verheiratet war. Zudem war er Staatssekretär im Büro des iranischen Premierministers und stand daher ganz offensichtlich dem engsten Kreis der Regierung nahe. Tabatabai bat Genscher, Kontakt nach Washington herzustellen, um über die Geiseln zu verhandeln. Die von ihm gestellten Bedingungen klangen tatsächlich vernünftiger als das, was der Iran bis dahin gefordert hatte. Tabatabai wünschte, dass die Verhandlungen in Bonn und unter Genschers Regie geführt würden. Außerdem bestand er auf einer Garantie Genschers, was die Einhaltung jeglicher Vereinbarung anging. Wie er berichtete, wussten außer Khomeini selbst nur zwei weitere iranische Regierungsmitglieder von diesem Vorhaben. Um dessen Authentizität zu beweisen, würde Khomeini in Kürze die von Tabatabai genannten Bedingungen öffentlich bekanntgeben – was der Revolutionsführer dann auch wirklich tat.

Genscher informierte sofort Schmidt darüber, und beide waren sich einig, dass sie die Amerikaner davon in Kenntnis setzen sollten. Daraufhin rief Genscher seinen amerikanischen Amtskollegen Edmund Muskie an, der seinerseits Carter ins Bild setzte. Carter meldete sich telefonisch bei Genscher und drängte auf den baldigen Beginn von Gesprächen. Nachdem das Geiseldrama inzwischen allerdings schon fast ein Jahr dauerte, gestattete er sich noch keine allzu großen Hoffnungen. Er versprach, seinen stellvertretenden Außenminister Warren Christopher als Abgesandten zu schicken. Genscher kannte diesen gut und hielt ihn für eine ausgezeichnete Wahl.

Eigentlich hatte Genscher Christopher mitsamt seiner Delegation in Schloss Gymnich unterbringen wollen, wo auch die Gespräche stattfinden sollten. Doch nachdem Gerüchte darüber in Umlauf geraten – und geleugnet – worden waren, verlegte man die ganze Sache ins Gästehaus des Außenministeriums. Obwohl der Irak im Lauf der Verhandlungen in den Iran einmarschierte und die Aufmerksamkeit Teherans zeitweise ablenkte, machten diese laut Genscher gute Fortschritte, und man vereinbarte die Freilassung der Geiseln für den 2. Oktober. Dann entschieden die Iraner allerdings, nichts tun zu wollen, was Carter im Präsidentschaftswahlkampf hätte helfen können, und so wurde alles nochmals verschoben. Noch dazu wehrte sich ein Teil des iranischen Parlaments vehement gegen die Freilassung. Außerdem kamen weitere strittige Punkte zu Tage. In Teheran engagierte sich Ritzel als Botschafter zwar weiterhin, doch Algerien übernahm schließlich die offizielle Vermittlerrolle. Erst am 20. Januar, einen Tag nach der Vereidigung von Präsident Reagan, kamen die Geiseln endlich frei. Inzwischen hatte in den Beziehungen zwischen der Bundesrepublik Deutschland und den Vereinigten Staaten bereits ein neues Kapitel begonnen.

Zwei verschiedene Welten

Die Klingel hallte durch das schmuddelige, heruntergekommene Mietshaus in der Willibald-Alexis-Straße 39 in Westberlin. Aus den einst imposanten, jetzt bröckelnden Fenstern flatterten als Zeichen der Hausbesetzer durchnässte, verdrehte Bettlaken mit inzwischen unleserlichen Parolen im Regen.

Zwei Hausnummern weiter waren Handwerker auf einem Gerüst dabei, die ursprüngliche Eleganz des 19. Jahrhunderts an einer ganz ähnlichen Fassade wiederherzustellen. Dahinter entstanden teure Luxuswohnungen.

Plötzlich wurde hinter dem an die Tür von Nummer 39 genagelten Kaninchendraht ein Türspion geöffnet und gleich wieder zugeschlagen. Es folgte längeres Rasseln von Vorlegeketten und Schlössern, dann ging die Tür auf. Im Eingang standen drei unrasierte, langhaarige junge Männer zwischen Unmengen Baumaterial und Müll. Sie waren blass und wirkten irgendwie angespannt. Nein, erklärten sie mir, sie wollten mit niemand sprechen. Mit gar niemand. Aber vielleicht wären andere Hausbesetzer, ein Stück die Straße hinunter, bereit, sich mit mir zu unterhalten.

Während einer der drei mich über die Kopfsteinpflasterstraßen von Kreuzberg zu einer anderen Gruppe begleitete, versuchte er, mir ihre Haltung verständlich zu machen: »Ein paar von uns wurden gestern Nacht verhaftet. Und deshalb haben wir keine Angst, aber Wut. Wut auf den Staat, die Polizei, die Politiker. Wir werden wieder auf die Straße gehen, weil das das Einzige ist, was wir machen können. Nicht heute Nacht, aber bald.«

In Städten der ganzen Bundesrepublik besetzten Ende der 70er- und Anfang der 80er-Jahre junge Leute wie sie leer stehende Häuser: in Frankfurt, Nürnberg, Freiburg, Göttingen. Allein in Berlin waren 117 Wohnblocks besetzt. Die Polizei rückte dann zwar an und räumte die Häuser, doch danach gab es Straßenschlachten. Dabei wurden Fensterscheiben eingeschlagen, Autos umgestürzt und Pflastersteine auf Polizisten geworfen, die darauf mit Wasserwerfern und Tränengas reagierten.

Für uns ausländische Korrespondenten war es immer gut, aus dem beschaulichen, wohlgeordneten Bonn herauszukommen und uns selbst ein Bild davon zu machen, was im Land tatsächlich passierte. Der Kontrast war oft überwältigend. In jenem zweiten schmuddeligen, heruntergekommenen Wohnblock im Jahr 1981 begegnete ich unmittelbar der Entfremdung, die zwischen vielen oft intelligenten, wohlerzogenen und engagierten jungen Leuten und der Gesellschaft herrschte.

Ihr aktuellstes Anliegen war, wie sie mir erzählten, der Mangel an bezahlbarem Wohnraum – für sie selbst und andere. Dabei standen Tausende von Gebäuden leer, bis Spekulanten oder die Behörden sie renovieren und umbauen ließen, um sie für ein Vielfaches der alten Preise zu vermieten. Die ehemaligen Mieter konnten sich das niemals leisten. Deshalb renovierten die Besetzer die Gebäude selbst, um sie anschließend wieder den alten Mietern oder ärmeren Familien zu überlassen, damit die Sozialstruktur der alten Viertel erhalten blieb. Geplant war allerdings auch, einige der Wohnungen zu behalten und darin den gewünschten Lebensstil zu leben – in Kommunen. Die Räumung der Häuser war in ihren Augen schlicht Gewalt eines ungerechten Unterdrückerstaats, der sich nicht um ihre Anliegen scherte.

Hinter dieser ganzen Bewegung stand eine massive emotionale und unpolitische Rebellion gegen die Gesellschaft an sich, gegen deren Materialismus, die Großindustrie, die Technologie, den Wettbewerb, politische Parteien und Autoritäten im Allgemeinen. Die 1960er waren zwar längst vorbei, doch die Entfremdung existierte weiter, insbesondere unter den Jungen. Andere Gründe für ihre Proteste waren außer dem Wohnungsmangel vor allem die Stationierung von Atomraketen, die Gefahren der Atomenergie und die Zerstörung der Umwelt. Diese Bewegung entstand völlig spontan und war ausgesprochen schwer fassbar; es gab keine Anführer, keine Koordinatoren, nicht einmal eine spezielle Ideologie. Das verblüffte und verärgerte die älteren Generationen, in deren Augen Wohlstand und Ordnung nach den Verheerungen des Krieges eine bedeutende Errungenschaft darstellten.

Irgendwann reagierte »der Staat« darauf. Um die Zeit, als ich mich mit den Hausbesetzern in Berlin austauschte, also 1981, unternahm eine Kommission des Bundestags den ersten Versuch, verständlich zu machen, was da vor sich ging. In ihrem ein Jahr später veröffentlichten Bericht heißt es, man habe weniger mit einem Jugendproblem zu tun als mit einem Problem der gesamten Gesellschaft und den Folgen einer weitreichenden Krise, was die Bedeutung des Lebens und Ziele im Leben betreffe. Man könne daher kaum von Jugendprotest reden, da diese Stimmung auch auf andere Altersgruppen übergegriffen habe. Es handele sich nicht, wie manche meinten, um einen Generationenkonflikt zwischen den Bürgern, die den Krieg noch selbst erlebt hatten, und deren verwöhntem Nachwuchs, ebenso wenig um Nachwirkungen der Studentenunruhen der Sechzigerjahre.

Als Ursachen wurden genannt: Angst vor der Zukunft und wachsende Kriegsgefahr, fundamentale Änderungen im Wertesystem und gesellschaftliche, politische sowie ökonomische Probleme. Im Einzelnen schienen Arbeitslosigkeit, Umweltzerstörung, der Rüstungswettlauf und die individuellen Folgen von Bürokratie, Kommerzialisierung und staatlicher Kontrolle die Menschen am meisten zu belasten.

Es wurde sogar mit offensichtlichem Verständnis aus dem Brief einer Hausbesetzergruppe zitiert. Darin erklärt diese, warum sie sich weigerte, mit der Kommission zusammenzuarbeiten. Die Hausbesetzer schrieben, man könne junge Leute nicht zu Patienten machen. Denn es sei das System, das krank sei. Massive Vorbereitung auf einen Krieg, das permanente Risiko radioaktiver Verseuchung, Ausbeutung der Dritten Welt, allgegenwärtige Umweltverschmutzung, legale Spekulation mit Wohnraum, lügende Politiker – dies seien die Symptome der Krankheit, die sie bekämpften.

Viele Jugendliche hatten damals den Eindruck, das Leben würde bald nicht mehr lebenswert und die Erde für menschliche Wesen unbewohnbar sein. Gleichzeitig trauten sie den Verantwortlichen nicht zu, mit diesen Herausforderungen fertig zu werden, so der Kommissionsbericht. Die Betroffenen fühlten sich aus dem Entscheidungsprozess ausgeschlossen. Noch dazu setzte diese Generation andere Prioritäten als ihre Vorgänger. Junge Leute könnten das Streben nach materieller und sozialer Sicherheit nicht verstehen, das ältere Menschen in Folge ihrer Erfahrungen im Krieg und in der unmittelbaren Nachkriegszeit verinnerlicht haben, so äußerte sich Rudolf Hauck, stellvertretender Vorsitzender der Kommission. Weil sie selbst in Sicherheit und Wohlstand aufgewachsen waren, sahen sie nur die negativen Aspekte der Entwicklung der Bundesrepublik. Für sie seien menschliche Wärme, Zusammengehörigkeit, Kreativität, Selbstverwirklichung und kollektives Handeln wichtiger als Erfolg und Fortschritt.

Die Kommission widersprach der Auffassung, wonach es sich bei den jungen Protestlern um asoziale Aussteiger handele. Vielmehr seien diese Leute zutiefst besorgt und wollten eine aktive Rolle bei der Gestaltung und Verbesserung der Gesellschaft spielen, wenn auch nicht gemäß den traditionellen politischen Regeln. Auch seien die meisten von ihnen gegen Gewalt. Medienberichte über gewalttätige Splittergruppen verdrängten aus dem Bewusstsein der Öffentlichkeit, dass sich die große Mehrheit gesetzestreu verhielt.

Nach einem Polizeieinsatz in Berlin am 22. September 1981 kam es zu einem Zwischenfall, bei dem ein 18-jähriger Demonstrant, Klaus-Jürgen Rattey, starb. Nach einer ersten Verschärfung der »Fronten« stärkte dieses schlimme Ereignis die Besonnenen auf beiden Seiten. Die Flächensanierung wurde 1981 gestoppt und der West-Berliner Senat ging 1983 zu einer Politik der »Behutsamen Stadterneuerung« über. Sanierungskonzepte wurden nun also mit den betroffenen Bewohnern abgesprochen und mit ihrer Beteiligung entwickelt.

Was ist etwas wert?

In der Antike scheinen die Briten in den entlang ihrer Küsten massenhaft gedeihenden Austern nichts anderes als ein beliebiges Nahrungsmittel gesehen zu haben. Es waren erst die römischen Besatzer, die hingerissen Austernbänke errichteten und einander das Zeug kistenweise als hochgeschätzte Geschenke verehrten. Umbrier machten sich nicht das Geringste aus den Trüffeln, die in ihren Wäldern wuchsen, bis sie erstaunt feststellten, dass man diese für viel Geld an Nobelrestaurants verkaufen konnte. Noch im 19. Jahrhundert tauschten afrikanische Stammesführer tonnenweise Elfenbein gegen ein paar Handvoll Glasperlen oder Rollen Kupferdraht, die europäische Forscher oder Kaufleute ihnen anboten. Der Wert eines Gegenstands liegt also im Auge des Betrachters.

Westliche Besucher waren in der DDR oft irritiert von dem seltsamen Wert bestimmter Produkte aus dem Westen – so zog etwa das Markenzeichen von Lacoste, das Krokodil auf der Brust eines Polohemds, auffallend viele neidische Blicke von Passanten an. Einmal erzählte mir eine Frau, ihre Cousine aus Leipzig sei von ihrem Kulturbeutel aus Plastik so hingerissen gewesen, dass sie ihn ihr überließ, woraufhin die Beschenkte ihn stolz als Abendhandtasche für Theaterbesuche benutzte. Man berichtete mir auch, dass in manchen Haushalten Coca-Cola-Flaschen und Persil-Packungen als Dekoration dienten.

Es handelte sich um ein ziemlich ungleiches Verhältnis, da die Konsumgesellschaft im Westen viel weiter entwickelt war. Und so endete beispielsweise der Versuch einer Ostberliner Pastorengattin, etwas gegen dieses Ungleichgewicht zu tun, in großer Enttäuschung. »Ich wollte meiner Tante im Westen ein Weihnachtsgeschenk schicken, und zwar etwas, das es dort drüben nicht gab«, berichtete sie mir. »Und natürlich wurden die Erzgebirge-Figürchen bei uns hergestellt. Also stand ich stundenlang in bitterer Kälte Schlange und hoffte, es würde noch nicht alles ausverkauft sein, bevor ich an die Reihe käme. Schließlich konnte ich ein kleines Karussell erstehen – etwas anderes gab es nicht mehr. Liebevoll verpackt schickte ich es los. Erst später erfuhr ich, dass die Läden drüben voll davon waren, in hunderterlei Ausführungen! Die Tante hätte also problemlos ein Geschäft aufsuchen und sich dort, ohne auch nur eine Minute anstehen zu müssen, das Gleiche kaufen können!«

Die erstaunlichste Geschichte, die ich je über die gegensätzlichen Wertvorstellungen gehört habe, stammt allerdings von einer meiner Freundinnen aus dem Westen. Es ging darin um eine ihrer Kolleginnen aus dem Osten – nennen wir sie hier Marion –, die in Ostberlin für eine westliche Organisation tätig war. Dank dieser Position hatte sie leichteren Zugang zu westlichen wie auch zu östlichen Produkten als die meisten Menschen. Eines Tages wandte sich eine Frau an sie, die sich verzweifelt ein Auto – genauer: einen Trabi – wünschte. Es gab natürlich eine lange Warteliste für Trabis und die Dinger waren fast so schwer zu beschaffen wie ein Einhorn, doch diese Dame machte folgenden Vorschlag. Wenn Marion einen Trabi für sie auftriebe, dann würde sie ihr im Gegenzug einen Gutshof in der Nähe der Oder überlassen. Und das meinte sie vollkommen ernst. Der einzige verfügbare Trabi, der Marion einfiel, war ihr eigener, allerdings schon sechs Jahre alt. Den wollte sie doch sicher nicht, oder? Die Frau packte die Gelegenheit beim Schopf – und so avancierte Marion zur Besitzerin eines Gutshofs mit den üblichen Nebengebäuden und ein wenig Land, der nach westlichen Maßstäben ein Vielfaches des Kaufpreises eines sechs Jahre alten Trabis wert gewesen wäre. Unglaublich, aber wahr: für diese Frau war ein Auto unendlich wertvoller als ihr Immobilienbesitz.

Männerfreundschaft

Er ist eigentlich unvergesslich. Helmut Kohls Gesichtsausdruck am 1. Oktober 1982, nach seiner ersten Vereidigung als Kanzler der Bundesrepublik Deutschland. Seine Augen leuchteten und er strahlte, strahlte und strahlte. Danach umarmte er seine entzückte Ehefrau und seine Söhne, die sich zu diesem Anlass ebenfalls im Bundestag eingefunden hatten. Er schien erfüllt von Freude und Genugtuung. Endlich hatte er erreicht, was er sich gewünscht hatte und wofür er so lange hatte leiden müssen.

Sechs lange und schwierige Jahre hindurch war er Fraktionsvorsitzender der CDU/CSU-Opposition gewesen und hatte dafür 1976 den deutlich angenehmeren Posten des rheinland-pfälzischen Ministerpräsidenten aufgegeben. Er musste zersetzende Kritik aus den eigenen Reihen ertragen, den

Spott seiner Gegner, das Lavieren seiner Rivalen und vor allem das Sperrfeuer aus Beschwerden durch den CSU-Vorsitzenden Franz Josef Strauß.

Strauß war zweifellos das schwerste Kreuz, das Kohl im Laufe seiner politischen Laufbahn zu tragen hatte. Ein brillanter Kopf, der zum Vergnügen Bücher über Physik und Kybernetik las und seine Reden gerne mal mit lateinischen Zitaten spickte. Eine Riesenpersönlichkeit und ein politisches Schwergewicht – wenn auch mit vielen Fehlern behaftet. Lange Zeit hatte Strauß die politische Bühne der Nachkriegszeit dominiert, außerdem fühlte er sich Kohl gegenüber in jeder Hinsicht haushoch überlegen. Wie die meisten Menschen in der damaligen Bundesrepublik hatte er Kohl vollkommen unterschätzt, denn diesem war es auf seine schlichte und augenscheinlich linkische Art gelungen, ihn letztlich doch auszuschalten.

Kohls Vereidigung war also auch ein stummer Sieg über Strauß. Zwei Jahre zuvor, als er gerade in große Schwierigkeiten innerhalb der eigenen Partei verstrickt war, hatte Kohl Strauß' Kanzlerkandidatur für die Unionsparteien bei den Wahlen von 1980 zugestimmt. Obwohl er wusste, dass die Sache wahrscheinlich verloren war, engagierte er sich loyal im Wahlkampf. Helmut Schmidts Koalition mit der FDP siegte zum dritten (und letzten) Mal; Strauß unterlag nicht nur, sondern das auch noch mit dem bis dato schlechtesten Ergebnis für die Unionsparteien – 44,4 Prozent. Vier Jahre vorher hatte Kohl 48,6 Prozent der Stimmen geholt und damit zwar ebenfalls verloren, aber zumindest das beste Ergebnis seiner Partei erzielt. Strauß, der auf diese Weise als ernstzunehmender Konkurrent um die Kanzlerschaft ausgeschaltet war, kehrte nach Bayern zurück. Zwei Jahre später zerbrach Schmidts Koalition, die FDP wechselte die Seiten, und die Kanzlerschaft fiel Kohl wie eine reife Frucht in den Schoß.

Allerdings war Strauß nach wie vor CSU-Vorsitzender und stellte als solcher eine Kraft dar, mit der man rechnen musste. Also war Kohl darauf angewiesen, mit ihm auszukommen. Sobald er im Amt war, wurde das Problem offensichtlich:

Welche Rolle, die seiner Bedeutung und seinen Fähigkeiten entsprach, konnte Strauß in Kohls Kabinett spielen? Am allerliebsten wäre Strauß Außenminister geworden, doch das konnte Kohl ihm höflich abschlagen, da dieses Amt traditionell der FDP und deren Vorsitzendem Hans-Dietrich Genscher vorbehalten war. Das Wirtschaftsministerium musste ebenfalls wieder an Otto Graf Lambsdorff von der FDP gehen. Und das Verteidigungsministerium? Das stand nun wiederum für Strauß selbst außer Frage. In eben diesem Amt hatte er nämlich 1962 seinen Ruf ernstlich beschädigt und wahrscheinlich seine Chancen auf die Kanzlerschaft für immer ruiniert, und zwar mit der berüchtigten »Spiegel-Affäre«. Folglich hatte er definitiv nicht die Absicht, jemals wieder zur Truppe auf der Bonner Hardthöhe zurückzukehren.

Alles andere galt als unangemessen, und so schlug Kohl, um Strauß das Gefühl zu geben, er spiele im Entscheidungsprozess eine wichtige Rolle, und auch um friedlicherer Beziehungen willen, vor, dass sie beide gemeinsam lange Spaziergänge unternehmen und dabei Dinge auf freundliche, informelle Weise durchsprechen sollten. Schlecht beraten bezeichnete er das neue Verhältnis als »Männerfreundschaft«. Der Begriff sorgte im ganzen Land für schallendes Gelächter. Seine Berater beeilten sich zu erklären, was er damit meinte: Nämlich, dass sie sich alles offen und ohne ein Blatt vor den Mund zu nehmen sagen könnten, und dennoch gute Kumpel bleiben würden.

Also zog man in Wälder oder auf Berge, nur zu zweit, ohne Leibwächter, ohne Polizeischutz, Berater oder andere Ohrenzeugen ihrer Gespräche. Doch es funktionierte nicht. Strauß pflegte sich detailliert auf diese Treffen vorzubereiten und fertigte danach Memoranden an, um festzuhalten, was sie dabei – seiner Ansicht nach – beschlossen hatten. Danach vergaß Kohl allerdings – zumindest empfand der empörte Bayer das so – alles sofort. Oder vielleicht war Kohl auch einfach zu begriffsstutzig, um seine – also Strauß' – brillanten Strategien, seine großartigen Entwürfe zu begreifen. Doch das stimmte selbstverständlich nicht. Kohl verstand sehr gut, was Strauß im Sinn hatte, aber er ließ das alles an sich abperlen, weil er bereits wusste, was er tun würde, und nicht bereit war, sich von Strauß etwas diktieren zu lassen. So mussten die beiden schließlich, um des Friedens und der Harmonie willen, andere an ihren Unterhaltungen teilnehmen lassen.

Es gab noch einen weiteren, praktischen Grund, warum es besser war, nicht ganz allein loszuziehen. Die Geschichte blieb lange geheim, bis Kohl sie selbst im Rahmen eines legeren Abends mit Journalisten und Jahre nach Strauß' Tod im Jahre 1988 zum Besten gab.

Kohl war damals nach München geflogen und von Strauß persönlich in dessen Landrover am Flughafen abgeholt worden. Während der Fahrt in die Berge blieb der Wagen plötzlich stotternd auf der Autobahn stehen. »Da hat doch wieder einer meiner Söhne den Tank leer gefahren!«, echauffierte sich Strauß. Der Reservekanister war auch leer. Es gab auch keine Eskorte, also absolut niemanden, an den sie sich hätten wenden können.

Da half alles nichts: Strauß machte sich also zu Fuß auf den Weg zur nächsten Tankstelle, während Kohl im Landrover am Straßenrand blieb. Nach einer Weile hielt ein Auto auf der gegenüberliegenden Straßenseite, und Strauß stieg mit einem Benzinkanister in der Hand aus. Die Straßenverkehrsordnung missachtend rannte er über die Fahrbahn bis zum Mittelstreifen, während Kohl ihm von der anderen Seite entgegenlief. Und so kam es, dass den Autofahrern, hätten sie die beiden erkannt, der Anblick des beleibten bayerischen Ministerpräsidenten vergönnt gewesen wäre, wie er mit einem Benzinkanister in der Hand über die Leitplanke kletterte, unterstützt von dem noch beleibteren Kanzler der Bundesrepublik Deutschland.

Wo ist das dauernde »Achtung! Achtung!«?

Jede Nation hat – in den Augen ihrer Nachbarin – ihre eigenen Schwächen. Es ist kein Geheimnis, dass den Deutschen, zumindest in den ersten Nachkriegsjahren, der Ruf vorauseilte, im Umgang mit anderen, nun ja, eine gewisse Aggressivität, Übereifer und mangelndes Feingefühl an den Tag zu legen. Natürlich waren die meisten Deutschen sehr höflich, vor allem im Umgang mit Menschen, die sie kannten, doch auch die Freundlichkeit in Geschäften, Restaurants, Hotels und Ähnlichem war, solange ich mich erinnern kann, unvergleichlich. Das Verhalten Fremden (und manchmal auch Nachbarn!) gegenüber, besonders wenn man Letztere beim Verstoß gegen irgendwelche Regeln beobachtet hatte, war schon eine ganz andere Sache. Das kam mir vor, als fehlte es in Deutschland bei den ungeschriebenen Gesetzen für den Umgang miteinander an den Floskeln und der Höflichkeit, die in anderen Ländern Zusammenstöße zwischen Fremden mildern. »Entschuldigen Sie, aber ...« oder »Würde es Ihnen etwas ausmachen ...« oder auch nur ein Lächeln oder eine humorvolle Bemerkung suchte ich vergebens. Die Folge waren Ausbrüche von Aggression, die unvorbereitete Ausländer geradezu umhauten.

Die Beispiele reichen von drohend geschüttelten Fäusten wütender Autofahrer bis zu dem Erlebnis eines australischen Freundes von mir, der Architekt ist und danach beschloss, nie mehr einen Fuß auf deutschen Boden zu setzen. Es war Ende der 70er-Jahre. Er hatte ein riesiges Paket in einem Karton erhalten. Diese Verpackung war so groß, dass sie nicht in die Papiertonne auf dem Hof seines Wohnblocks passte. Weil ihm nichts anderes einfiel, stellte er sie neben die Mülltonne und nahm an, die Müllmänner würden sie bei ihrer Tour im Ganzen mitnehmen. Das muss gegen die Vorschriften verstoßen haben, denn eine Nachbarin machte sich doch tatsächlich die Mühe, den Karton zu untersuchen, sich seine Adresse zu notieren und ihn bei der Polizei anzuzeigen. Diese tauchte kurz danach tatsächlich bei ihm auf und beschuldigte ihn eines wie auch immer genau bezeichneten Vergehens. »Warum«, so fragte er sich, »hat sie mich nicht einfach höflich darauf hingewiesen, dass ich die Schachtel dort nicht hinstellen darf?«

Ein anderer mir unvergesslicher Fall ereignete sich bei einer Kunstausstellung eines Winters in Berlin. Die Räume waren sehr kühl, ich hatte eine Erkältung und deshalb meine Jacke angelassen, anstatt sie an der Garderobe abzugeben. Es dauerte nicht lange, da wurde ich von zwei Angestellten zur Rede gestellt, die mich zwar nicht unhöflich, aber unglaublich bestimmt aufforderten, sofort die Jacke auszuziehen, obwohl sie mir dafür keinen anderen Grund nennen konnten, als dass dies Vorschrift sei. Ich musste mich fügen, aber nicht lange nach diesem Vorfall schickte mir eine Freundin einen Ausschnitt aus einer Berliner Tageszeitung. Darin wurde von einem Landsmann berichtet, dem in derselben Ausstellung das Gleiche passiert war. Allerdings hatte er nicht wie ich nachgegeben, sondern sich dermaßen geärgert, dass er nicht nur das Museum verließ, sondern schnurstracks zum Flughafen fuhr und mit der nächsten Maschine nach Hause flog. So ähnlich reagierte auch mein angeheirateter sizilianischer Cousin Sergio während eines Berlinbesuchs. Der blitzgescheite Werbemanager hat dichtes schwarzes Haar und einen dunklen Teint. Ich habe nie genau erfahren, was man ihm in einem bestimmten Reisebüro gesagt haben muss, weil man ihn vermutlich für einen Türken oder Araber hielt. Aber jedenfalls war er davon derart getroffen, dass er seine Sachen packte, zum Bahnhof fuhr und in den erstbesten Zug Richtung Grenze stieg. Dabei war es ihm ganz egal, in welche Himmelsrichtung.

Obwohl ich mir vorstellen kann, dass die meisten Deutschen an so etwas gewöhnt sind, kenne ich doch einen Berliner Arzt, der tatsächlich ausgewandert ist, weil er das Benehmen seiner Landsleute, insbesondere seiner Nachbarn, nicht mehr ertrug. Das Fass zum Überlaufen brachten für ihn die permanenten Beschwerden darüber, wie er seinen Smart parkte.

Als ich selbst Ende der Achtzigerjahre nach vierjähriger Abwesenheit wieder in die Bundesrepublik reiste, war ich hocherfreut, die Dinge erheblich verändert vorzufinden. Gleich zu Anfang verfasste ich sogar eine Glosse im Stil von

»ich fürchte berichten zu müssen, dass die Einheimischen es ganz offensichtlich nicht mehr schaffen, ihrem Ruf gerecht zu werden«. Mit Ruf meinte ich natürlich den oben ausführlich beschriebenen. Ich hatte Autofahrer gesehen, die anstatt wie früher fast um ihr Leben auf »Vorfahrt« zu bestehen, einem zunickten und winkten und mit beinah chinesischer Höflichkeit »Sie zuerst!« und »Nein, nach Ihnen!« signalisierten. Eine amerikanische Kollegin beobachtete sogar staunend, wie Polizisten Demonstranten bei einer Friedenskundgebung freundlich halfen, ihre Kinderwägen über Absperrgitter zu heben. »Where is all the ›Achtung! Achtung!‹?«, fragte sie mich voller Verwunderung.

Als mich selbst ein defektes Telefon wieder und wieder mit ein und derselben falschen Nummer verband, die einem mir unbekannten älteren Herrn gehörte, da entschuldigte ich mich in aller Form und war schon auf einen ordentlichen Wutanfall gefasst. Stattdessen fand mein Gesprächspartner das Ganze nur höchst amüsant und meinte nach dem ungefähr vierten Anruf: »Also beim nächsten Mal müssen Sie mir aber ein Bier ausgeben!«

Ich war von dieser Veränderung so beeindruckt, dass ich schon vorschlagen wollte, Paradebeispiele des alten Benehmens unter Denkmalschutz zu stellen. So wie die ältere Dame, die in einem Zug einen Platz reserviert hatte und feststellen musste, dass das Abteil bereits komplett besetzt war. Daraufhin fackelte sie nicht lange, sondern herrschte ihre Mitreisenden an: »Einer muss raus!«

Denkmalschutz ist natürlich nicht nötig. Unerfreuliche Episoden gibt es nach wie vor hin und wieder – einige der hier erwähnten ereigneten sich tatsächlich erst in jüngster Vergangenheit. Trotzdem meine ich, dass ein Sinneswandel stattgefunden hat. Zweifellos aufgrund des Generationswechsels, vielleicht auch weil im Allgemeinen mehr Sicherheit, größerer Wohlstand und eine lässigere Lebenseinstellung herrschen.

Hochspannung im Wartezimmer

Menschen, die unter kommunistischen Regimen gelebt haben, erinnern uns Außenstehende oft daran, dass wir uns vermutlich gar keine Vorstellung davon machen, wie so ein Leben gewesen sein muss – und haben damit größtenteils absolut recht. Wenn man sich gelegentlich beruflich im Osten aufhielt, wurde einem jedoch plötzlich und auf dramatische Weise klar, welchem Leid viele dort ausgesetzt waren.

Irgendwann in den 1980er Jahren arrangierte ich ein Gespräch mit Wolfgang Schnur. Der war einerseits Anwalt aus Rostock, andererseits aber auch eine führende Persönlichkeit in der Evangelischen Kirche der DDR. Er fungierte sogar als Vertrauensanwalt der Kirche und beriet in dieser Funktion Regimekritiker – Dissidenten, Bürgerrechtsaktivisten und Wehrdienstverweigerer. Am vereinbarten Tag fand ich mich in den Räumlichkeiten in Ostberlin ein, wo Schnur seine Sprechstunden abhielt. Das große Wartezimmer war voll – und zwar, soweit ich mich recht erinnere, voll mit jungen Männern. Die Stimmung dort werde ich nie vergessen. Niemand sprach ein Wort. Keiner sah den anderen an. Die Atmosphäre war wie elektrisiert. Oder, wie man im Englischen sagt, so, dass man sie mit einem Messer hätte schneiden können. Ich wusste genug, um zu erkennen, dass es vor allem Angst war. Angst vor dem allmächtigen und oft genug willkürlich handelnden Staat. Trotzdem warteten die Leute hier, stumm und geduldig. Wohl weil sie spürten, dass sie diesem Anwalt vertrauen konnten.

Ich nahm Platz und fragte mich, wie lange ich hier warten konnte, bis meine sämtlichen anderen Verpflichtungen an diesem Tag durcheinander kämen. Doch es dauerte nicht lange, da steckte Wolfgang Schnur den Kopf aus der Tür seines Arbeitszimmers und winkte mich zu sich herein. Ich genierte mich zwar sehr für diese unangemessene Bevorzugung, folgte seiner Aufforderung aber.

Er war ausgesprochen freundlich, offenbar wusste er, wer ich war, und hatte mich schon im Fernsehen gesehen. Dass seine Arbeit durch mich bekannter werden würde, schien ihn zu freuen. Überzeugend erzählte er von seiner Mission und davon, dass er als Christ anderen Menschen helfen müsse, die meinten, sonst niemand trauen zu können. Und nicht nur Dissidenten und Bürgerrechtsaktivisten, sondern auch anderen, die in Schwierigkeiten mit den Behörden geraten seien oder in den Westen ausreisen wollten. Das klang alles sehr bewegend. Damals beeindruckte mich schon lange, wie die evangelische Kirche, um ihre Überzeugungen nicht zu verraten und sich dem Regime nicht so zu unterwerfen, wie viele es während des Nationalsozialismus getan hatten, innerhalb der erlaubten Grenzen – und manchmal auch darüber hinaus – ihr Bestes gab. In der heißen Phase kurz vor der Wende sollte sie noch deutlich darüber hinausgehen.

Dann kam die Wende, und Wolfgang Schnur engagierte sich politisch für ein neues, demokratisches Ostdeutschland. Er war Mitbegründer und der erste Vorsitzende der Partei *Demokratischer Aufbruch*, kurz danach Mitbegründer der konservativen *Allianz für Deutschland*, die auch seine Partei umfasste. Zeitweise war er sogar als künftiger Premierminister der DDR im Gespräch. Dann, im März 1990, unmittelbar vor der ersten und einzigen freien Volkskammerwahl, wurde seine Stasi-Akte veröffentlicht. 24 Jahre lang, von 1965 bis 1989, hatte Schnur als Informant des Ministeriums für Staatssicherheit fungiert und vermutlich alles weitergegeben, was er über die Kirche, deren Führung und die Menschen, denen diese und er geholfen hatten, wusste.

Rational betrachtet war mir klar, dass Leute, die in Unfreiheit leben, oft moralische Kompromisse eingehen müssen, um ihre Ziele zu erreichen. Ich weiß auch, dass es für die Evangelische Kirche nicht leicht war, Dissidenten und andere unter ihre Fittiche zu nehmen. Den jungen Leuten, die ich damals in Schnurs Wartezimmer gesehen hatte, war das wahrscheinlich präsenter als mir. Und natürlich weiß ich auch, dass Schnur nicht der einzige Prominente der DDR war, den man als IM enttarnte.

Und trotzdem habe ich mich nie im Leben von einem anderen Menschen derart betrogen und schockiert gefühlt. Und ich bin mir sicher, dass die jungen Männer von damals es genauso empfunden haben, vermutlich noch um ein Vielfaches schlimmer.

Zum dramatischen und von den Medien gut dokumentierten Sturz des Wolfgang Schnur gehörten der Entzug seiner Anwaltszulassung wegen Mandantenverrat und »Unwürdigkeit« sowie eine Freiheitsstrafe von einem Jahr auf Bewährung wegen politischer Verdächtigung von zwei Klienten. Das war wohl das Mindeste, was er verdiente. Andere, weniger ambitionierte Menschen haben dagegen gezeigt, dass man auch in einem Unrechtsstaat leben und dabei noch ein Mann oder eine Frau von Ehre bleiben kann.

Udo und der Oberindianer

Es war der Frühling des Jahres 1987, und Erich Honecker hatte so seine Probleme. In Moskau stieß dieser schreckliche Michail Gorbatschow beunruhigende Veränderungen an und verbreitete gefährliche neue Ideen, die Honecker als Oberhaupt des untertänigsten aller sowjetischen Satellitenstaaten gewiss nicht übernehmen würde.

Dazu kam, dass die jungen Leute in seinem Land zunehmend unruhig wurden. Das Ganze war zu Pfingsten eskaliert, als im Rahmen des 750. Geburtstags von Berlin die Westberliner Behörden eine Reihe von Rockkonzerten vor dem Reichstag – also unmittelbar neben der Mauer – angesetzt hatten. Dort traten David Bowie, die Eurythmics, Genesis und andere Idole einer ganzen Generation auf. Man hatte Lautsprecherbatterien auch nach Osten ausgerichtet, damit die andere Hälfte Berlins zumindest mithören konnte. Und natürlich hatten sich Tausende Jugendliche aus Ostberlin jenseits der Mauer versammelt, um genau das zu tun.

Der erste Abend war, abgesehen von ein paar kleineren Raufereien, ziemlich friedlich verlaufen, der zweite hatte sich allerdings zu einem Protestabend entwickelt. Die aufgebrachten Massen skandierten »Gorbi, Gorbi« und »Die Mauer muss weg«. Die Polizei holte Einzelne aus der Menge und führte sie ab, dann flogen Steine und Flaschen, Schlagstöcke kamen zum Einsatz, und erst nach den brutalsten Szenen, die es in der DDR seit etwa zehn Jahren gegeben hatte, gelang es, die Menschenansammlungen aufzulösen. Man hörte von einigen Hundert verhafteten Fans, viele davon zusammengeschlagen, sowie von ein paar ebenfalls in Mitleidenschaft gezogenen westlichen Korrespondenten.

Es genügte diesmal auch nicht, die Vorfälle abzustreiten, wie es die offizielle Nachrichtenagentur ADN versuchte, indem sie sie als »Hirngespinst der westlichen Medien« abtat. Niemand glaubte das auch nur eine Sekunde lang. Die DDR-Führung stand richtig schlecht da, insbesondere in den Augen ihrer unzufriedenen Jugend. Aber das war noch nicht alles. In drei Monaten sollte Honecker seinen ersten überaus wichtigen offiziellen Besuch in der Bundesrepublik absolvieren, und da war das Image eines Brutalos, der Jugendliche zusammenschlagen ließ, ungefähr das Letzte, was man brauchen konnte.

Was sollte der steife, spießige, phantasielose ehemalige Dachdecker mit seinen 74 Jahren bloß dagegen tun? Honeckers einzige persönliche musikalische Erfahrung war seine Zeit im Roten Frontkämpferbund in seiner saarländischen Heimat, genauer gesagt: im Dorf Wiebelskirchen gewesen, wo er in den 1930er-Jahren bei Demonstrationen und Aufmärschen mitgespielt hatte. Damals waren allerdings die Jugendlichen an der Mauer und vermutlich selbst deren Eltern noch gar nicht geboren. Er hatte sich an der Schalmei versucht, von der es hieß, sie wäre das einfachste Instrument, aber wie er selbst später zugab, fiel ihm selbst das zu schwer, weshalb er zur Trommel wechselte. Seine musikalische Vergangenheit war also kaum dazu angetan, die verbitterten Rockfans von heute zu inspirieren. Erich muss sich den Kopf nach einer besseren Idee zermartert haben. Da tauchte, wie eine gute Fee, Rettung in Gestalt von Udo Lindenberg auf!

Udo Lindenberg? Dieser grässliche westliche Rockstar mit Schlapphut und der rauen Stimme, der seine Fans mit respektlosen, von Slang durchsetzten politischen Songs begeisterte, zu denen er heftig sein Becken schwang, während sein wild aussehendes Panikorchester ihn mit ohrenbetäubendem Lärm begleitete? Nun, Honecker und der Rest der DDR-Führung hatten tatsächlich schon versucht, Lindenberg einzuspannen, um bei der Jugend ihres Landes zu punkten, doch der hatte sich als zu unberechenbar erwiesen. Und das kam so:

Jahrelang war Lindenberg unerwünscht in der DDR. Andere westliche Popsänger waren eingeladen worden, im Arbeiter- und Bauernstaat zu singen, er jedoch nicht. Obwohl er als Linker galt, obwohl er der Friedensbewegung zuzurechnen war, obwohl er Tausende Fans in der DDR hatte, obwohl ihm die Menschen im Osten Deutschlands alles andere als gleichgültig waren – lauter Dinge, die man den meisten Leuten im Westen nicht attestieren konnte – und obwohl er sogar schon einige Konzerte in der Sowjetunion gegeben hatte. Obwohl er – nein, das war einer der schwerwiegenden Makel – für die deutsche Wiedervereinigung war. Welch ein Graus! Ein weiterer Minuspunkt war sein entschieden unspießiger Lebensstil. Wer auch immer seine Stasi-Akte verfasst hat, war definitiv kein Fan von ihm. »Sein gesamtes Verhalten und Auftreten ist dekadent«, stand dort zu lesen.

Lindenberg selbst wollte unbedingt im Osten Deutschlands singen und bemühte mehrfach seine vielen Kontakte und Strippenzieher, um an eine Einladung zu kommen, aber vergeblich... »Ohne Häuptling Honecker kam ich da nicht rein«, schrieb er in seiner Autobiografie. Also sprach er »El Steifo«, wie er ihn nannte, quasi direkt an. Seine erste Aktion war ein Song: ›Sonderzug nach Pankow‹. Zur Musik von Glenn Millers Evergreen ›Chattanooga Choo Choo‹ hieß es darin:

»*Entschuldigen Sie, ist das der Sonderzug nach Pankow*
ich muss mal eben dahin, mal eben nach Ost-Berlin
ich muss da was klären, mit eurem Oberindianer
ich bin ein Jodeltalent, und ich will da spielen mit 'ner Band

Ich hab'n Fläschchen Cognac mit, und das schmeckt sehr lecker
das schlürf' ich dann ganz locker mit dem Erich Honecker und
ich sag': Ey, Honey, ich sing' für wenig Money
im Republik-Palast, wenn Ihr mich lasst
all die ganzen Schlageraffen dürfen da singen
dürfen ihren ganzen Schrott zum Vortrage bringen
nur der kleine Udo – nur der kleine Udo
der darf das nicht – und das verstehn wir nicht

Ich weiß genau, ich habe furchtbar viele Freunde
in der DDR, und stündlich werden es mehr
och, Erich ey, bist Du denn wirklich so ein sturer Schrat
warum lässt Du mich nicht singen im Arbeiter- und Bauern-
staat?

Ist das der Sonderzug nach Pankow?

Ich hab'n Fläschchen Cognac mit und das schmeckt sehr le-
cker …

Honey, ich glaub', Du bist doch eigentlich auch ganz locker
ich weiß, tief in dir drin, bist Du doch eigentlich auch 'n Rocker
du ziehst dir doch heimlich auch gerne mal die Lederjacke an
und schließt Dich ein auf'm Klo und hörst West-Radio

Hallo, Erich, kannst mich hören
Hallllolöchen – Hallo
Hallo, Honey, kannst' mich hören
Hallo Halli, Halli Hallo
Joddelido«

Das Lied wurde sofort ein Hit. Im Westen, aber vor allem bei
seinen Fans im Osten, wo seine Aufnahmen auf dem Schwarz-
markt ohnehin heiß begehrt waren. Doch falls Lindenberg ge-
hofft hatte, mit dem ›Sonderzug‹ das Herz des alten Tromm-
lers zu erweichen, lag er völlig falsch. »Bewusst vorsätzlich
begangene Beleidigung« ihres Staatsratsvorsitzenden, urteil-

te die Stasi. ›Sonderzug‹ wurde in der DDR verboten. Wer immer den Song spielte, geriet in Schwierigkeiten. Sicherheitshalber verbot man auch gleich das Original von Glenn Miller. Falls Lindenberg vorher auch nur die geringste Chance besessen haben sollte, im Osten aufzutreten, dann hatte er sie hiermit zunichte gemacht. In einem letzten Versuch schrieb er jedoch noch einen Brief an Honecker, zusammen mit Michel Gaißmayer, der Mitte der 60er-Jahre für Willy Brandt arbeitete und sich mit den schwierigen deutsch-deutschen Beziehungen auskannte, und zwar in einem bewusst anderen Ton.

»Sehr geehrter Herr Staatsratsvorsitzender,

es hat mich irritiert, dass andere aus dem Showgeschäft der BRD in Ihrem Staat auftreten konnten und ich nicht. Betrachten Sie bitte deshalb, Herr Staatsratsvorsitzender, meinen Text auf die bekannte Schlagermelodie »Sonderzug nach Pankow« als ein Dokument meiner Irritation. Mein Wunsch in diesem Lied, im Palast der Republik auftreten zu wollen, ist ernstgemeint …

Auf jeden Fall lag es mir fern, Herr Staatsratsvorsitzender, Sie mit diesem Liedchen zu diskreditieren. Im Gegenteil.« Und unter Verweis auf sein Engagement in der Friedensbewegung bat er weiter, am bevorstehenden Festival des Politischen Liedes in Ostberlin teilnehmen zu können. Der Brief endete mit dem Appell: »Als alter Wiebelskirchner Trommler beim RFB werden Sie mich verstehen. Herzlichst, Ihr Udo Lindenberg.«

Der Brief nützte natürlich, aber den Ausschlag dürfte letztlich ein Angebot von Lindenbergs Manager Fritz Rau gegeben haben. Wenn Lindenberg auf dem Festival singen dürfe, dann könne er außerdem mit dem großartigen amerikanisch-karibischen Sänger, Friedens- und Bürgerrechtsaktivisten Harry Belafonte aufwarten. Und Belafonte war nicht nur ein Superstar, sondern auch ein unverhohlener Kritiker der US-Regierung. So bekam Udo seine Einladung. Und zwar nicht nur zu diesem einen Auftritt, sondern zu einer Tournee durch die DDR im darauffolgenden Jahr. Einzige Bedingung: der ›Sonderzug‹ durfte dabei nicht gesungen werden.

Am Tag des besagten Festivals strömten Tausende Lindenberg-Fans aus der gesamten DDR auf den Marx-Engels-Platz vor dem Palast der Republik. Aber sie gelangten nicht in das Gebäude. Dort saßen, mit Ausnahme weniger Plätze ganz hinten, reihenweise grimmig dreinschauende FDJler in blauen Hemden und mit genauen Anweisungen. Udo durfte im Rahmen des dreistündigen Events ganze 15 Minuten lang singen. Doch während drinnen beim FDJ-Publikum keine Begeisterung aufkam, feierten seine Fans draußen eine wilde Party. Sie sangen oder spielten auf Kassettenrekordern den ›Sonderzug‹ und andere Lindenberg-Songs. Viele riefen »Udo, Udo«. Es wurde, nicht zuletzt zum Warmhalten, reichlich Alkohol konsumiert. Manche verlangten Einlass in den Palast der Republik, einige durchbrachen sogar die Absperrungen. Über 2000 Stasi-Schergen und Volkspolizisten sowie 400 Ordner der FDJ waren im Einsatz, um jegliche Unruhe im Keim zu ersticken. Es wurden Schlagstöcke geschwungen und Jugendliche brüllten »Mörder, Mörder«. Irgendwann hatte man die Menge auseinandergetrieben und 44 Menschen verhaftet. Udos langersehnte DDR-Tournee war wieder vom Tisch.

Vier Jahre später, 1987, war Udo Lindenberg als Zuschauer bei den Pfingstkonzerten an der Mauer und erkannte seine Chance. Vor laufenden Fernsehkameras (schließlich hat Publicity noch keinen Rocker gestört) packte er also eine abgetragene Lederjacke in ein Paket, das er an Erich Honecker adressierte. Darin befand sich außerdem folgender Brief:

»Hallöchen Honey,

die Kids sind keine Krawallisten und Randaleure, die stehen genauso wie Du auf Rock'n'Roll und Locker-drauf-sein. Den Trouble gab's doch erst durch das hirnlose Vorgehen der Rudi-Ratlos-Gangs von der Vopo! Müsst ihr da allmählich nicht was lernen über Rockmusik und Lebensgefühl? (...)

Sag mal, Honey, von Rockfreak zu Rockfreak: Hörst Du Deine Dröhnung eigentlich immer noch heimlich auf dem Klo? Geh doch endlich raus auf die Straße, zieh Dir die Lederjacke an und triff die bunten Kiddies und skandalier mit ihnen ›Urbi et Gorbi‹ (...)«

Nach allem, was bis dahin schon vorgefallen war, konnte Lindenberg darauf eigentlich keine Antwort erwarten. Doch inzwischen war »Honey« eben doch ziemlich verzweifelt. Er musste die Situation zu seinem Vorteil ummünzen – und zwar ohne Zusammenstöße auf offener Straße zu riskieren, die er und seine Leute am meisten zu fürchten schienen. Da kam Honecker – oder einer seiner Berater – auf eine glänzende Idee. Er würde Lindenberg im Gegenzug ebenfalls ein Geschenk schicken. Eine Trommel wäre sinnlos – bevor er zum Sänger avancierte, war der Popstar Schlagzeuger gewesen, und inzwischen konnte er sich natürlich jede erdenkliche Trommel selbst kaufen. Doch eine Schalmei, dieses Blechblasinstrument mit seiner ohrenbetäubenden Lautstärke, das Honecker einst zu erlernen versucht hatte – das wäre witzig, entwaffnend und noch dazu ein politisches Statement. Denn schließlich war die Schalmei das Instrument schlechthin der Arbeiterbewegung und wurde in vielen Kapellen überall in der DDR nach wie vor gespielt.

Daher klopfte es bald an der Tür von Lindenbergs Bude im Interconti. Als geöffnet wurde, standen dort zwei FDJler mit einem Paket von niemand geringerem als – Erich Honecker. Beigefügt war auch ein Brief:

»Lieber Udo Lindenberg,

mit der Übersendung der Lederjacke haben Sie mir eine Überraschung bereitet, für die ich Ihnen danke. Natürlich ist das Äußere Geschmackssache, aber was die Jacke selbst betrifft: sie passt (…)

Übrigens, da sie gelegentlich auf meine musikalische Vergangenheit zu sprechen kommen, schicke ich Ihnen eine Schalmei. Viel Spaß beim Üben(…)«

Ha! Endlich begann sich das Werben auszuzahlen. Ermutigt ließ Lindenberg seine Kontakte spielen, um während Honeckers bevorstehendem Besuch im September eine Begegnung zu arrangieren. Diese ereignete sich schließlich vor einer kommunistischen Pilgerstätte, dem Geburtshaus von Friedrich Engels in Wuppertal. Dort überreichte der Rocker dem Staatsratsvorsitzenden eine Gitarre, auf der das Motto seiner Konzerte mit dem sowjetischen Star Alla Pugatschowa in Russland zu lesen stand – »Gitarren statt Knarren«. Honecker kündigte ein nächstes Treffen an und versprach Lindenberg einen weiteren Auftritt mit seiner Band in der DDR. Dazu kam es jedoch nicht mehr. Als Lindenberg seine erste Tournee durch den Osten Deutschlands absolvierte, schrieb man das Jahr 1990, die Mauer war gefallen, Erich Honecker gestürzt, die DDR wurde gerade abgewickelt, und ihr ehemaliges Oberhaupt war ein kranker Mann, gegen den die Behörden ermittelten.

Die von Lindenberg an Erich geschickte Lederjacke wurde tatsächlich – wie Honecker es in seinem Dankesbrief versprochen hatte – versteigert. Den Zuschlag bekam der VEB Jugendmode in Rostock, wie es hieß für 7500 Ostmark, die wiederum im Zuge »antiimperialistischer Solidarität« in die Dritte Welt gespendet wurden. Nach der Wende kam sie ins Stadtmuseum Rostock. Über den Verbleib der Gitarre ist dagegen nichts bekannt.

Udo übte und spielte anscheinend ziemlich gut auf der Schalmei. Als er jedoch erfuhr, dass die ostdeutsche Regierung das Massaker an chinesischen Demonstranten auf dem Tiananmen-Platz in Peking rechtfertigte, warf er sie – so heißt es zumindest in seiner Autobiografie – in den Müll.

Anscheinend ist das Instrument jedoch wundersamerweise wieder auferstanden, denn zeitweise war es in einer Vitrine im eleganten Weimarer Hotel Elephant zu sehen. Zusammen mit der Jacke geht es gelegentlich auf Tournee, im Rahmen von Ausstellungen, versteht sich.

Man duelliert sich wieder

Eines Tages Anfang der 80er-Jahre unternahm ich einen nostalgischen Spaziergang durch die romantische Altstadt von Heidelberg. Ich versuchte, vertraute Orte wiederzufinden, an die ich mich noch aus der Zeit erinnerte, als ich dort einen

Sprachkurs absolviert hatte. Dabei fiel mein Blick auf einen jungen Mann, der eine kleine grüne, bestickte Kappe, quasi eine Pillbox, trug. Lustig, dachte ich bei mir, ein Busfahrer oder Ähnliches konnte er wohl kaum sein, dafür war die Kopfbedeckung zu klein. Ich bog um einige Ecken und erblickte plötzlich ein paar Dutzend solcher jungen Männer, die nicht nur Kappen, sondern auch Samtjacken mit Schnüren, bunte Schärpen und hohe Stiefel trugen. Sie saßen an improvisierten Tischen und luden die Passanten ein, sich zu ihnen zu gesellen.

Mein erster Gedanke war, dass es sich vielleicht um Dreharbeiten zu einer weiteren Verfilmung von ›The Student Prince‹, diesem unglaublich schmalzigen Erfolgsmusicalfilm aus den Fünfzigerjahren, handelte. Aber dem war nicht so, das war alles echt. Trotzdem traute ich meinen Augen kaum. Genauso gut hätte sich vor mir plötzlich ein Dinosaurier erheben können.

Denn nach den Stürmen der 60er und 70er schien es unter den jungen Leuten hierzulande kaum etwas zu geben, das weniger »out« war als traditionelle Studentenverbindungen. Die waren so offensichtlich Teil des »Muffs von 1000 Jahren«, dass sie hinweggefegt gehörten. Manche hatten sich tatsächlich aufgelöst. Viele der üppig ausgestatteten Verbindungshäuser in den Universitätsstädten standen praktisch leer, einige mussten daher verkauft werden. Manche Verbindungen schafften zumindest die am meisten verunglimpfte Aktivität ab: die Mensur. Während früher einmal etwa zwei Drittel aller deutschen Studenten irgendeiner Verbindung angehörten, waren es nun gerade mal noch drei oder vier Prozent. Und diese schienen sich ausgesprochen zurückzuhalten.

Doch auf einmal waren Verbindungen anscheinend wieder im Kommen. Und unter ihnen ausgerechnet die schlagenden! Verblüfft bemühte ich mich um ein Gespräch mit dem Vorsitzenden einer solchen Korporation. Deren Name will mir allerdings beim besten Willen nicht mehr einfallen. Das imposante Haus aus dem 19. Jahrhundert besaß vertäfelte Wände und reichlich Platz, doch es hallte ziemlich leer dort drinnen.

Von dem lustigen Treiben, das einst in diesen Mauern geherrscht haben mochte, schien nicht viel übrig zu sein. Doch man erklärte mir, dass immer mehr Studenten beitreten würden. Nicht aus nostalgischen Gründen, sondern quasi vom modernen Universitätsbetrieb dazu gebracht. Einsame Studenten suchten Wärme und Kameradschaft, andere preiswerte und ansprechende Wohnmöglichkeiten, die rund um die Universitäten oft extrem schwer zu finden waren. Viele dachten zweifellos auch an die Hilfe, die ihnen nach dem Studium von den »Alten Herren« gewährt würde, bei der Jobsuche und ganz allgemein beim Weiterkommen in einer immer stärker auf Wettbewerb ausgerichteten Gesellschaft. Umgekehrt musste man auch akzeptieren, dass die Mitgliedschaft in einer Verbindung ein Leben lang währt, dass sie zur Teilnahme an gesellschaftlichen Anlässen verpflichtet, ebenso zum Spenden und zur Unterstützung Jüngerer, damit auch diese sich leichter in der Welt zurechtfinden.

Bis zu diesem Punkt unserer Unterhaltung war der Corps-Vorsitzende realistisch und sachlich gewesen. Erst als er begann, über die umstritteneren Aspekte der Verbindung zu sprechen, geriet er in die Defensive und klang nicht mehr überzeugend. Die Mensur? Sei charakterbildend und trainiere Männer dafür, Mut zu zeigen und ihre Furcht zu bezähmen, hieß es. Nun, so erklärte man das Annodazumal, doch in den 1980er-Jahren, als es beispielsweise genügend Sportarten gab, um seinen Mut zu beweisen, da konnte man wohl kaum noch so argumentieren. Frauen? Unmöglich. Die heiraten, bekommen Kinder und wären dann viele Jahre lang gar nicht in der Lage, an den Aktivitäten der Verbindung teilzunehmen. Und was passiert, wenn ein Mitglied jahrelang im Ausland arbeitet und daher nichts von den Aktivitäten der Verbindung mitbekommt? Dann ist so jemand entschuldigt und wird bei seiner Rückkehr mit offenen Armen empfangen. Für Frauen kann das nicht gelten? Nein. Außerdem könnte man Frauen sowieso nicht am Fechten teilnehmen lassen.

Und so weiter. Offenbar wehte durchaus noch etwas vom Geist der Vergangenheit zwischen den vertäfelten Wänden.

Diese Mentalität sorgte dafür, dass solche Studentenverbindungen eine Minderheit blieben – von den meisten Studierenden gemieden und jahrelang immer mal wieder Ziel von
Gewalt und Vandalismus. Die romantische Aura von ›The Student Prince‹ – falls es sie überhaupt je gegeben hat – war verschwunden.

Deserteure ehren

Es stand versteckt neben der Garderobe im Bürgerhaus des
Bremer Vororts Vegesack. Ich fuhr extra dorthin, um es mir
anzusehen, und musste richtiggehend danach suchen. Den
meisten Menschen wäre es wohl überhaupt nicht aufgefallen, und doch löste dieses Denkmal in der Bundesrepublik
Deutschland eine der leidenschaftlichsten moralischen De-
batten seit Jahren aus.

Es zeigt einen Männerkopf aus Zement mit einem Sol-
datenhelm und steht auf einem etwa einen Meter hohen Be-
tonsockel. Darauf eine schlichte Plakette mit der Aufschrift
»DEM UNBEKANNTEN DESERTEUR«.

Aufgestellt wurde das Mahnmal von zehn nachdenklichen
jungen Männern, die 1983 im Zuge der Stationierung von Per-
shing-Raketen und Cruise Missiles gemäß dem Nato-Doppel-
beschluss eine Gruppe namens »Reservisten Weigern Sich«
gründeten. Sie gaben in einer öffentlichen Aktion ihre Wehr-
pässe zurück. Damals waren alle Beteiligten über dreißig,
fühlten sich betroffen von den Kriegserlebnissen ihrer eigenen Väter und hatten vielfach bereits selbst Kinder. Sie alle
hielten Kriegsdienst für moralisch falsch, waren aber dazu
gezwungen worden, nachdem man ihre Verweigerungen abgelehnt hatte. Jetzt waren sie Reservisten, weigerten sich jedoch, irgendwelchen militärischen Aufgaben nachzukommen, selbst in einer unbewaffneten Funktion. »Wenn ein
Krieg ausbräche und wir eingezogen würden, dann würden
wir desertieren«, erklärte mir einer von ihnen.

Sie hätten das Denkmal errichtet, sagte mir ein anderer,

um die seelische Pein der Männer darzustellen, die man zum Töten verpflichtet hatte. Und auch um andere zu ermahnen, ihr Gewissen zu erforschen, bevor sie ihrer Einberufung zustimmten. Das kleine Monument wäre vielleicht ganz unbemerkt geblieben, hätte nicht der Kommandant einer in der Gegend stationierten Panzergrenadier-Brigade dagegen protestiert und seinen Männern verboten, das Bürgerhaus in Uniform zu betreten. Das löste eine lange und hitzige öffentliche Diskussion über die Moral von Deserteuren und Kriegsdienstverweigerern aus.

Der damalige Verteidigungsminister Manfred Wörner verlangte zweimal, dass das Denkmal entfernt würde. Die CDU-Opposition im Stadtrat protestierte ebenso dagegen wie der örtliche Reservistenverband. Im Bundestag gab es dazu eine Anfrage. Einer der Hauptkritikpunkte war, dass der Helm des Denkmals nicht aus der nationalsozialistischen Wehrmacht stammte, sondern ein moderner Nato-Helm war. Das stelle, meinten die Kritiker, die Bundeswehr auf eine Stufe mit Hitlers Truppen, und stifte gegenwärtige und künftige Bundeswehrsoldaten zur Fahnenflucht an. Außerdem gewähre das Gesetz Kriegsdienstverweigerern anstelle des Militärdienstes einen sozialen Ersatzdienst. Und schließlich hätten Soldaten die Pflicht, unmenschliche Befehle zu verweigern.

Doch der Bremer Bürgermeister Klaus Wedemeier weigerte sich einfach rundheraus, das Denkmal entfernen zu lassen. Der sozialdemokratische Senat hatte die 800 DM für die Kosten des Kunstwerks übernommen und den Standort im Bürgerhaus dafür gefunden. Bei der Enthüllung war ein offizieller Vertreter des Senators für Kultur anwesend.

Der Bürgermeister gab zu, dass es sich um kein Kunstwerk handele, aber es solle die Menschen zum Nachdenken über einen Teil der Geschichte bringen, der tabu gewesen war. Während des Kriegs waren viele deutsche Soldaten wegen Fahnenflucht erschossen worden, es gab auch Soldaten, die sich weigerten, weiter für die kriminelle Diktatur zu kämpfen und überlebten. Es sei richtig, diese Menschen nicht quasi auf dem Müllhaufen der Geschichte abzuladen, sondern sie zusammen mit den Widerstandskämpfern zu ehren. Verschiedene Gruppen, darunter die Vereinigung der Verfolgten des Nazi-Regimes und der Antifaschistische Arbeitskreis, setzten sich ebenfalls für das Denkmal ein.

Die Gruppe »Reservisten verweigern sich« konnte kaum glauben, was sie da angestoßen hatte. »Wir dachten, es würden ein paar Leute kommen und es sich ansehen, vielleicht auch einen Kommentar dazu abgeben. Mit einer solchen Debatte hätten wir nie gerechnet«, gestand mir einer von ihnen. »Das ist fantastisch.«

Dabei war das erst der Anfang. In den darauffolgenden Jahren wurden etwa ein Dutzend Monumente oder Gedenktafeln für unbekannte Deserteure in verschiedenen Städten und Gemeinden der Bundesrepublik installiert, ebenso in Schweden und Österreich. 1998 passierte ein Gesetz den Bundestag, das die Deserteure rehabilitierte und Überlebenden bzw. deren Angehörigen eine symbolische Entschädigung zusprach, allerdings war für die Anwendung eine Einzelfallprüfung vorgesehen. 2002 änderte man das Gesetz dahingehend noch einmal, dass pauschal alle Urteile der Militärgerichte der Wehrmacht gegen Deserteure aufgehoben wurden.

Eine unsichtbare Mauer

Graue Nebelschwaden verhüllten das karge Heideland und die großen, flachen Hügel, unter denen Zehntausende namenloser Leichen lagen, die erst der Tod aus einer Hölle auf Erden befreit hatte. »*El male rachamim* ...« Gott voller Erbarmen. So schallte der tiefe Bass eines Kantors über den Schauplatz eines der schlimmsten und unbeschreiblichsten Verbrechen, die die Welt je gesehen hat. So sang er das langsame, herzzerreißende jüdische Totengebet für die Seelen der sechs Millionen im Holocaust ermordeten Glaubensbrüder und -schwestern. »*Maidanek, Auschwitz, Treblinka, Dachau* ...«, in quälendem Rhythmus trug er die Orte vor. Als er geendet hatte, blieb die offizielle Delegation, feierlich und allesamt mit

Kopfbedeckungen, schweigend und zutiefst bewegt stehen. Manche weinten.

Es war der 6. April 1987, und der israelische Präsident Chaim Herzog hatte am ersten Tag seines Staatsbesuchs in der Bundesrepublik das ehemalige Konzentrationslager Bergen-Belsen aufgesucht. Das war kein Routinetermin mit Kranzniederlegung, so wie es sich auch nicht um einen normalen Staatsbesuch handelte. Fast auf den Tag genau 42 Jahre zuvor, am 16. April 1945, hatte Herzog als damals 26-jähriger Major im Bereich Aufklärung der britischen Armee das gerade erst befreite Lager betreten und dort das Inferno erblickt, das bald die ganze Welt schockierte und entsetzte. Geschätzte 20 000 Leichen lagen in riesigen Haufen auf der nackten Erde. In Dreck und Exkrementen rundherum bewegten sich – oder krochen, sofern sie sich überhaupt noch rühren konnten –: die von Hunger, Durst und Krankheiten gezeichneten Überlebenden. Von den rund 53 000 Menschen, die die Briten in dem Lager befreiten, starben noch fast 14 000 kurz darauf. Rasch herbeigeschaffte Nahrung und medizinische Hilfe kamen für sie zu spät. Dieses Lager besaß keine Gaskammern. Die Insassen waren Kriegsgefangene gewesen sowie für den Austausch mit in anderen Ländern internierten Deutschen vorgesehene Juden. Später kamen noch Tausende, oft kranke Juden aus anderen Konzentrationslagern dazu. Brutalität, grauenhafte Zustände, Seuchen und Hunger hatten dort gewütet. Allein in dem Monat vor der Befreiung waren ca. 18 000 Insassen gestorben. Die sowjetische und die amerikanische Armee hatten in den Monaten zuvor schon zahlreiche Lager, unter anderem auch Auschwitz, befreit. Viele davon hatten die Deutschen noch hastig zu zerstören oder zu räumen versucht. Trotzdem sollten Bergen-Belsen und die schrecklichen Bilder von dort zum wichtigsten Symbol des Naziterrors im Westen werden.

Während sein Gastgeber, Bundespräsident Richard von Weizsäcker, ihm nicht von seiner Seite wich, besuchte Präsident Herzog das Dokumentationszentrum der Gedenkstätte und stand dort lange Zeit wie versunken vor den Fotos der

Schauplätze, die er mit eigenen Augen gesehen hatte und niemals vergessen würde. »Yes« war alles, was er sagte, als wolle er bestätigen, dass es genau so gewesen war. (Inzwischen ist die Gedenkstätte übrigens grundlegend umgestaltet worden.)

Nein, das war kein gewöhnlicher Staatsbesuch. Auch kein Versuch, sich auszusöhnen, die Vergangenheit zu begraben oder auch nur ruhen zu lassen. Im Gegenteil waren beide Präsidenten entschlossen, aus diesem Besuch eine feierliche Erinnerung an die Schrecken der Vergangenheit für die jüngeren Generationen beider Nationen, Deutschlands und Israels, zu machen. Das Programm umfasste auch einen Besuch des jüdischen Friedhofs in Worms, wo Grabsteine die jahrhundertelange Präsenz einer großen jüdischen Gemeinde bezeugten, die in den 1930er Jahren abrupt endete. Die örtliche Synagoge, die älteste Deutschlands, war in der sogenannten »Kristallnacht« von 1938 in Schutt und Asche gelegt und erst in den 1960er Jahren detailgetreu wieder aufgebaut worden. Herzog reiste auch zum Berliner Gefängnis Plötzensee, wo man Angehörige des deutschen Widerstands exekutiert hatte, darunter viele am Hitler-Attentat vom 20. Juli Beteiligte.

Das Verhältnis zwischen der Bundesrepublik und Israel war schon immer eine höchst sensible Angelegenheit gewesen. Erst 1965 hatten die Regierungen überhaupt diplomatische Beziehungen aufgenommen. Schnitzer von an sich eigentlich wohlmeinenden Bonner Politikern hatten immer mal wieder für Unmut gesorgt und die stillen Bemühungen der Regierung, vieler Organisationen und Einzelpersonen untergraben, Juden und Deutsche einander wieder näher zu bringen. Am 8. Mai 1985, dem 40. Jahrestag des Kriegsendes, hatte allerdings mit der historischen Rede Richard von Weizsäckers eine neue Ära begonnen. Der Bundespräsident erklärte darin, dass man zwar versucht hatte, den Holocaust vor der Öffentlichkeit zu verbergen und niemand sich hätte vorstellen können, was in den Lagern passierte, aber »jeder Deutsche konnte miterleben, was jüdische Mitbürger erleiden mußten, von kalter Gleichgültigkeit über versteckte Intoleranz bis zu offenem Haß. Wer konnte arglos bleiben nach den Bränden der

Synagogen, den Plünderungen, der Stigmatisierung mit dem Judenstern, dem Rechtsentzug, den unaufhörlichen Schändungen der menschlichen Würde? Wer seine Ohren und Augen aufmachte, wer sich informieren wollte, dem konnte nicht entgehen, daß Deportationszüge rollten.« Er meinte, es habe viele Wege gegeben, der Schuld für das, was geschehen ist, zu entgehen, und als nach Kriegsende die ganze Wahrheit endlich ans Licht kam, da »beriefen sich allzu viele von uns darauf, nichts gewußt oder auch nur geahnt zu haben (...) Jeder, der die Zeit mit vollem Bewußtsein erlebt hat, frage sich heute im Stillen selbst nach seiner Verstrickung.«

Später im Jahr 1985 war von Weizsäcker auf Staatsbesuch in Israel gewesen. Und anscheinend hatte Präsident Chaim Herzog seinen Bonner Kollegen als würdiges Gegenüber empfunden, denn er entschloss sich allen Einwänden und Protesten in seiner Heimat zum Trotz zum Gegenbesuch. Seine Botschaft lautete, die Beziehungen zwischen Deutschland und Israel können gut, aber niemals normal sein. Die Vergangenheit zu vergessen ist unmöglich.

Am letzten Tag seines Besuchs sagte er: »Es besteht kein Zweifel daran, daß die Vergangenheit, die unsere Gegenwart und damit auch unsere Zukunft geformt hat, wie eine unsichtbare Mauer zwischen unseren beiden Völkern steht – eine Mauer, vor der wir nur schweigend stehen können, da sie durch die Millionen meines Volkes, die in Flammen und Gas auf dem Boden dieses Landes und Europas umgekommen sind, errichtet wurde.«

6. KAPITEL

WAS WIR UNS NIE HÄTTEN TRÄUMEN LASSEN

Eine subversive Zeitung

Die Redakteure der ›Evangelischen Sonntags-Zeitung‹ hätten sich wahrscheinlich nie träumen lassen, dass ihr respektables Blatt jemals als gefährlich subversiv eingestuft werden könnte. In den letzten Jahren der DDR war ›Die Kirche‹, das Äquivalent im Osten, dagegen die gleichzeitig begehrteste und am heftigsten schikanierte Zeitung.

Die folgende Geschichte ereignete sich im Dezember 1988, als ich die Redaktionsräume von ›Die Kirche‹ in einem alten Pfarrhaus neben der Ostberliner Sophienkirche besuchte, um den Herausgeber Gerhard Thomas zu treffen. Er kam ein wenig verspätet, schien leicht nervös und mit seinen Gedanken offenbar ganz woanders zu sein. Im Presseamt hatte es ein wenig Ärger gegeben. Nicht zu schlimm diesmal, wie er meinte. Er habe schon Schlimmeres erlebt. Viel Schlimmeres.

Begonnen hatte alles Ende 1987. Bis dahin hatte ›Die Kirche‹ – die zusammen mit ein paar anderen religiösen Zeitungen zu den wenigen Blättern zählte, die nicht dem Staat gehörten – eigentlich die Freiheit genossen, zu veröffentlichen, was sie wollte. Die Auflage betrug gerade mal 42 500 und war nicht frei verkäuflich. Die Zeitung wurde per Post an die Abonnenten verschickt. Aufgrund dessen hielten die Behörden sie wohl für nicht besonders wichtig. Die Ausgabe einer Woche wurde immer dienstags an die Druckerei geschickt. Danach gingen die Fahnen nicht nur zurück ins Vikariat, sondern auch an die von Thomas so genannten »anderen Leute«. Danach klingelte möglicherweise sein Telefon und er musste zu einem Gespräch ins Presseamt, also zu der Regierungsbehörde, die die Presse kontrollierte.

»Meistens ging es um Einwände, über die man reden konnte. Ich kannte deren Standpunkt, sie kannten meinen. Das war schon in Ordnung, damit konnte ich leben«, berichtete er mir. Doch seit Anfang 1988 war die Situation eine ganz andere. »Immer heißt es ›raus, raus, raus!‹« Bei mehreren Anlässen mussten der Bischof von Ostberlin, Gottfried Forck, und andere Kirchenführer eingeschaltet werden, um zu schlichten.

Dabei tat ›Die Kirche‹ einfach nur ihre Arbeit: Mit Reportagen, unter anderem über regionale oder nationale Kirchentage oder Synoden in der DDR, wo zwangsläufig auch die aktuellen Probleme diskutiert wurden. Themen wie der fortschreitende Wandel in der Sowjetunion und anderen kommunistischen Staaten, das Demokratiedefizit in der DDR, die Flut der Menschen, die sich um eine Ausreise in die Bundesrepublik bemühten, die Friedensbewegung, die Umweltbewegung und, vor allem anderen, das Bedürfnis nach politischer Veränderung im Osten Deutschlands. Das Presseamt weigerte sich, solche Berichte drucken zu lassen. Die Kirchenleute weigerten sich aus Prinzip, dieser Anordnung nachzukommen, was bedeutete, dass die Zeitung in so einer Woche nicht erschien. In jenem Jahr passierte das fünfmal. Bei anderen Gelegenheiten mussten einzelne Artikel entfallen oder umgeschrieben werden. In der Woche meines Termins hatte Thomas einen Bericht über die Ernennung eines Bischofs in Litauen sowie einen über den 60. Geburtstag eines sowjetischen Schriftstellers, der mit Michail Gorbatschow sympathisierte, streichen müssen. Auch ein paar andere kirchliche Blätter wurden mehrfach verboten oder zensiert. Ein Protestmarsch junger Sympathisanten, die auf Transparenten Pressefreiheit forderten, wurde von der Polizei gewaltsam beendet.

›Die Kirche‹ war ziemlich eindeutig ein Opfer der Nervosität in der überalterten, von den gesellschaftlichen Entwicklungen überholten DDR-Führung angesichts der Veränderungen in der Sowjetunion und anderen osteuropäischen Ländern und des zunehmenden Drucks der eigenen unzufriedenen Bevölkerung, die ebenfalls Reformen verlangte. »Die versuchen, sich gegen all das abzuschotten«, erklärte mir Gerhard Thomas. »Politisch bewegt sich hier nichts. Mein

Eindruck ist, dass die Staats- und Parteiführung nicht in der Lage ist, Entscheidungen zu treffen, die einen Weg in die Zukunft eröffnen.« Früher hätten die ostdeutschen Behörden gern von der »Mitverantwortung der Kirche in der Gesellschaft« gesprochen. Doch nun, so erklärte er mir, bestünde man darauf, dass Angelegenheiten des Staates die Kirche nichts angingen und sie sich ausschließlich auf religiöse Fragen beschränken solle. »Und das ist für uns inakzeptabel. Denn die Kirche vertritt die Überzeugung, dass die biblische Botschaft Politik, gesellschaftliche Fragen – eben alle Lebensbereiche – betrifft.«

Dieser mutige Standpunkt machte ›Die Kirche‹ – jeglicher Zensur zum Trotz – zur freiesten und daher begehrtesten Zeitung des Landes. Es gab eine Warteliste von 1500 Personen für das Abonnement, und die begrenzten Exemplare gingen von Hand zu Hand. Thomas hatte angesucht, die staatlich erlaubte Auflage auf 45 000 Stück erhöhen zu dürfen, doch ihm war selbst klar, dass das in der gegenwärtigen Lage extrem unwahrscheinlich war.

Der schmächtige, grauhaarige Mann spielte seine schwierige Rolle meist mit großer Geduld, nur manchmal bot sich ihm Gelegenheit zur Revanche. Wie er mir erzählte, hatte ein paar Wochen zuvor die Zensur verlangt, den Wortlaut eines Gebets um »Wandel und Erneuerung« in der DDR zu ändern. »Aber wir lassen Gebete von niemand zensieren«, sagte er und klang angesichts dieser Vorstellung immer noch verärgert. Jedenfalls hatte er das Gebet ganz gestrichen und durch Psalm 43 ersetzt, der mit folgendem Satz beginnt:

»Richte mich, Gott, und führe meine Sache wider das unheilige Volk und errette mich von den falschen und bösen Leuten.«

Ein Trabi auf Beinen

Das Ganze ist bizarr, unästhetisch, surreal. Die Bronzeskulptur eines Trabant in Originalgröße auf vier überdimensionalen nackten Menschenbeinen wirkt auf dem gepflegten Rasen des prachtvollen, barocken Palais Lobkowitz in Prag total deplatziert. Dabei ist dieses Kunstwerk nicht annähernd so surreal wie die Ereignisse, an die es erinnert: die Szenen, die sich im Spätsommer des Jahres 1989 in diesem Garten und im Palais selbst abspielten.

Damals hätte sich niemand vorstellen können, dass dies ein Wendepunkt in der Nachkriegsgeschichte werden würde. Alles hatte relativ ruhig begonnen, als es ein paar DDR-Bürgern, die in der Tschechoslowakei Ferien machten, schafften, die Polizeikontrollen zu umgehen und hinter das große verzierte Tor ins Palais zu gelangen, wo sich die westdeutsche Botschaft befand und wo sie die Ausreise in die Bundesrepublik beantragten. Andere kamen durch den Park hinter dem Palais, überwanden den drei Meter hohen schmiedeeisernen Zaun und landeten im Garten. Einige von ihnen mussten wegen gebrochener Knochen und Verstauchungen behandelt werden.

Die Anwesenheit dieser Menschen war an sich noch nichts Ungewöhnliches. Bundesrepublikanische Botschaften und die Ständige Vertretung in Bonn hatten schon zuvor mit solchen ungebetenen Gästen zu tun. Das Prinzip, nachdem man dabei vorging, war ein sehr einfaches: Ein Bürger der DDR ist Deutscher und besitzt daher dasselbe Anrecht auf Hilfe und Schutz wie die Bürger der BRD. Weniger einfach war es dagegen, diese Leute wohlbehalten in die Bundesrepublik zu bringen. Oft saßen die Gäste wochenlang in den Botschaften fest, während die Diplomaten eine Lösung aushandelten. Das Ganze ging stets ohne großes Aufsehen über die Bühne, um niemanden zur Nachahmung zu animieren.

Doch diesmal verhielt es sich anders. Denn bald waren nicht nur ein paar Dutzend Menschen auf dem Botschaftsgelände, sondern Hunderte. Viele davon junge Familien: zahllose kleine Kinder und Babys wurden über den Zaun gereicht, dazu Kinderwägen, Buggies, Babynahrung und Windeln. Man brachte Zelte, die im Garten aufgestellt wurden. Essen wurde ausgegeben, nur waren die sechs zur Verfügung stehenden

Toiletten bald verstopft und ein schrecklicher Gestank breitete sich aus. Das Deutsche Rote Kreuz schickte von Bayern aus Zelte, Feldküchen, medizinischen Bedarf und andere Ausrüstung auf den Weg nach Prag, doch es schien ewig zu dauern, bis die Lieferung dort eintraf. Auch die amerikanische Botschaft half mit Vorräten aus.

Aus Hunderten wurden Tausende, bis die Botschaftsangestellten irgendwann den Überblick verloren. Jedenfalls wurde es immer enger. Bald drängten sich geschätzte 3000 Menschen im Garten und weitere 1000 in den Mauern des Palais'. Zum Schlafen kauerte oder lag man, so gut es ging, auf Treppen, in Büros, auf Fluren und in Lagerräumen. Der prächtige ovale Kuppelsaal, wo einst prunkvolle Bälle stattgefunden und Beethoven oder Carl Maria von Weber Konzerte gegeben hatten, war jetzt gesteckt voll mit dreistöckigen Kojen, Flüchtlingen und deren Gepäck. Rückblickend hielt jemand vom Botschaftspersonal es für ein wahres Wunder, dass der Boden, der für solche Belastungen ursprünglich sicher nicht gedacht war, unter der Last nicht einbrach. Ebenso verwunderlich war, dass keine Seuchen ausbrachen. Denn im September verwandelten Regenfälle den Garten in einen Morast. Stundenlang standen die Leute im Matsch Schlange, um die Toiletten zu benutzen. Exkremente, volle Windeln und Müll lagen überall herum, denn die Toilettenhäuschen, die man zusätzlich aufgestellt hatte, reichten bei Weitem nicht aus. Die Prager Müllabfuhr weigerte sich, die Abfälle mitzunehmen – erst das Angebot von mehreren Kisten Whiskey konnte die Müllmänner schließlich dazu bewegen.

Unter den Flüchtlingen gab es Konflikte, manche Leute wurden aggressiv, andere betranken sich. Es kam zu Streitereien, vor allem mit Männern ohne Anhang, die man grundsätzlich für Stasi-Spitzel hielt. Dass die Staatssicherheit Agenten eingeschleust hatte, bezweifelten weder die Flüchtlinge noch ihre Gastgeber. Und wahrscheinlich streuten auch diese die wilden Gerüchte, die die Flüchtlinge beunruhigten und entsetzten: unter anderem, dass die Stasi plane, Kinder zu entführen und als Geiseln festzuhalten, um deren Eltern zur Rückkehr in die DDR zu zwingen. Die Panik, die die Eltern daraufhin ergriff, wenn sie ihre Kinder in dem Chaos aus den Augen verloren, kann man sich vorstellen.

Die ganze Zeit über glühten die Telefonleitungen, weil der Botschafter Hermann Huber und seine Mitarbeiter, die Regierungen in Bonn und Berlin sowie die tschechoslowakische Regierung und die DDR-Botschaft in Prag nach einer akzeptablen Lösung suchten. Kurzfristig hielt das Botschaftspersonal nach einem Gebäude Ausschau, das als Erweiterung der Botschaft gelten konnte – und deshalb unter diplomatischem Schutz stünde – einfach um die Flüchtlinge irgendwo unterzubringen, während noch über ihre Zukunft verhandelt würde. Doch vergebens. Es schien kein Ende der Botschaftskrise in Sicht.

In der letzten Septemberwoche hielt sich der damalige bundesrepublikanische Außenminister Hans-Dietrich Genscher in New York auf. Offiziell um an der Vollversammlung der Vereinten Nationen teilzunehmen, auch wenn er mit den Gedanken ständig in Prag war. Es gab zwei Treffen mit seinem DDR-Kollegen Oskar Fischer und mit dem sowjetischen Außenminister Eduard Schewardnadse. Fischer bestand zunächst darauf, dass die Flüchtlinge in die DDR zurückkehrten, bevor man ihnen die Ausreise gestattete – wozu die meisten gewiss nicht bereit wären. Endlich zeigte er jedoch Interesse an Genschers Vorschlag, die Menschen mit Zügen aus Prag zu bringen, die durch die DDR in die Bundesrepublik fahren würden. Schewardnadse war ein loyaler Mitstreiter von Michail Gorbatschow und offen für Veränderung. Er wollte von Genscher zunächst alles über die Situation in der Botschaft erfahren. »Sind Kinder dabei?«, fragte er. »Ja, Hunderte, die leiden besonders«, erwiderte Genscher. Die Antwort seines Kollegen war eindeutig: »Ich helfe Ihnen.«

Damit war der Weg vorgezeichnet. Moskau entschied und die DDR erhielt entsprechende Instruktionen. Der noch unter den Nachwirkungen eines kürzlich erlittenen Herzinfarkts leidende Genscher flog zurück nach Bonn und von dort weiter nach Prag, wo man ihn rasch zur Botschaft brachte. Die

Nachricht »Genscher ist hier« verbreitete sich wie ein Lauffeuer unter den Tausenden Flüchtlingen, während der Minister und seine Begleiter sich einen Weg durch die Menge draußen und drinnen und weiter mit dem Lift in die Wohnung des Botschafters im zweiten Stock bahnten. Nach einer Weile kam er von dort zurück, sichtlich bewegt von den Szenen, die er gesehen hatte. Er schob sich zwischen den Flüchtlingen und Stockbetten im Kuppelsaal hindurch auf den halbrunden Balkon, der zum Garten hinausging. Man hatte Lautsprecher und Lichter installiert – inzwischen war es Abend geworden. Die Menschen verstummten, bevor einer der dramatischsten und bewegendsten Momente der jüngeren deutschen Geschichte begann.

»Liebe Landsleute! Wir sind zu Ihnen gekommen, um Ihnen mitzuteilen, daß heute Ihre Ausreise –« Bei diesem Wort ertönte lauter Jubel und machte den Rest des Satzes unhörbar. »– in die Bundesrepublik Deutschland möglich geworden ist.«

Noch am Abend dieses 30. September 1989 verließen die Flüchtlinge in DDR-Bussen die Botschaft und wurden zum Bahnhof Praha-Liben gebracht. Dort warteten bereits DDR-Züge, die sie durch die DDR in den Westen bringen sollten. Diese Route war Teil der Vereinbarung, die man hinter den Kulissen getroffen hatte. So konnte die DDR-Regierung ihr Gesicht wahren, weil sie die Flucht offiziell als erlaubte Ausreise von DDR-Gebiet deklarierte.

In Wirklichkeit war diese Bedingung für die DDR-Regierung jedoch ein großer Fehler. Denn fast die ganze DDR-Bevölkerung sah die Nachrichten und Bilder dieser Ausreise im Westfernsehen. Daraufhin versammelten sich massenhaft jubelnde und winkende Menschen entlang der Strecke. Aus Fenstern wurden sogar Bettlaken geschwenkt, während die Züge vorbeifuhren. Die Türen der Waggons hatte man von innen verschlossen, um zu verhindern, dass Leute von außen aufsprangen.

Die Atmosphäre in den Zügen blieb angespannt. Obwohl in jedem von ihnen deutsche Diplomaten mitfuhren, um die Einhaltung der Vereinbarung zu garantieren und sicherzustellen, dass es wirklich in den Westen ging, fürchteten viele, das Ganze könne eine Falle sein und man würde sie wegen Republikflucht einsperren. Aus Anspannung wurde Panik, als die Züge hinter Dresden auf freier Strecke hielten und Stasi-Beamte einstiegen, von Abteil zu Abteil gingen und die Ausweise einsammelten. Diese wurden konfisziert, und die Leute bekamen Ausreisepapiere, in denen stand: »Sie sind von der Deutschen Demokratischen Republik ausgewiesen.« Die Flüchtlinge waren sprachlos.

In Prag blieb das Palais Lobkowitz still zurück. Voll mit Abfall, aufgegebenem Besitz, Zelten, Stockbetten und allen möglichen Resten, aber endlich wieder relativ leer. Das Botschaftspersonal konnte ein wenig durchatmen – aber nur für wenige Stunden. Noch in derselben Nacht drangen 400 neue Flüchtlinge in den Garten ein, und es wurden immer mehr, bis sich etwa 5000 auf dem Botschaftsgelände und weitere ca. 2000 in den schmalen Gassen der Nachbarschaft befanden, die ebenfalls auf Einlass hofften. Wieder musste mit den noch wütenderen DDR-Vertretern über deren Ausreise verhandelt werden. Am 3. November schließlich riegelte die ostdeutsche Regierung ihre Grenze zur Tschechoslowakei ab, was die Flut der Flüchtlinge zu einem kleinen Rinnsal schrumpfen ließ. Als man die Grenze wieder öffnete, hatten sich in kürzester Zeit erneut 5000 eingefunden. Verärgert verkündete daraufhin die tschechische Regierung, dass alle DDR-Bürger direkt über die Grenze zur Bundesrepublik ausreisen könnten. Das taten Abertausende sogleich, Tag für Tag. An den Bahnhöfen hatten sich Diplomaten der Bundesrepublik postiert, die die Ankömmlinge darüber informierten, wie sie ohne Umweg über die Botschaft direkt in den Westen gelangen konnten.

Auf dem Botschaftsgelände stand ein Baum, in dem damals monatelang unzählige Schlüssel hingen. Schlüssel von zurückgelassenen Trabants und Wartburgs, die viele Flüchtlinge nach Prag gebracht hatten und die jetzt die Straßen der Stadt verstopften. Das sorgte für ziemlichen Unmut bei der Prager Stadtverwaltung und für Verlegenheit bei den Angehörigen der DDR-Botschaft in Prag. Irgendwann schaffte man die

Fahrzeuge auf eine Deponie außerhalb der Stadt. Was letztlich aus ihnen wurde, ist unbekannt.

Heute erinnert am Palais Lobkowitz eine Bronzeplakette mit Genschers Worten an der Balustrade des Balkons an die Ereignisse. Der Garten darunter ist längst wieder so makellos wie zuvor. Das Gleiche gilt für das Palais selbst, das danach saniert und renoviert wurde. Fotos aus diesen heute fast unvorstellbaren Tagen hängen im eleganten Stiegenhaus und sind auch auf der Webseite der Botschaft zu sehen.

Im Juli des darauffolgenden Jahres und genau an dem Tag, als die beiden Hälften Deutschlands sich zur Währungsunion vereinigten, wurde auf dem Altstädter Ring in Prag eine Skulptur aus Plastik und Latex enthüllt: ein Trabi auf Beinen. Er ist ein Werk des umstrittenen tschechischen Bildhauers David Czerny und trägt den Titel ›Quo Vadis?‹. Finanziert von deutschen Sponsoren fertigte Czerny später einen Bronze-Abguss davon an, der heute auf dem Rasen der Botschaft steht. Die dazugehörige Widmung lautet: »An die vielen Tausend Deutschen aus der DDR, die im Sommer und Herbst 1989 über die Botschaft Prag den Weg in die Freiheit suchten und fanden.« Das Original befindet sich heute im Zeitgeschichtlichen Forum in Leipzig.

Ich bin unerwünscht

Im Oktober 1989 waren die Ereignisse in der DDR weitaus wichtiger als jene in Bonn, wo ich eigentlich stationiert war, also flog ich am Morgen des 2. Oktober, einem Montag, nach Tegel und passierte den Checkpoint Charlie, um nach Ostberlin zu gelangen. Es versprach, eine interessante Woche zu werden: Am kommenden Samstag stand der 40. Geburtstag der DDR an, und Michail Gorbatschow sollte bereits am Freitag eintreffen, um an den Feierlichkeiten teilzunehmen. So viel hing davon ab, wie die Begegnung zwischen dem sowjetischen Reformer und der starrsinnigen alten Garde der DDR ausging.

Aus Gründen, an die ich mich nicht mehr erinnere, nahm ich eine sehr frühe Maschine und muss den Checkpoint noch vor 9 Uhr passiert haben. Ich reiste wie üblich mit einem eintägigen Visum ein und absolvierte dann die allen ausländischen Korrespondenten vertraute Routine: Erst mietete ich mir ein Zimmer in einem Hotel – im ehemaligen Palasthotel gegenüber der Volkskammer – und rief von dort die Presseabteilung des DDR-Außenministeriums an. Ich bat um Akkreditierung sowie um die Erlaubnis, ein paar Tage von dort aus arbeiten zu können. Man war freundlich und versicherte mir, alles sofort in die Wege zu leiten. Anschließend erledigte ich noch einige weitere Telefonate.

Ich wollte Manfred Gerlach treffen, den Chef der Liberaldemokratischen Partei. Diese war jahrzehntelang ein völlig farbloser Bündnispartner der kommunistischen SED gewesen, doch nun war Gerlach der erste Politiker, der einen unabhängigen Standpunkt vertrat und offen mehr Demokratie verlangte. Außerdem wollte ich führende Köpfe der Protestantischen Kirche treffen sowie – obwohl ich wusste, wie wenig wahrscheinlich das war – Markus Wolf. Der ostdeutsche Spionagechef hatte sich kurz vorher mit Reformideen zu Wort gemeldet.

Doch bevor ich irgendjemand erreichen konnte, klopfte es an der Tür. Ich öffnete, und da stand ein älterer, grauhaariger Herr in elegantem schwarzem Anzug und mit silberfarbener Krawatte. Er bat mich, hereinkommen zu dürfen. Drinnen setzte er sich auf die Kante eines Stuhls. Er hatte meinen Pass und einige Papiere in seinen schwach zitternden Händen. Dann meinte er leicht nervös: »Ich habe Anweisung, Ihnen zu sagen, dass Sie in der Deutschen Demokratischen Republik nicht erwünscht sind, und muss Sie bitten, mich sofort zum Grenzübergang zu begleiten.«

Ich war entgeistert. Sogleich erklärte ich ihm, dass ich mit einem völlig legalen Tagesvisum eingereist sei und das Außenministerium gerade meine Akkreditierung vorbereite. Das mache keinen Unterschied, beharrte er. Ich müsse trotzdem abreisen. Daraufhin rief ich im Pressebüro des Außenministeriums an, und auch dort reagierte man entgeistert; man bestätigte, dass meine Akkreditierung schon vorbereitet würde und es keinen Grund gäbe, mich des Landes zu verweisen. Ich gab den Hörer an den Mann in meinem Zimmer weiter, und er bekam das Gleiche zu hören, doch es nützte nichts. Er bekam seine Anordnungen von anderer Stelle.

Ich war neugierig. Er sah nicht wie ein Stasi-Typ aus – obwohl man das natürlich nie genau sagen konnte – und er zeigte mir auch keinen Ausweis oder Ähnliches. Ich fragte ihn, wer er sei, und er erklärte mir, er sei der Protokollchef des Hotels. Darauf erwiderte ich, dass Hotelangestellte doch nicht befugt wären, Leute des Landes zu verweisen.

Aber er gab nicht nach. Ich allerdings auch nicht. Ich pochte darauf, dass die ostdeutsche Regierung die Schlussakte von Helsinki unterzeichnet hätte, dieses Dokument, mit dem Staaten sich unter anderem verpflichten, ordentliche Journalisten in ihrem Land arbeiten zu lassen und sie nicht auszuweisen. Ich wusste, dass das sinnlos war, weil kommunistische Regime sich oft über das hinwegsetzten, was sie unterschrieben hatten, aber immerhin gewann ich dadurch etwas Bedenkzeit. Als Nächstes bestand ich darauf, die britische Botschaft um Rat und Unterstützung anzurufen. Das gestattete er mir und ließ mich eine Weile in Ruhe.

Doch inzwischen war Mittagszeit und in unserer kleinen Botschaft Unter den Linden konnte ich keinen Diplomaten erreichen. Frustriert beschloss ich, mich selbst dorthin zu begeben. Ich zog meine Jacke an und nahm den Lift nach unten. In der Lobby erwartete mich jedoch der mir bekannte Mann, neben ihm noch ein oder zwei andere, die ebenfalls einen angespannten Eindruck machten. Ich könne das Hotel nicht allein verlassen, erklärte man mir.

In diesem Moment traf endlich ein britischer Diplomat ein, allerdings nur ein offenbar sehr unerfahrener dritter Sekretär. Er wiederholte lediglich, was ich bereits über die Schlussakte von Helsinki gesagt hatte, und drohte einen offiziellen Protest der Botschaft an. Mir gegenüber drückte er sein Bedauern aus, weil er im Moment nicht mehr tun könne, und verschwand. Der Mann vom Hotel wandte sich erneut an mich: »Ich muss Sie warnen. Wenn Sie nicht freiwillig mitkommen, muss der Befehl trotzdem ausgeführt werden.«

Fantastisch! Ich sah vor mir schon mein Bild in der Zeitung – in Handschellen abgeführt. Was für eine Story! Aber leider waren keine Fotografen zugegen, und es blieb auch keine Zeit, einen zu verständigen. Also lenkte ich enttäuscht ein. Es schien keine Alternative zu geben. Ich werde friedlich mitkommen, sagte ich und ging wieder hinauf, um meine Sachen zu packen.

Ich hatte damit gerechnet, in einem Polizeiwagen, einem Barkas 1000 oder ähnlichem weggekarrt zu werden. Doch als wir aus der Hoteltür traten, wies mir der Mann den Weg zu einer langen, silbernen Stretch-Limo amerikanischen Stils. Ich traute meinen Augen kaum. Als ich in die luxuriösen Polster der Rückbank sank, drehte sich der Chauffeur zu mir um und fragte: »Möchten Sie die Armlehne oben oder unten, Madame?«

Im Nu waren wir am Checkpoint Charlie. Der Mann gab einem Beamten, der über alles Bescheid zu wissen schien, ein Zeichen. Daraufhin schleuste dieser mich in wenigen Minuten durch die Formalitäten, die normalerweise eine gute halbe Stunde, wenn nicht länger dauerten. Als ich auf der anderen Seite herauskam, dachte ich bei mir, wie schade, dass es nicht jedes Mal so schnell geht, wenn ich den Osten verlasse.

Ich gab meiner Zeitung telefonisch die Geschichte von meiner Ausweisung durch und rief danach die dpa an, um auch dort davon zu berichten, damit das Ganze in der westdeutschen Presse ebenfalls zu lesen wäre.

Michail Gorbatschow kam nach Ostberlin, wurde von den Massen enthusiastisch begrüßt, warnte das Regime mit dem denkwürdigen Satz, »wer zu spät kommt, den bestraft das Leben«, und reiste wieder ab. Kurz darauf drängten sich vielleicht eine Million Ostberliner auf dem Alexanderplatz, um den 40. Jahrestag auf ihre Weise zu begehen, indem sie Demokratie, Reformen und unerhörte Veränderungen forderten, bevor Polizei und Stasi die Leute mit Gewalt auseinandertrieben und etwa tausend Menschen verhafteten und mitnah-men. Keine zwei Wochen später war Honecker weg und Ost-berlin wurde neu regiert.

Die britische Botschaft protestierte ordnungsgemäß gegen meine Ausweisung. Und das Außenministerium in Ostberlin entschuldigte sich tatsächlich für den Vorfall und lud mich ein, wann immer ich wollte, wieder in die DDR zu kommen.

Genau das tat ich bald darauf, und als ich ins Palasthotel spazierte, stand ausgerechnet mein grauhaariger Freund in der Lobby.»Ach, Frau Clough, wie froh ich bin, Sie wieder-zusehen!«, rief er und lud mich sogleich auf einen Kaffee ein. Dabei erklärte er mir, dass er noch nie zuvor jemand hinaus-geworfen habe, und wie schlimm das alles für ihn gewesen sei und wie sehr er und seine Frau schon immer gegen das Regime Honeckers gewesen seien (so etwas in der Art hör-te man damals in Berlin häufig). Später schickte er mir noch Obst und Blumen aufs Zimmer und bat mich, ihm doch Be-scheid zu geben, falls er irgendetwas für mich tun könne.

Dann fiel die Mauer, und als ob ich nicht auch so schon ge-nug um die Ohren gehabt hätte, beschlossen mein Chefredak-teur und dessen Gattin anzureisen, um das alles mit eigenen Augen zu sehen. Was gab es da Besseres, dachte ich mir, als eine Abendvorstellung der berühmten ›Dreigroschenoper‹ in Brechts ehemaligem Theater, dem Berliner Ensemble. Ich fragte den grauhaarigen Herrn, ob er wohl Karten dafür be-sorgen könne, und das tat er. Es war die letzte Aufführung dieser besonderen Inszenierung – ausgezeichnet! – und die Vorstellung war ausverkauft. Ich möchte mir nicht ausmalen, wen man da fortgeschickt hatte, damit wir unsere Plätze, nah an der Bühne, bekamen.

Am darauffolgenden Tag luden der Chefredakteur und ich den Pressechef des Außenministeriums zum Mittagessen ein und fragten ihn unter anderem, warum man mich ausgewie-sen hatte. Er erwiderte, dass die Führung vor lauter Nervo-sität die Order gegeben hatte, in der Woche vor dem Gorba-tschow-Besuch keine ausländischen Journalisten in die DDR zu lassen. Aber offenbar war ich in Ostberlin eingetroffen, bevor der Befehl am Checkpoint Charlie angekommen war. Dort musste dann jemandem klar geworden sein, dass ich bereits eingereist war. Ob die Anordnung, mich auszuweisen, direkt von Erich Honecker stammte oder von Joachim Herrmann, dem für die Medien zuständigen Politbüro-Mitglied, wusste er nicht zu sagen. Aber jedenfalls erfolgte sie von ganz oben.

Und so wurde ich, soweit ich das überprüfen konnte, zur letzten Journalistin, die man aus der DDR hinausgeworfen hat.

Bach hätte genauso gehandelt

Wir befanden uns im großen Foyer des Leipziger Gewandhauses, und Kurt Masur dirigierte eines der bemerkenswertesten Ereignisse seines Lebens.

Er zeigte auf eine Dame, die relativ weit hinten saß. Nachdem sie ausgesprochen hatte, deutete er auf einen Parteifunktionär in der dritten Reihe. Danach bekam ein älterer Herr, der sich mit Handzeichen gemeldet hatte, das Wort. Alle sprachen Sätze aus, wie man sie hier in der Öffentlichkeit noch nicht gehört hatte.

Es war natürlich kein Konzert, das Professor Masur damals dirigierte, sondern die wahrscheinlich erste freie und öffentliche politische Debatte in der DDR.

Allein die Tatsache, dass diese Veranstaltung überhaupt stattfand, war ein kolossaler Erfolg für den stämmigen Kapellmeister des Gewandhauses mit dem grauen Bart und fünf weitere couragierte Persönlichkeiten. Zusammen hatten sie ein paar Tage zuvor, am 9. Oktober, ein sehr wahrscheinliches Massaker im Stil des Tiannanmen-Platzes abgewendet und die ostdeutsche Revolution auf den Weg des friedlichen Dialogs gelenkt.

Dass die Gefahr für ein solches Blutvergießen wirklich bestand, hatten die wiederholten öffentlichen Zustimmungen führender ostdeutscher Politiker zu Chinas Unterdrückung des »konterrevolutionären« Aufstands am Platz des Himmlischen Friedens im Juni zuvor deutlich gemacht.

Nur zwei Tage vorher waren friedliche Demonstrationen in Berlin, Leipzig, Dresden und anderen ostdeutschen Städten brutal aufgelöst worden. Mindestens 3500 Demonstranten, darunter auch Kinder, hatte man verhaftet und festgehalten, oft ohne Nahrung, Wasser, Schlafmöglichkeit, Toiletten oder medizinische Versorgung für Kranke und Verletzte, manche sogar länger als 24 Stunden. Offensichtlich rüsteten sich die Behörden an jenem Abend in Leipzig für eine größere Niederschlagung. Man machte nicht einmal den Versuch zu verbergen, dass 28 Kompanien mobiler Polizisten mit je 80 Mann in die Stadt geschickt worden waren, dazu Arbeitermilizen, Spezialeinheiten und natürlich die Stasi. Einheiten der Nationalen Volksarmee wurden in Bereitschaft versetzt, auch eine Fallschirmjägereinheit und zwei Berliner Wachregimenter, eine Hubschrauber-Squadron aus Brandenburg, Grenzsoldaten und sogar eine Tauchereinheit. Es gab Berichte über Schießbefehle. An Leipziger Krankenhäuser wurde zusätzlich Blutplasma verteilt; eine medizinische Akademie der Armee sowie eine Klinik in Potsdam wurden mit zusätzlichen Betten beliefert. Unvermeidlich und vielleicht sogar beabsichtigt kursierten Vermutungen, wonach der Abend des 9. Oktober die Machtprobe sein würde, um die Revolution zu ersticken.

Diese Gerüchte erreichten auch Professor Masur, der an diesem Tag all seinen Einfluss und sein ganzes Prestige in die Waagschale warf, um genau das zu verhindern. Dabei war Kurt Masur kein Politiker, nicht einmal Parteimitglied. Einmal hatte er sich bereits gegen Polizeigewalt gegenüber Demonstranten ausgesprochen. Doch der ungeheure Respekt, den er vor Ort genoss, und sein internationaler Ruhm bescherten ihm eine Unabhängigkeit und einen Grad an Immunität, wie sie nur wenige in der DDR genossen. Er rief also Kurt Meyer, den örtlichen Kultursekretär der SED, an und schlug ihm vor, gemeinsam zu handeln, um für den Abend das Schlimmste zu verhindern. Meyer kontaktierte seine für Propaganda und Volksbildung verantwortlichen Kollegen, Jochen Pommert und Roland Wötzel. Es dauerte nicht lange, da saßen die drei, ohne Wissen der Partei und in dem Bewusstsein, einen möglichen Parteiausschluss zu riskieren, in Masurs Wohnzimmer und formulierten einen gemeinsamen Appell. Außerdem anwesend war Pastor Peter Zimmermann, der schon lange für eine offenere, tolerantere und humanere Haltung der Behörden eintrat (auch wenn er später als Stasi-Spitzel enttarnt wurde) sowie der populäre Kabarettist Bernd-Lutz Lange.

Um 16.30 Uhr, eine halbe Stunde vor Beginn der üblichen Montagsgebete – stürmten alle ins Gewandhaus, wo Lange auf einer Schreibmaschine mit Kohlepapier Durchschläge des Aufrufs tippte. Anschließend rannte Zimmermann zu den vier Kirchen, wo die Versammlungen stattfanden, und drückte den Pastoren jeweils mit der dringenden Aufforderung, sie zu verlesen, eine Kopie in die Hand. Masur nahm inzwischen den Appell für das Lokalradio auf Band auf. In den nächsten Stunden wurde er wieder und wieder gesendet.

Obwohl sie wussten, dass sie ihre Verhaftung, Verletzung oder sogar den Tod riskierten, versammelte sich eine noch nie dagewesene Menge: rund 70 000 Menschen. Angstvoll, aber entschlossen strömten die Leute zu den vier Kirchen, vorbei an Lastwagen mit Polizisten in voller Kampfmontur, mit Pistolen, Maschinengewehren, Schlagstöcken und Schilden, vorbei an Soldaten, Milizionären und nervös rauchenden Stasi-Offizieren. Man betete. Die Pastoren verlasen den Aufruf. Auch Bürgerinitiativen sprachen sich gegen Gewalt aus. Der Landesbischof Johannes Hempel appellierte: »Ich hoffe, ich bitte, ich flehe, daß diese Nacht in Leipzig vorübergeht ohne schlimme Dinge.«

Um 18 Uhr verließen die Leute die Kirche und vereinten sich mit den Massen, die sie draußen erwarteten. Mit Kerzen als Zeichen des Friedens und »Wir sind das Volk« skandierend marschierte man durch die Stadt. Als sie das schwer bewachte Stasi-Gebäude erreichten, klebten einige ihre Kerzen aufs Pflaster. Viele traten auch auf die Soldaten, Arbeitermilizen und Sicherheitskräfte zu, um mit ihnen zu reden, um sie davon zu überzeugen, dass sie gewöhnliche, harmlose Bürger seien, keine Klassenfeinde oder Randalierer.

Kein Gummiknüppel wurde geschwungen, kein Schuss fiel. Warum genau, das ist bis heute nicht ganz klar, doch die massiven Kräfte der staatlichen Unterdrückung blieben reglos. Um 19 Uhr gingen alle nach Hause. Kurt Masur, der kaum glauben mochte, dass der Aufruf funktioniert hatte, begab sich ins Gewandhaus, um das abendliche Konzert zu dirigieren.

Er und seine Mitstreiter hatten den Dialog gefordert, den er schließlich selbst moderierte. In dem geräumigen Foyer des Gewandhauses waren ein paar hundert Menschen versammelt. Gewöhnliche Bürger und offizielle Parteivertreter saßen auf den Stühlen vor ihm, während er die Diskussion leitete. Alle bemühten sich sichtlich um Ruhe und Sachlichkeit. Die Unerfahrenheit auf beiden Seiten – schließlich sagte man hier zum wahrscheinlich ersten Mal vor völlig Fremden, was man tatsächlich dachte – war verblüffend und sehr anrührend.

Danach passte ich Professor Masur ab, bevor er das Gebäude verließ, und fragte ihn, warum er es auf sich genommen hatte, diese Diskussion zu organisieren. Er wollte offenbar nicht gern mit einer westlichen Journalistin sprechen, doch im Davoneilen meinte er noch über die Schulter zu mir: »Warum denn nicht? Bach hätte dasselbe getan.«

Der Tag, mit dem niemand gerechnet hatte

Es passiert, zumindest in Europa, selten, dass politische Ereignisse dermaßen außer Kontrolle geraten, dass man auch als Journalist absolut keine Vorstellung davon hat, was als Nächstes passieren wird. Erdbeben, Terroranschläge oder andere Verbrechen überraschen uns naturgemäß, aber ansonsten weiß man doch mehr oder weniger, was einen zumindest in nächster Zukunft erwartet.

Und genau darum waren jene Tage im Oktober und November 1989 in Ostberlin so überraschend, so berauschend und vollkommen unvergesslich. Wenn wir morgens aufwachten, wusste niemand, oft nicht einmal die Politiker und Parteienvertreter, was an diesem Tag passieren würde. Was sich wirklich ereignete, das war noch wenige Tage oder gar Stunden zuvor noch unvorstellbar.

Wie viele andere westliche Kollegen hatte auch ich mein Quartier im alten Palasthotel aufgeschlagen, einem modernen Gebäude mit orangefarbenen Fenstern, neben dem Berliner Dom und der Spree, gegenüber vom Palast der Republik. Dem Hotel, aus dem ich am 2. Oktober schnellstens wieder abreisen musste. Dieses Hotel war nicht nur nach westlichen Maßstäben ein anständiges Hotel, sondern es lag auch nur ein paar Minuten zu Fuß von praktisch allem entfernt: dem Staatsratsgebäude, Unter den Linden, dem Alexanderplatz, dem Außenministerium und dem Zentrum für die Auslands-Presse. Damals wurden Leuten wie mir Zimmer auf der Domseite zugewiesen (wahrscheinlich waren diese mit Stasi-Wanzen und versteckten Kameras ausgerüstet), was noch einen weiteren Vorteil mit sich brachte. Eine Art akustischer Zufall sorgte dafür, dass Geräusche in der Gegend um den Palast der Republik und den Dom zurückgeworfen wurden und bis in unsere Zimmer hinein zu hören waren. Sobald wir also etwas Ungewöhnliches hörten – beispielsweise gesungene Parolen, die auf eine Demonstration in der Nähe hindeuteten –, schnappten wir uns Notizbücher und Kameras, eilten nach unten und waren sofort als Augenzeugen dabei.

Die neue Regierung unter Egon Krenz hatte begonnen, Pressekonferenzen abzuhalten, die ungünstigerweise stets um 18 Uhr anfingen. Da dieser Zeitpunkt leider sehr nah an der Deadline meiner Zeitung lag, sah ich mir die Veranstaltungen, um Zeit zu sparen, in meinem Zimmer an – zum Glück wurden sie vom Fernsehen live übertragen.

9. November 1989, 18–19 Uhr
Fast eine Stunde lang höre ich Günther Schabowski, den neuen Regierungssprecher über den geplanten Parteitag im Juni schwadronieren. Gelangweilt bin ich schon versucht,

den Fernseher auszumachen, als ich plötzlich sehe, wie er ein Blatt Papier in Empfang nimmt und davon laut vorliest, als würde er die Worte selbst zum ersten Mal sehen. »Privatreisen nach dem Ausland können ohne Vorliegen von Voraussetzungen (Reiseanlässe und Verwandtschaftsverhältnisse) beantragt werden«, verkündet er. »Die Genehmigungen werden kurzfristig erteilt. Die zuständigen Abteilungen Paß- und Meldewesen in der DDR sind angewiesen, Visa zur ständigen Ausreise unverzüglich zu erteilen, ohne daß dafür noch geltende Voraussetzungen für eine ständige Ausreise vorliegen müssen. [...] Ständige Ausreisen können über alle Grenzübergangsstellen der DDR zur BRD bzw. zu West-Berlin erfolgen.« Jemand fragt nach: »Wann tritt das in Kraft?« Schabowski sieht ein wenig verunsichert drein und sagt dann: »Das tritt nach meiner Kenntnis ... ist das sofort, unverzüglich.« Da fragt noch jemand anders, was denn mit der Mauer sei. Die Mauer definiere die Trennung zweier Wirtschaftsblöcke und bleibe bestehen, erwidert Schabowski.

Ein Paukenschlag. Ein erstaunlicher Durchbruch. Und doch ... Ich habe das starke Gefühl, dass irgendwas daran nicht stimmt. Was, könnte ich allerdings nicht sagen. Ich berate mich mit Kollegen, die genauso perplex zu sein scheinen wie ich. Doch die Zeit läuft und ich muss einen Beitrag schreiben und ihn per Telefon nach London diktieren.

Gegen 21 Uhr
Ich sitze mit einem alten Verehrer beim Abendessen. Ein Kollege, der gerade erst mit dem Flugzeug aus London eingetroffen ist. Ich bin nervös, abgelenkt. Nach Schabowskis Aussage müssen nach wie vor Ausreisevisa beantragt werden, also kann heute Abend wohl nichts mehr passieren, sage ich mir. Trotzdem bin ich extrem unruhig. Es fühlt sich an, als läge etwas in der Luft, eine Art elektrische Spannung, die ich nicht genauer beschreiben kann. Mein Gegenüber, das mit der Situation in Berlin weniger vertraut ist, wirkt unbeschwert und viel stärker daran interessiert, was er sich offenbar für den Fortgang des Abends erhofft. Ich gehe jedoch (allein) ins Bett.

Mein Fotograf, der in einem anderen Ostberliner Hotel untergebracht ist, ruft an und berichtet, er könne Kerzen auf der Mauer sehen. Wir einigen uns darauf, dass er sich auf die Westseite begeben soll, um nachzusehen, was sich dort tut. Von draußen sind seltsame Geräusche zu hören, keine skandierten Parolen, aber Stimmen aus weiter Ferne.

Zwischen 23 Uhr und Mitternacht
Ich halte die Ungewissheit nicht länger aus, stehe auf, ziehe mich an und fahre mit dem Lift ins Foyer hinunter. Dort stürmt im selben Moment ein anderer Kollege aus London herein. »Da passiert gerade was an der Mauer!«, berichtet er atemlos. »Ich suche meinen Fotografen.« Doch der ist nirgends zu finden. Daraufhin rennen der Kollege und ich Unter den Linden herunter Richtung Brandenburger Tor. Der Anblick ist überwältigend. Aus dem Westen strahlen Flutlichter zu uns herüber und lassen das Brandenburger Tor und die darunter verlaufende Mauer als schwarze Silhouette erscheinen. Und kann das wirklich sein? Sind das Menschen, die da auf der Mauer stehen? Als wir näher kommen, sehen wir Leute im Niemandsland diesseits der Mauer. Dort, wo man bislang riskiert hätte, sofort erschossen zu werden. Da sind auch uniformierte Grenzwachen, wie sie uns immer anschnauzten, wenn sie an den Einreisestellen unsere Papiere kontrollierten. Jetzt plaudern sie freundlich mit Zivilisten und haben dabei ihre Gewehre lässig über der Schulter hängen. Es gibt kleine Trauben von Ostberlinern, manche stoßen mit Bierflaschen an, aber eher still und staunend. Dann läuft eine Gruppe gut gekleideter, lachender Menschen auf uns zu. »Wo kommen Sie her?«, frage ich. »Aus dem Westen. Wir sind gerade über die Mauer gekommen.« Über die Mauer? Ist das ein Traum?

10. November, 1.00–2.00 Uhr
Wir eilen zum Checkpoint Charlie und sehen Leute Schlange stehen, um in den Westen zu gelangen. Sie zeigen ihre Ausweise vor und werden von den Wachen freundlich durchgewunken. Wir sind wie vom Donner gerührt. Die Bürger

Ostberlins nehmen ihr Schicksal selbst in die Hand und überwinden die Mauer! Und offenbar gestattet die Regierung ihnen das! Was sich da hinter den Kulissen abgespielt hat, wird erst später bekannt werden. Inzwischen gibt es schon die nächste Überraschung, die noch unwirklicher scheint: Menschen kehren auch wieder zurück! Unter anderen drei junge Männer mit blassen Gesichtern. »Warum kommt ihr zurück?«, frage ich sie. »Wir sind Bäcker. Wir müssen das Brot für heute backen«, antworten sie mir. Auch ein junges Paar eilt offenbar nach Hause. »Wir haben unsere schlafenden Kinder daheim gelassen. Die wissen gar nicht, dass wir weg sind. Aber wir mussten einfach herkommen«, erklärt die Frau mit leuchtenden Augen. »Es war unglaublich. Wie im Märchen.«

An Schlaf ist vor dem Morgengrauen nicht zu denken, während die beiden Hälften der geteilten Stadt sich in die Arme fallen. Die Aufregung, Verwunderung, die Wiedersehensfreude, die Interviews, die ersten Versuche, die Mauer zu demontieren, die Seligkeit – alles mischt sich zu einem großartigen, wunderbaren verschwommenen Bild. Am deutlichsten erinnere ich mich an die Tränen. Freudentränen auf den Gesichtern der Menschen, die ihr Land zum ersten Mal verlassen, wie auch auf denen der Menschen, die sie begrüßen. Auch über meine Wangen rinnen sie unaufhaltsam, während ich meine Reportagen telefonisch nach London durchgebe. Mehrmals versagt mir die Stimme und ich muss mich zusammenreißen, bevor ich weitersprechen kann. Und auch am anderen Ende der Leitung – ich traue meinen Ohren kaum – höre ich leises Schniefen. Diese hartgesottenen Schreibkräfte der Zeitung, die sich die Artikel von uns diktieren ließen (und die mit Einführung von Computer und Internet bald der Vergangenheit angehören sollten), sind eigentlich schon alles gewohnt – Naturkatastrophen, Verbrechen, Kriege, Revolutionen, was auch immer. Und ihre übliche Reaktion ist ein gelangweiltes Seufzen und eine Bemerkung wie: »Wie viel gibt's noch, love?« Diesmal dagegen, Schniefen und, nachdem ich fertig bin, in schroffem Ton: »Starker Stoff, Patricia.«

So wird »Geschichte« gemacht

Historische Ereignisse sind nicht immer genau so gewesen, wie es für die Nachwelt aussieht. Das gilt insbesondere für den denkwürdigen Dresden-Besuch von Bundeskanzler Helmut Kohl am 19. Dezember 1989 und seine Rede neben den Ruinen der Frauenkirche.

Vierzig Tage zuvor war die Berliner Mauer gefallen, die DDR hatte eine neue Regierung, doch die Zukunft war immer noch höchst ungewiss, die Wiedervereinigung eine ferne Illusion. Kohl reiste zu ersten Gesprächen mit Hans Modrow nach Dresden; dieser war erst wenige Tage vorher Vorsitzender des Ministerrats der DDR geworden. Später behauptete Kohl, in seinem Buch ›Ich wollte Deutschlands Einheit‹, dieser Besuch sei sein »Schlüsselerlebnis auf dem Weg zu staatlicher Einheit« gewesen. Seine Maschine war kaum auf dem Flugplatz Dresden gelandet, »da wurde mir schlagartig bewusst: Dieses Regime ist am Ende. Die Einheit kommt!« Als er die Treppe vom Flugzeug hinabstieg, drehte er sich zu dem hinter ihm gehenden Rudolf Seiters, dem damaligen Chef des Bundeskanzleramts, um und sagte: »Die Sache ist gelaufen.«

Natürlich wäre der Anblick der Menschen, die schwarzrot-goldene Fahnen schwangen und »Deutschland, Deutschland« oder »Helmut, Helmut« riefen, ihm überall eine Freude gewesen, erst recht war es das in der DDR. Die Begleiter des Kanzlers, darunter auch ein mir bekannter und ausgesprochen Kohl-kritischer Journalist, waren genauso begeistert. Fernsehkameras filmten die Massen und lieferten Bilder – und zwar genau die, die die Leute im Westen sehen wollten – auf die Fernsehschirme der Nation. So entstand der offenbar unauslöschliche Eindruck von Kohls Dresden-Besuch als »Schlüsselerlebnis«, als der vermeintliche Ausbruch der Sehnsucht der Ostdeutschen nach Wiedervereinigung.

Doch ich war zusammen mit anderen ausländischen Kollegen an jenem Tag in Dresden, und was wir sahen und beschrieben haben, war durchaus anders. Wir hatten schon einige Zeit in der DDR verbracht, mit vielen Leuten gesprochen und kannten deren gemischte Gefühle. Die Situation war keineswegs so eindeutig, wie Kohl anscheinend glaubte. Das DDR-Regime war mit Sicherheit am Ende, aber daraus folgte nicht unbedingt, dass die Mehrheit der DDR-Bürger die Einheit wollte. Viele hätten es zu jenem Zeitpunkt vorgezogen, in einer verbesserten Version ihres eigenen Landes zu leben. Eine von ›Spiegel‹ und ZDF in Auftrag gegebene Meinungsumfrage hatte nur wenige Tage zuvor erbracht, dass 70 Prozent der DDR-Bürger sich einen eigenen, unabhängigen Staat wünschten.

Kohls Schilderung des Dresden-Besuchs war nicht nur stark übertrieben. Heute habe ich sogar Beweise dafür, was wir ausländischen Korrespondenten damals schon vermuteten: Nämlich dass die Szenen dort wenn nicht inszeniert waren, so aber zumindest unter tätiger Hilfe von Westlern entstanden.

Aber gehen wir an den Anfang der Ereignisse zurück, um eine Vorstellung davon zu bekommen, wie subjektiv man über »historische« Ereignisse berichten kann. Kohls Ankunft am Dresdner Flughafen. In seinen Memoiren heißt es, »Tausende von Menschen, ein Meer von schwarzrotgoldenen Fahnen« hätten dort gewartet, um ihn zu begrüßen.

Sein außenpolitischer Berater Horst Teltschik, der ihn damals begleitete, schrieb: »Als wir auf das Rollfeld hinaustreten, rufen und winken bereits Hunderte von Menschen aus den Fenstern des Flughafengebäudes, von den Dächern der Flugzeughallen und am Rande des Flugfelds. Sie schwenken bundesdeutsche Fahnen und die grünweiße Sachsens. Aber auch ein paar DDR-Fahnen sind aufgezogen.«

Hans Modrow, der Kohl begrüßen kam, erzählte mir: »Auf dem Flugplatz waren überhaupt keine [Demonstranten], außer ein paar Leuten, die auf dem Dach arbeiteten.« (Modrow war SED-Bezirkssekretär von Dresden gewesen und hatte sich dort durchaus für beliebt gehalten. Gut möglich also, dass der Empfang für den Kanzler, wie groß auch immer der gewesen sein mag, ihn ärgerte.)

Auf der Fahrt in die Stadt, behauptete Kohl in seinen Memoiren, habe Modrow ihm von Sonderzügen erzählt, die Menschen nach Dresden brächten, weil sie ihn sehen wollten. Modrow weist das jedoch zurück. »Da gab es keine Züge. Wer hätte die denn organisieren sollen?«

Nach der Ankunft im Hotel versammelten sich, laut Kohl, weitere Tausende davor. Teltschik berichtet: »ebenfalls Tausende, vorwiegend junge Leute«. Ein italienischer Kollege, der sich vor Ort aufhielt, erzählte mir allerdings: »Da standen höchstens ein paar hundert Leute draußen, nicht Tausende. Dafür war einfach kein Platz.« Das entspricht auch Modrows Eindruck.

Nun zur Rede bei der Ruine der Frauenkirche. Horst Teltschik schreibt in seiner Autobiografie, am Vorabend hätten sich in Bonn Kanzleramtschef Rudolf Seiters, Kohl und er selbst getroffen, um den Besuch in Dresden vorzubereiten: »Wir besprechen die Rede, die Helmut Kohl bei der öffentlichen Kundgebung in Dresden halten soll. Wir wägen jeden Gedanken ab, formulieren laut und der Bundeskanzler macht sich selbst mit seinem schwarzen Filzstift Notizen. Uns allen ist bewusst, dass diese Rede morgen eine Gratwanderung sein wird. Einerseits soll sie den Wünschen und Gefühlen der Menschen auf dem Platz gerecht werden. Andererseits ist klar, dass die Welt jedes Wort auf die Goldwaage legen wird. Kurz vor Mitternacht ist die Rede fertig.«

Kohl behauptete, er habe gar nicht vorgehabt, eine öffentliche Rede zu halten, sondern sich erst spontan beim Anblick der ihn willkommen heißenden Massen dazu entschlossen. Erst im Hotel in Dresden will er sich entsprechende Notizen dazu gemacht haben.

Als er die Ruine der Frauenkirche erreichte, heißt es in seinen Memoiren, sah er »hunderttausend Menschen« und »ein wogendes Meer schwarzrotgoldener Fahnen«. Die ihn begleitende Presse und das Fernsehen konzentrierten sich auf die Flaggen und die Menschen, die nah bei der Ruine standen und »Deutschland, Deutschland« oder »Helmut, Helmut« riefen. Sie vermittelten den Eindruck einer spontanen, bewegenden, tiefempfundenen Gefühlsaufwallung, dem Verlangen nach der deutschen Einheit. Diese Wahrnehmung wünschte sich Kohl wie so viele andere, und sie wurde letztlich auch in den Geschichtsbüchern wiedergegeben.

An jenem Abend war ich mit meinen Kollegen auch anwesend, allerdings hinter den Demonstranten, die das Podium umgaben, dort, wo die Scheinwerfer der Fernsehsender nicht mehr hinreichten. Was wir dort beobachteten, war etwas anderes als Kohls Schilderung. Horst Teltschik hatte sich ebenfalls von der Entourage des Kanzlers entfernt und beobachtete die Szene von weiter hinten. In seinen Erinnerungen schreibt er wahrheitsgetreu: »Während die Massen vor dem Rednerpult überschäumen und zahllose bundesdeutsche Fahnen schwenken, sind hier die Menschen sehr ruhig. Sie hören konzentriert zu, ihre Gefühle sind schwer auszumachen. Es herrscht kein Überschwang. [...] Die Gesichter bleiben jedoch auch beim Beifall sehr ernst.«

Wer waren also die Scharen von Leuten, die Transparente hochhielten und mit Macht zu der Plattform drängten, wo Kohl gleich auftreten würde, die Parolen riefen und ihre Fahnen in die Fernsehkameras hielten? Ewald König, ein österreichischer Kollege, der damals für die ›Frankfurter Allgemeine Zeitung‹ schrieb, sagte mir, er habe kräftige blonde Männer unmittelbar vor dem Podium gesehen, die »wie Einpeitscher« ihre Fäuste schüttelten und auf furchterregende Weise »Deutschland, Deutschland« brüllten, als wollten sie einen Chor anführen.

Und wo waren die rund hundert Kamerateams, die Kohl später in einem Fernsehinterview erwähnte? Wären es so viele gewesen, hätten wir sie bemerken müssen. Ich erinnere mich noch daran, an jenem Abend berichtet zu haben, dass die Menge trotz Kohls Anwesenheit nicht so groß war wie jene, die in anderen Städten der DDR für Demokratie und Reformen demonstriert hatten. Wir waren jedenfalls nicht sonderlich beeindruckt.

Da die Legende aber bis heute weiterlebt, fragte ich Wolfgang Berghofer, den Oberbürgermeister von Dresden, ob seiner Ansicht nach an jenem Abend wirklich hunderttausend Menschen auf diesem Platz gewesen sein können. Er erwiderte, dass dort höchstens die Hälfte hingepasst haben konnte. Genauere Schätzungen variieren zwischen 10 000 und 30 000. Denn auf alle Fälle war der Platz nicht komplett gefüllt.

Und wie verhält es sich mit dem »Meer aus schwarzrotgoldenen Fahnen«? Fragte sich wirklich niemand, wo in einem Land, dessen Regime der Bundesrepublik noch Tage vorher feindlich gesonnen war, in solcher Blitzgeschwindigkeit zahllose bundesdeutsche Flaggen herkamen? Wenige, der an jenem Abend geschwenkten Banner waren alte DDR-Fahnen, aus denen man das Emblem in der Mitte herausgeschnitten hatte. Doch Tausende, mit denen in die TV-Kameras gewunken wurde – und die, während Kohl schon sprach, noch aus großen West-Autos heraus verteilt wurden – waren makellos und brandneu. Wo die denn herkämen, fragten wir eine Gruppe junger Männer. »Die haben unsere Frauen genäht«, erhielten wir als Antwort. Das konnten sie jemand anderem erzählen!

Jahre später erfuhr ich endlich die Wahrheit. »Wir haben sie reingebracht. Alles aus dem Westen«, sagte mir Johann Gärtner, der geschäftsführende Vorsitzende der rechtsgerichteten Republikaner. Wie andere politische Parteien aus dem Westen waren auch die Republikaner in der DDR und vor allem in Sachsen während dieser Übergangszeit sehr aktiv gewesen. Man hatte unzählige Broschüren verteilt und um Unterstützung geworben. »In den ersten Monaten [nach der Wende] haben wir Lastwagen voll Fahnen, Wimpel und alles reingebracht. Die Fabriken haben auf Hochtouren gearbeitet, mit Nachtschichten, um sie alle herzustellen.« Er schätzte, dass die Republikaner und die CSU insgesamt zwischen 500 000 und 600 000 bundesdeutsche Fahnen in die DDR gebracht haben müssen, mit denen die Leute dort für die Wiedervereinigung demonstrierten. Sie waren in Leipzig, Potsdam, Brandenburg und anderen kleinen und größeren Städten verteilt worden, wo Demonstrationen stattfanden.

Die CSU war auch an jenem Tag in Dresden aktiv, sagte Gärtner. Sie hatte Busladungen von Menschen aus Westdeutschland herangekarrt. »Zum Teil Rentner. Die bekamen Tagesgeld – etwa 50 Mark – und Verpflegung. Für sie war es ein kostenloser Ausflug. Das weiß ich, weil ich eingeladen wurde, mich am Wurstbuffet zu bedienen, das sie [die CSU-Leute] für die herbeigeschafften Leute in einer Kantine irgendwo am Stadtrand organisiert hatten.« Es ist mir nicht gelungen, jemanden aus der CSU aufzutreiben, der damals an dieser Aktion beteiligt war.

Modrow wusste, dass man Leute, Fahnen und möglicherweise auch Agitatoren aus dem Westen geholt hatte, doch sein Verdacht geht über einige politische Parteien hinaus. »Ich habe um Einsicht in die Archive des Verfassungsschutzes gebeten. Ich habe keine Dokumente zu sehen bekommen.« Er fand es extrem unfair, dass einerseits die Stasi-Akten öffentlich zugänglich gemacht wurden, aber die Unterlagen der westlichen Dienste über diesen Zeitraum geheim blieben.

Zusammenfassend möchte ich sagen, dass zweifellos eine ganze Anzahl von Dresdnern bei dieser Kundgebung waren, die Kohl mit ihrem sächsischen Akzent – »Helmüt, Helmüt« – tatsächlich willkommen hießen und in der Tat die Wiedervereinigung wollten. Was den Rest angeht … Wer weiß, was wir darüber noch erfahren werden, falls die Archive der westlichen Geheimdienste für das Jahr 1989 jemals für die Öffentlichkeit geöffnet werden sollten?

7. KAPITEL

DAS NACHSPIEL

Sekt zu verkaufen

Man schrieb das Jahr 1990, und in den Dörfern und Städten des Gebiets, das bald nicht mehr Deutsche Demokratische Republik heißen sollte, änderten sich die Dinge rapide. Neue Ideen, neue Hoffnungen, neue Ängste und, weniger abstrakt, neue Produkte kamen wie eine Flut über die Menschen. Zumindest letztere wurden freudig angenommen – zumindest von allen, die sie sich leisten konnten. Endlich konnte man das kaufen, was man bislang vornehmlich aus der Werbung des Westfernsehens kannte, aber selbst nicht hatte bekommen können. Irgendwie wirkte das alles so viel glamouröser, besser und begehrenswerter als die langweiligen, bekannten Erzeugnisse, mit denen man so lange hatte vorliebnehmen müssen.

Wenn die Leute etwas zu feiern hatten oder auch ohne Anlass, kauften sie die verlockenden neuen Sektmarken, die jetzt auch in ihren Läden zu haben waren: Mumm, Henkell, Fürst von Metternich usw. Das war so viel spannender als der öde, alte Rotkäppchen-Sekt, den jeder im Westen wie im Osten untrennbar mit der DDR-Saga verband.

Und so passierte etwas, dass ein Jahr zuvor noch genauso unvorstellbar gewesen wäre wie das Anstoßen mit Sekt aus dem Westen: Rotkäppchen-Mitarbeiter fuhren mit einem Trabant auf Marktplätze, parkten dort und öffneten den Kofferraum, wo kistenweise Rotkäppchen-Sekt zum Vorschein kam. Diesen begannen sie dann, wie andere kapitalistische Straßenhändler, den Passanten anzudienen – ob zu einem Spezialpreis, kann ich nicht sagen. Aber es war ein Glück für die Kollegen bei Rotkäppchen, dass die Menschen die Flaschen wirklich kauften. Es war ein Akt der Verzweiflung.

In der Weinstadt Freyburg an der Unstrut in Sachsen-Anhalt stand die Firma Rotkäppchen mit ihren 364 Angestellten kurz vor dem Aus. Die Verkaufszahlen von ursprünglich 7,1 Millionen waren im Jahresverlauf um die Hälfte eingebrochen. Die Lager waren voll mit unverkauften Flaschen. Es war der Tiefpunkt in der Firmengeschichte und sah aus, als könnte es zugleich ihr Ende sein. Doch mit dem Mut und der Entschlossenheit, die das Firmenschicksal fortan bestimmen sollten, hatten die Angestellten die Dinge selbst in die Hand genommen.

Wenige Menschen, ob im Westen oder Osten, schienen zu wissen, dass die so klar mit dem Arbeiter- und Bauernstaat assoziierte Marke Rotkäppchen eine sehr viel längere Geschichte besaß. Im Jahre 1859 war sie von den Brüdern Moritz und Julius Kloss und deren Freund Carl Foerster in der Winzerstadt Freyburg unter dem Namen Weinhandlung Kloss & Foerster gegründet worden. Der ursprüngliche Name der Hauptmarke lautete Monopol, doch nach einer gerichtlichen Auseinandersetzung mit dem französischen Champagnerhersteller Heidsieck, der bereits die Marke »Monopole« führte, mussten die Herren sich eine Alternative überlegen. Da alle Flaschen mit einer Kapsel aus roter Aluminiumfolie versehen waren, fiel ihre Wahl auf den Namen Rotkäppchen. Aus dem Unternehmen wurde einer der größten Sektproduzenten Deutschlands, bis 1945 die sowjetische Militärregierung Günther Kloss, den Enkel von Julius, verhaftete und die Firma unter Zwangsverwaltung stellte. 1948 wurden die Eigentümer formell enteignet, und es entstand der VEB Rotkäppchen-Sektkellerei Freyburg/Unstrut. Nach seiner Entlassung ging Günther Kloss in den Westen und gründete 1953 in Rüdesheim am Rhein Kloss & Foerster neu. Er produzierte weiterhin Sekt, auch unter dem Markennamen Rotkäppchen, und zwar in Zusammenarbeit mit der ortsansässigen Firma Ohlig & Co.

Was sich die Mitarbeiter bei Rotkäppchen nicht hätten vorstellen können, als sie 1990 ihren Sekt auf der Straße anpriesen, war, dass dies der Beginn einer der spektakulärsten Erfolgsgeschichten nach der Wende sein würde.

Der VEB gehörte in der DDR zu verschiedenen staatlichen Strukturen, bevor ihn die Treuhand übernahm, privatisierte und an ein Konsortium aus langjährigen Mitarbeitern und dem Getränkemogul Harald Eckes-Chantré sowie dessen zwei Töchtern verkaufte. Der Familie Eckes-Chantré gehörten zwar 60 Prozent der Anteile, doch hielt sie sich im Hintergrund. Geschäftsführer wurde der ehemalige VEB-Manager Günther Heise.

Die Zahl der Beschäftigten sank auf ein Fünftel der Belegschaft vor der Wende. Man führte neue Produktlinien ein, und dank westlicher Marketing- und PR-Strategien stiegen die Verkaufszahlen steil an. Im Jahr des hundertjährigen Bestehens der Marke, 1994, produzierte man mit 17 Millionen Flaschen mehr denn je. 2002 kaufte man dem kanadischen Getränke-Riesen Seagram auch noch die bekannten Marken Mumm, Jules Mumm und MMExtra ab. Damit hielt Rotkäppchen 30 Prozent des gesamten Sektmarkts in Deutschland. Der Name wurde in Rotkäppchen-Mumm Sektkellereien GmbH geändert. Das Unternehmen florierte, nahm Weine und Cognac in seine Produktpalette auf und erwarb auch Kloss & Foerster, das inzwischen Günthers Enkel Michael Kloss führte. So waren die östliche und die westliche Rotkäppchen-Kellerei schließlich vereint.

Obwohl Rotkäppchen-Mitarbeiter 1990 vielerorts in der ehemaligen DDR Sekt flaschenweise auf der Straße verkauften, kann ich dieses Geschehen nicht weiter konkretisieren. Ich durfte nämlich mit niemand aus dem Unternehmen sprechen, der damals daran beteiligt gewesen war. Man sagte mir, Gunter Heise habe damals selbst Rotkäppchen auf Straßen und Plätzen feilgeboten. Ein Interview verweigerte er allerdings, und er erlaubte auch niemand anderem, mit mir darüber zu sprechen. Er wolle nur noch nach vorn, nicht mehr zurück schauen, hieß es.

Für die Spitze eines so florierenden und PR-bewussten Unternehmens fand ich diese Haltung seltsam. Denn meiner Ansicht nach kann man den überwältigenden Erfolg, der alle Beteiligten doch mit ungeheurem Stolz erfüllen muss, nur ermessen, wenn man auch den dunkelsten Moment der Firmengeschichte nicht außer Acht lässt.

Missmutige Generäle

Die Außen- und Verteidigungsminister der osteuropäischen Staaten unterzeichneten einer nach dem anderen im stillen Konferenzsaal des Hotel Duna Intercontinental in Budapest das historische Dokument. Dann wurde es an Dmitri Jasow weitergereicht, den mit Orden und Bändern behängten Marschall der Sowjetunion und sowjetischen Verteidigungsminister. Grimmig ergriff dieser einen Füller und senkte ihn aufs Papier – doch er funktionierte nicht. Mit einer Mischung aus Entschlossenheit, wie man sie von einem sowjetischen General auch erwartete, und seiner unverhohlen schlechten Laune schmiss er den Federhalter hin, packte einen anderen und unterschrieb rasch mit rotem Kopf.

Damit endete an jenem 25. Februar 1991 das Militärbündnis Warschauer Pakt, das 36 Jahre zuvor als Reaktion auf den Natobeitritt der Bundesrepublik gegründet worden war. De facto existierte dieses Instrument, das die sowjetische Vorherrschaft in der DDR und den übrigen Satellitenstaaten garantiert hatte, damals schon nicht mehr. Der Kalte Krieg, in dem sich bewaffnete Deutsche aus Ost und West entlang einer schwerbefestigten Grenze von der Ostsee bis zu den Alpen gegenübergestanden hatten, war zu Ende.

Als die Zeremonie vorbei war, konnten die Delegierten der übrigen Länder, darunter viele ehemalige Dissidenten, die nun in den neuen post-kommunistischen Regierungen saßen, ihre Freude kaum verhehlen. Von einem Ohr zum anderen grinsend bemerkte Janusz Onyskiewicz, ein früherer Sprecher der polnischen Solidarnosc und gegenwärtige stellvertretende Verteidigungsminister, mit absolutem Understatement: »Es gibt nicht viel, worüber ich mich grämen könnte.«

Danach war eine gemeinsame Pressekonferenz angesetzt, doch nachdem die rund 500 Journalisten sich gesetzt und ihre Notizblöcke und Kameras gezückt hatten, wurde ihnen klar, dass die sowjetische Delegation verschwunden war. Jasow und seine Kollegen hatten anscheinend ihre Mäntel und hohen Kappen genommen und waren mit finsteren Mienen aus dem Hotel marschiert, um davor auf ihre Staatskarossen zu warten, die sie abholen sollten. Nachdem ihre kolossale Macht über halb Europa zu Ende war und auch die Sowjetunion selbst Anzeichen des Niedergangs zeigte, betrachteten die bulligen, uniformierten Generäle die Auflösung des Militärpakts – wie man an ihren Gesichtern gut ablesen konnte – als Niederlage und Demütigung. Da alle anderen die Resultate des Tages sichtlich freuten, war ihnen – gelinde gesagt – wohl nicht danach zumute, noch länger am Ort des Geschehens zu bleiben. Im Hotel erklärten derweil die ungarischen Gastgeber diplomatisch, dass der sowjetischen Delegation die Zeit gefehlt hätte, um noch an der Pressekonferenz teilzunehmen.

Dabei war die Unterzeichnung an jenem Tag eigentlich nur noch eine Fußnote der Geschichte, das formale Akzeptieren der Realität. Denn einige Monate zuvor, im September, nur wenige Tage vor der deutschen Wiedervereinigung, war die DDR offiziell aus dem Warschauer Pakt ausgetreten; zudem hatte Bonn Moskau die Zusage abgerungen, alle 380 000 sowjetischen Soldaten im Laufe von fünf Jahren von ostdeutschem Gebiet abzuziehen. Inzwischen hatten auch andere Staaten – Ungarn, Polen, die Tschechoslowakei, Rumänien und Bulgarien – neue, unabhängige Regierungen, die die Kontrolle ihrer Streitkräfte selbst beanspruchten und nicht die Absicht hatten, nach der Pfeife der Sowjetunion zu tanzen. Auf dem Papier existierte das Militärbündnis jedoch weiterhin, und da Moskau sich des Schutzes gegen die potenzielle Bedrohung aus dem Westen beraubt sah, schob es den endgültigen Tag der Auflösung – ursprünglich angesetzt für den vorangegangenen November – immer wieder hinaus. Und selbst jetzt blieben die politischen und diplomatischen Bestandteile des Vertrages theoretisch noch in Kraft und würden erst am 1. Juli endgültig erlöschen. Doch wie der polnische Außenminister Krzystof Skubiszewski auf der Pressekonferenz so treffend bemerkte, war der Pakt ohne die militärische Komponente de facto nur noch eine »leere Hülle«.

Die ehemalige DDR war durch die Wiedervereinigung sogar schon Teil des früheren Feindes, der Nato. Polen, Ungarn und die Tschechische Republik sollten acht Jahre danach der Nato beitreten; diesem Beispiel folgten im Verlauf des nächsten Jahrzehnts noch die meisten anderen mitteleuropäischen und baltischen Staaten. Und allen Einladungen zur Annäherung zum Trotz blieb die Sowjetunion und später Russland stets auf Distanz bedacht.

PS: Der extrem konservative Marschall Jasow gab auch nach seiner Rückkehr nach Moskau noch keine Ruhe. Sein Zorn über den Ausgang dieser Ereignisse war sogar so groß, dass er sich im August 1991 anderen höchsten sowjetischen Funktionären anschloss, die mit einem Komplott versuchten, Michail Gorbatschow zu stürzen und das Auseinanderbrechen der Sowjetunion zu verhindern. Die Verschwörung scheiterte bekanntermaßen. Jasow verlor seinen Posten und saß 18 Monate im Gefängnis, bevor er im Zuge einer Amnestie von Gorbatschows Nachfolger Jelzin wieder auf freien Fuß kam.

Von Uhren, die anders tickten

Erst war es wie ein Rausch, als die Mauer fiel, dann folgte die Aufregung der Wiedervereinigung. Danach kam, zumindest für die Berliner, quasi der Kater, in Form von endlosen Störungen, während man daran ging, die Stadt langsam wieder zusammenzuflicken. Eine Freundin, die bis heute in Berlin lebt und arbeitet und viel in der Stadt unterwegs war, wird nie vergessen, was ihr persönlicher Tribut war.

»Es war ein besonderer Tag in meinem Berufsleben«, berichtete sie mir. »Ich war zu einem Gespräch in Mitte gefahren, musste aber dann zu einem sehr wichtigen Termin in Potsdam. Es durfte nichts schiefgehen. Wie immer war aber in Berlin alles zäh und langsam. Besonders wenn man von einem Ort zum anderen wollte, ging immer etwas schief, weil man sich von einer Baustelle zur anderen hangeln musste, vor allem im Ostteil der Stadt, der sich langsam zur größten Baustelle Europas entwickelte. Straßenbahnschienen wurden stillgelegt, Häuser eingerüstet. Man kannte sich noch nicht aus in dem neuen Stadtteil. Trotzdem ging man gerne hin, denn man freute sich, dass Berlin sich plötzlich so vergrößerte und so viel Neues, Unbekanntes bot.

Damit ich rechtzeitig am Bahnhof Zoo die S-Bahn nach Potsdam erreichen konnte, stellte ich auf der Friedrichstraße sicher, dass meine Uhr richtig ging. Es war sehr kalt, und ich wollte auf jeden Fall vermeiden, dass ich zu lange am zugigen Bahnhof warten musste. Aber gleichzeitig durfte ich die S-Bahn nicht verpassen, damit ich meinen Termin halten konnte. Die große Uhr am Bahnhof zeigte 14.55 Uhr. Meine Uhr behauptete jedoch, es sei bereits 14.59 Uhr. Ein Blick die Straße entlang und auf eine andere Uhr, unterhalb des Bahnhofseingangs, bestätigte, dass meine Uhr anscheinend falsch ging. Es war erst 14.55 Uhr, daran bestand kein Zweifel. Ich stellte meine Uhr also zurück, damit ich später pünktlich die Bahn nehmen konnte. Als ich im Bahnhof ankam, zeigte meine Uhr 15.38 Uhr, ich hatte also noch fünf Minuten, bis mein Zug fahren sollte. Daher staunte ich nicht schlecht, als ich auf dem Gleis meine Bahn nur noch von hinten sah. Der Blick auf meine Uhr zeigte eindeutig 15.41 Uhr, aber der Zug war trotzdem weg. Die Uhr auf dem Bahnsteig stand allerdings bereits auf 15.45 Uhr, der Zug war demnach pünktlich abgefahren und meine Uhr hatte innerhalb einer Viertelstunde anscheinend vier Minuten verloren. Wie konnte das sein? War sie kaputt gegangen, buchstäblich von einer Minute auf die andere? Die nächste Bahn kam erst 20 Minuten später, meinen Termin konnte ich nicht mehr halten. Ich machte einen schlechten Eindruck, und es war mir unendlich peinlich. Aus dem Auftrag, der mir so wichtig gewesen war, wurde nichts.

Meine Uhr kontrollierte ich die folgenden zwei Tage, sie

ging total genau. Die einzige Erklärung war, dass die beiden Uhren im Ostteil, denen ich getraut hatte, falsch liefen. Am Abend redete ich mich im Freundeskreis in Rage über die Ungenauigkeit der ostdeutschen Uhren, die mich in mein Mini-Verderben gestürzt hatten. Eine Bekannte klärte mich dann auf: Die Uhren im Ostteil der Stadt gingen nicht falsch, sondern sie gingen schlichtweg anders. Die Stromversorgung wurde in der gesamten Stadt zentralisiert. Durch die Umstellung geriet sie, also die Stromversorgung, im Osten kurzzeitig durcheinander, mit dem Ergebnis, dass die Uhren anders tickten als im Westen. Das erklärte mein Dilemma und das von vielen anderen Berlinern, die sich wenige Tage lang darüber wunderten, was mit ihren Uhren los war. Ein Trost war das für mich aber trotzdem nicht.«

Wie der Saumagen weltberühmt wurde

Was würde die Jahre der Ära Kohl wohl am besten symbolisieren? Alle 16, die mit der Wahlniederlage von 1998 endeten? Das Aquarium mit den tropischen Fischen in seinem Büro im Kanzleramt, als Beleg für das, was einmal jemand seine »überdurchschnittliche Durchschnittlichkeit« nannte? Oder die Kühe, mit denen der Kanzler und seine Familie für die traditionellen Fotos während der alljährlichen Sommerferien am Wolfgangsee posierten, um dem Image eines Mannes mit intakter, glücklicher Familie gerecht zu werden?

Die Pfeife? Die Brillen, erst mit dunklem Gestell, später heller, die irgendwie sein seltsames Blinzeln zu betonen schienen, als würde er plötzlich auf irgendetwas Grelles schauen? Später im Alter konnte er wegen der dann auftretenden Weitsichtigkeit darauf verzichten, was ihn etwas gütiger wirken ließ. Oder die Fülle von Karikaturen und Büchern, die sich über »Birne« mokierten? Das (scheinbar) dicke Fell, das ihn allen Spott über seine Figur, seine Größe, seine Art, seine Bemerkungen, sein politisches Geschick und eigentlich alles an ihm aushalten ließ, ohne sein Selbstvertrauen zu erschüttern, und ihm letztlich ermöglichte, so lange an der Macht zu bleiben?

Oder, was ihm selbst zweifellos am besten gefiele, die riesige Strickjacke, die er bei den entscheidenden Gesprächen mit Michail Gorbatschow im Kaukasus trug, als die beiden die deutsche Einheit besiegelten?

Für mich ist eines der Dinge, die am meisten über Kohl und seine Amtszeit aussagen, der Saumagen. Dieses pfälzische Traditionsgericht, das nicht ohne Grund andernorts praktisch unbekannt war, bevor Kohl das änderte. Schon das Wort selbst schien, wie auch der Ludwigshafener Stadtteil Oggersheim, wo er lebte, Synonym für seine Provinzialität zu sein. Und für seinen Mangel an Raffinesse, über den Kritiker sich permanent lustig machten, der sich jedoch letztlich als eine seiner größten Stärken erweisen sollte.

Der Saumagen ist, das wissen inzwischen auch Nicht-Pfälzer, tatsächlich der Magen einer Sau, gefüllt mit Fleisch, Kartoffeln und Gemüse, lange in Wasser gekocht, manchmal auch im Ofen gebraten. Bevor man ihn isst, wird er in Scheiben geschnitten, die man dann in der Pfanne brät. Man sagt, es gäbe so viele Rezepte dafür wie es Pfälzer Hausfrauen gibt. Bekömmlicher wird das Ganze durch viele Kräuter und Gewürze. Ein Vorteil ist, dass Saumagen großen Durst auf Bier oder, noch häufiger, auf Pfälzer Weine macht, die dazu auch gern in Halb-Liter-Gläsern serviert werden.

Einen Ehrenplatz bekam der Saumagen in einem Kochbuch – ›Kulinarische Reise durch deutsche Lande‹ –, das Kohl 1995 zusammen mit seiner Frau Hannelore herausgab. Der Erlös daraus ging an ihre Stiftung zur Rehabilitation von Hirngeschädigten. Helmut Kohl hatte wenig übrig für die kleinen Portionen und ausgefallenen Kombinationen der Nouvelle Cuisine, für die raffinierten asiatischen und anderen ausländischen Gerichte, die damals in Deutschland so en vogue waren. Auch die Diäten, für die sich die gesundheits- und figurbewussten Deutschen begeisterten, waren nichts für ihn. Daher fanden sich in dem erwähnten Buch Rezepte für Knödel, Würste, Schweinebraten, Eisbein, Gans und Christstollen.

Kohl entwickelte gern starke persönliche, menschliche Beziehungen zu den Leuten, mit denen er zu tun hatte, insbesondere zu den Staatsmännern und -frauen anderer Länder. Wenn Präsidenten oder Premierminister auf Staatsbesuch in Bonn weilten, schloss sich daher oft noch ein Privatbesuch in seiner Heimat an. Dann führte er die Gäste durch seinen geliebten Dom zu Speyer, wo acht deutsche Könige und Kaiser des Heiligen Römischen Reiches Deutscher Nation begraben liegen und wo er einmal sagte: »Hier weht der deutsche Geist.« Darauf folgte eine entspannte Unterhaltung in Kohls großem Bungalow in Oggersheim sowie eine Fahrt durch die Weingärten in das hübsche kleine Dorf Deidesheim. Dort ging es in das Zwei-Sterne-Restaurant Deidesheimer Hof, und zwar durch die große Gaststube (zweifellos eine willkommene Gelegenheit, um mit seiner Gesellschaft von den anderen Gästen auch gesehen zu werden) in ein gemütliches holzvertäfeltes Extra-Zimmer. Dort saß man an einem ovalen Tisch unter ehrwürdigen Porträtbildern und Wappenschilden. Kohl pflegte seinen Gästen zu empfehlen, doch eine der fünf verschiedenen Variationen von Saumagen zu kosten, die der Sternekoch Manfred Schwarz sich ausgedacht hatte, um das Gericht selbst verwöhnten Gaumen schmackhaft zu machen. Da gab es ein Rezept mit Trüffelfüllung und eines mit geräuchertem Saumagen, den ich auch persönlich ausgezeichnet finde.

Am besten scheint der Saumagen bei den russischen Gästen angekommen zu sein. Als Michail Gorbatschow im November 1990 im Rahmen seines Besuchs anlässlich der Feier zum 1. Jahrestag des Mauerfalls mit Kohl beim Deidesheimer Hof eintraf, flog ein kleines Sportflugzeug über ihre Köpfe und zog ein Transparent hinter sich her, auf dem zu lesen stand: »Gorbi, iss nicht den Saumagen von Kohl!« Gorbatschow ignorierte diesen Rat. Und es schmeckte ihm sogar so gut, dass er um Nachschlag bat. Die britische Premierministerin Margaret Thatcher war dagegen weniger erbaut. Auch sie absolvierte das übliche Besuchsprogramm von Kohl, der all seinen Charme aufbot, um das nicht ganz so harmonische

Verhältnis zu verbessern. In ihren Memoiren beschreibt sie den Abend folgendermaßen: »Es war fröhlich, kurios, sentimental und ein bisschen übertrieben – gemütlich ist, glaube ich, das deutsche Wort dafür. Der Lunch bestand aus Kartoffelsuppe, Schweinemagen (den der deutsche Kanzler sichtbar genoss), Würsten, Leberklößen und Sauerkraut.« (›Downing Street No. 10. Die Erinnerungen‹) Kein weiterer Kommentar dazu. Sir Charles Powell, einer ihrer engsten Berater, erzählte mir, sie habe ihn (den Saumagen), auf ihrem Teller herumgeschoben und nur so getan, als äße sie davon. Nachdem sie und ihre Entourage schließlich ihr Flugzeug bestiegen hatten, um nach London zurückzukehren, schleuderte sie ihre Schuhe weg, sank in ihren Sitz, bestellte einen Gin Tonic und stöhnte: »Oh, this man is SO German!« Doch das ist noch nicht alles. Der Saumagen ging sogar um die Welt: während Kohls Kanzlerschaft stand er als Spezialität auf der Speisekarte der First Class bei Lufthansa. Die Ära Kohl ist schon längst Geschichte, doch der einst unbekannte, provinzielle Saumagen blieb und behauptet seither einen festen Platz unter den klassischen Gerichten der traditionellen deutschen Küche. Da sieht man wieder einmal, was Macht bewirken kann.

Mehr als ein Haus

»Wie würden Sie sich denn fühlen, wenn plötzlich jemand bei Ihnen auftauchen und behaupten würde, Ihr Zuhause gehört Ihnen nicht und dass er es Ihnen wegnehmen will?« Eine Frau aus Kanada war nach Schulzendorf im Südosten von Berlin gekommen, um das Haus zu sehen, das ihrem Vater gehört hatte, bevor er in den Westen geflohen war. Das Haus, auf das die Familie jetzt Anspruch erhob. Zuerst war das Paar, dem es inzwischen gehörte und das dort lebte, abweisend gewesen, doch dann hatten sie Mitleid. Man verstand sich gut, unterhielt sich nett, bis die Dame aus Kanada sich verabschiedete. Doch das änderte nichts an dem 13 Jahre dauernden Alptraum, den das Paar anschließend durchlitt.

Ich nenne dieses Paar der Einfachheit halber Klaus und Maria Schmitz. Die beiden waren vor vielen Jahren aus einer Wohnung im Zentrum von Ostberlin nach Schulzendorf gezogen, damit ihre Kinder in einem Haus mit Garten aufwachsen konnten. Sie mieteten das kleine Einfamilienhaus so günstig, wie es damals in der DDR üblich war, von der örtlichen Wohnungsgesellschaft und übernahmen dafür die Kosten von Reparaturen und Modernisierung oft selbst. Sie hatten es gar nicht kaufen wollen, doch als die Wohnungsgesellschaft es ihnen anbot, taten sie es schließlich doch, vor allem um zu vermeiden, dass jemand anderer es erwarb. Das Geld dafür – 15 000 Ostmark – mussten sie zusammenkratzen, bei Eltern und anderen Verwandten. So wurden sie 1988 von Rechts wegen Hauseigentümer.

Die Schmitz begrüßten den Fall der Mauer begeistert und ahnten wie so viele nichts von dem Leid, dass dieser ihnen später noch bescheren sollte. Doch schon bald erhielten sie ein formelles Schreiben eines Gerichts, das sie davon in Kenntnis setzte, dass die Erben des früheren Hausbesitzers die Rückgabe forderten.

Was dann folgte, war ein 13-jähriger Kampf durch alle Instanzen, geführt mit extremer Verbissenheit von einem der Erben, der selbst Notar war. Das Ehepaar Schmitz litt in dieser Zeit nicht nur unter der Angst, sein Zuhause zu verlieren, sondern unter dem von Maria Schmitz so bezeichneten »Psychoterror« von Anschuldigungen, wonach sie das Haus mit unlauteren Mitteln erworben hätten. Als Grund wurde angeführt, so ein Zweieinhalb-Zimmer-Haus mit Mansarde, die sie für ihre drei Kinder ausgebaut hatten, sei mehr gewesen, als zu DDR-Zeiten gesetzlich gestattet. »Ich mache ihnen keinen Vorwurf, dass sie den Antrag auf das Haus gestellt haben«, sagt Maria heute. »Aber die Art und Weise, wie sie darum gekämpft haben ...«

Das Paar Schmitz gewann in jeder Instanz und behielt das Haus, doch dieser Kampf forderte furchtbaren Tribut an ihren

Nerven und ihrer Gesundheit. Maria, die Jüdin ist und im Exil zur Welt kam, fühlte sich wie ein zweites Mal verfolgt.

Wozu hat man Freunde?

Das ehemalige sowjetische Staatsoberhaupt Michail Gorbatschow hat viele Freunde und Bewunderer im Westen und insbesondere in Deutschland, das ihm seine Wiedervereinigung verdankt. Er ist hier sogar weitaus populärer als im eigenen Land. Dort hatte er vor allem in den 1990er Jahren viele Feinde – Menschen, die ihn unter anderem hassten, weil er das Ende des Kommunismus eingeläutet und den Zerfall der Sowjetunion verursacht hatte.

Deshalb war es auch verständlich, dass Gorbatschow sich, als er sich zu Hause von Feinden bedroht fühlte, seine Freunde im Westen um Hilfe bat. Und das kam so:

Eines Tages im Jahr 1991 oder 1992 – er kann es selbst nicht mehr genau erinnern – erhielt Horst Teltschik, ehemals einer der engsten Berater von Kanzler Kohl, einen Anruf von Gorbatschows deutschem Dolmetscher. (Gorbatschow spricht kein Deutsch.) Boris Jelzin, Gorbatschows Nachfolger, hatte ihm das gepanzerte Fahrzeug entzogen, mit dem er als Generalsekretär der Kommunistischen Partei und Präsident der Sowjetunion gefahren wurde. Gorbatschow hatte Jelzin kritisiert, und das Verhältnis war feindselig. Raissa Gorbatschow fürchtete sehr, dass ihr Mann einem Attentat zum Opfer fallen könnte. Ob Teltschik daher wohl helfen könne, einen kugelsicheren Wagen zu besorgen?

Horst Teltschik war und ist ein guter Freund Michail Gorbatschows. Er hatte dessen ersten, triumphalen Besuch als sowjetischer Staatschef 1989 in der Bundesrepublik organisiert. Während der Verhandlungen über die Wiedervereinigung hatten die beiden eng zusammengearbeitet. Bis heute stehen sie in engem Kontakt, treffen sich hin und wieder und laden einander abwechselnd zu ihren runden Geburtstagen ein.

Als ihn dieser Anruf erreichte, war Teltschik nicht mehr

im Kanzleramt tätig, sondern Geschäftsführer der Bertelsmann Stiftung. Dort hatte er Gorbatschow geholfen, seine Memoiren und andere Bücher im Westen zu veröffentlichen. Doch selbstverständlich stellte Bertelsmann keine Autos her. Allerdings verfügte Teltschik nach wie vor über beste Kontakte und sprach daher gleich mit dem Vorstandsvorsitzenden von Daimler. In kürzester Zeit hatte der ehemalige sowjetische Staatspräsident wieder ein kugelsicheres Auto.

Horst Teltschik weiß nicht, wer diesen Wagen bezahlt hat, und Daimler wird sich nicht dazu äußern, weil man dort prinzipiell nichts über die Geschäftsbeziehungen zu Kunden verlauten lässt. Ich vermute stark, dass man Gorbatschow das Auto als Zeichen der Dankbarkeit dafür, was er für Deutschland getan hat, zur Verfügung stellte.

Geschichte schreiben, umschreiben und sabotieren

Wer seinen Lebensunterhalt damit verdient, über Politik zu berichten oder diese zu kommentieren, der weiß, dass manche Politiker der Versuchung erliegen, die Geschichte zu ihrem eigenen Vorteil zu manipulieren. Manche tun dies, indem sie Fakten und Ereignisse verzerren, falsch darstellen oder fehlinterpretieren, damit sie ihrer eigenen aktuellen Argumentation das Wort reden. Lech Walesa, der ehemalige Gewerkschaftsführer und spätere polnische Präsident (1990–1995), und der dreimalige italienische Premierminister Silvio Berlusconi sind Meister dieser Kunst, sofern man hier überhaupt von einer Kunst sprechen mag. Im amerikanischen Wahlkampf kann man den Eindruck gewinnen, die Hälfte aller Politiker des Landes sei darin bewandert. Die Öffentlichkeit lässt sich davon vielleicht täuschen, aber in einer so schnelllebigen Zeit ist es selbst für die Medien schwer, die Dinge ins rechte Licht zu rücken, bevor man schon vom nächsten Ereignis abgelenkt wird.

Andere denken langfristig und versuchen, selbst dafür zu sorgen, dass ihr Platz in der Geschichte für künftige Generationen den eigenen Vorstellungen entspricht. Einer davon ist Helmut Kohl, der nach Ende seiner Amtszeit wohlgesonnene Historiker und Journalisten um sich scharte, diese mit seinem Material und Reminiszenzen versorgte und mit ihrer Hilfe bändeweise Erinnerungen über seine Kanzlerschaft produzierte. Damit will ich nicht sagen, dass die Arbeit dieser Autoren nicht hochprofessionell gewesen wäre. Gelegentliche Ungenauigkeiten, die ich darin beim Lesen entdeckte, sind zweifellos dem selektiven Gedächtnis des Ex-Kanzlers geschuldet – so wie in seinem Bericht über dem Empfang bei seinem Besuch in Dresden (siehe S.178ff.). Aber es ist auch unwahrscheinlich, dass irgendetwas davon veröffentlicht worden wäre, wenn Kohl damit nicht hundertprozentig zufrieden gewesen wäre. Und zweifelsohne wird sich kein künftiger Historiker, der auf sich hält, ausschließlich auf diese Memoiren verlassen, um einen Eindruck von jener Ära zu bekommen. Aber da sie vom damaligen Regierungschef stammen, werden sie unvermeidlich von beträchtlicher Bedeutung sein – und natürlich eine Menge Platz in den Regalen der Bibliotheken einnehmen.

Es gibt aber auch eine Kehrseite dieser Medaille. Während seiner gesamten politischen Karriere favorisierte Kohl einen ausgewählten Kreis von Journalisten, die auf seiner Wellenlänge waren, die er glaubte beeinflussen zu können und denen er vertraute. Zum Rest der Medien – und das war schon ein beträchtlicher Anteil – pflegte er kein einfaches Verhältnis. Man hatte den Eindruck, »fair« bedeutete für ihn, etwas so zu sehen wie er selbst. Jeder, der sich um echte Objektivität bemühte oder sogar einen kritischen Standpunkt einnahm, galt ihm als Gegner. Zwar konnte er niemanden davon abhalten, zu schreiben, wie derjenige es für richtig hielt, aber er konnte es einem gelegentlich schon sehr schwer machen.

Ich gehörte eindeutig zur zweiten Kategorie. Als ich 1996 begann, an einer Kohl-Biografie zu arbeiten, fragte ich, wie es jeder Autor eines solchen Projekts täte, in seinem Pressebüro nach einem Interviewtermin. Ich kannte ihn bereits gut genug, um keine großen Enthüllungen oder tieferen Erkenntnisse zu erwarten, aber es gab viele Punkte, zu denen ich ihn gerne befragt hätte. Außerdem erschien es mir nur fair, dem »Gegenstand« einer Biografie die Chance zu geben, sich selbst zu äußern. Über ein Jahr lang versuchte ich es immer wieder. Die Antwort – falls ich überhaupt eine erhielt – war niemals ein »Nein«, sondern immer hieß es nur, der Kanzler habe dafür im Moment keine Zeit.

Ich betrachtete das nicht als großen Verlust. Anders sah es dagegen 2001 aus, als ich den Auftrag erhielt, eine Biografie über seine Frau Hannelore zu schreiben, die sich gerade das Leben genommen hatte. Dazu erschien es mir äußerst wichtig, mit ihm und dem Rest der Familie zu sprechen. Wieder einmal fragte ich um ein Interview an und wieder einmal erhielt ich lange keine Antwort. Endlich ließ man mich wissen, dass die Familie Kohl eine eigene Biografie herausgeben würde, geschrieben von seinem Sohn Peter in Zusammenarbeit mit einem ›Bild‹-Journalisten. Außerdem hatte Kohl alle in seinem Umfeld angewiesen, nicht mit mir über seine Frau zu sprechen. Offensichtlich wollte er vollständig kontrollieren, was über sie und die Familie in die Geschichtsbücher käme und was nicht. Ich war bestürzt und einen Moment lang versucht, das Projekt aufzugeben.

Allerdings war es so, dass Kohls Vorstellung davon, mit wem eine Journalistin, die eine Biografie schreibt, wohl reden wollen würde, relativ begrenzt war. Das heißt, dass es letztlich doch eine Menge Leute gab, denen er nicht geboten hatte, zu schweigen. Den größten Schatz barg ich allerdings in der Bibliothek des Bundestags: drei fette Ordner voll mit Zeitungs- und Zeitschriftenausschnitten über Hannelore Kohl. Darunter Aberdutzende, vielleicht sogar Hunderte von Interviews, die sie im Laufe der Jahre gegeben hatte und in denen sie – mal mehr, mal weniger – über sich und ihr Leben erzählte. Eine bessere Quelle hätte ich mir gar nicht wünschen können.

Die beiden Bücher kamen übrigens ungefähr gleichzeitig auf den Markt. Beide verkauften sich gut und schafften es auf die Bestsellerliste. Ich erfuhr aus dem Buch der Familie nicht viel Neues, aber es scheint sich in größerer Zahl verkauft zu haben als meines. Wahrscheinlich weil viele Leser verständlicherweise annahmen, die Familie wäre in der Lage, mehr über sie zu berichten. Auch das ist ein Weg, um Geschichte zu beeinflussen.

8. KAPITEL

UND SO LEBTEN SIE GLÜCKLICH ...

Die Wiedergeburt einer Villa

Nach der Wende gelang es den Erben des Bankiers Franz Urbig, wieder in den Besitz der Familienvilla am Griebnitzsee zu gelangen. Doch das Anwesen bot einen traurigen Anblick. Der vormals sanft zum See hin abfallende Grund war eingeebnet worden, der hohe Stacheldrahtzaun und der Patrouillenstreifen verliefen durch den Garten. Die großen Bäume und alles andere, was einst die Schönheit des Grundstücks ausgemacht hatte, waren verschwunden. Gestrüpp und Wildwuchs am Ufer versperrten den Blick. Das Haus jedoch, das all die Jahre hindurch benutzt und geheizt worden war, befand sich in relativ gutem Zustand. Vor allem im Vergleich zu einigen anderen in der Nachbarschaft, die man so vernachlässigt hatte, dass sie jetzt praktisch abrissreif waren.

Trotzdem gab es noch ein großes Problem. Die inzwischen über ganz Deutschland verstreut lebende Familie konnte sich die Restaurierung nicht leisten und hatte auch nicht vor, dort wieder einzuziehen. Also bot man die Villa zum Verkauf an. Es dauerte Jahre, bis sich ein Interessent fand. Abschreckend wirkten wohl der Denkmalschutz, unter dem die Villa stand, und die damit verbundenen Vorschriften, Verpflichtungen und Kosten. Die Villa sei ein Klotz am Bein gewesen, meint Marie-Louise Gericke in der Rückschau.

2005 griff zur großen Erleichterung der Familie schließlich doch ein Immobilienmakler zu. Der ließ Stacheldraht und Patrouillenweg verschwinden und den Garten neu anlegen. Im Frühling des darauffolgenden Jahres stattete Churchills Tochter, inzwischen Lady Soames, der Villa, in der sie 1945 mit ihrem Vater gewohnt hatte, einen nostalgischen Besuch ab.

Später verkaufte der Makler das Haus an einen der reichsten Unternehmer Deutschlands, an Hasso Plattner, und eine neue Ära begann. Mit Hilfe eines Architekten, eines Kunst-sachverständigen, vieler Archivfotos und der Beratung durch Marie-Louise Gericke wurde die Villa Urbig restauriert, re-noviert und neu eingerichtet – alles mit dem Vorsatz, dem Vorkriegszustand möglichst nahe zu kommen. Dabei scheu-te man offenbar weder Kosten noch Mühen und verhalf auf diese Weise einer sehr deutschen Geschichte zu einem glück-lichen Ende.

Latte Macchiato & Co.

Kommissar Stolberg und sein Assistent sitzen in einem klei-nen Dorf im Rheinland und grübeln über den jüngsten Mord, als eine Kellnerin sie fragt, was es denn sein darf. »Espres-so macchiato«, sagt der Kommissar. »Also Milchkaffee«, fol-gert die Bedienung. »Nein, nein«, begehrt Stolberg auf, als sie schon gehen will, doch dann scheint ihm klar zu werden, wie sinnlos sein Einwand ist, und er gibt sich geschlagen. »Ja.«

Kurz darauf kommt die Kellnerin mit zwei großen Tassen zurück, jede mit einer riesigen, kakaobestäubten Sahnehaube gekrönt. Der Kommissar schaut auf seine Portion und seine Miene ist eine Mischung aus Horror und Verachtung. Er sagt nichts, aber ein paar Augenblicke später verlangt er die Rech-nung. Die beiden verlassen das Lokal, und der Kaffee bleibt unberührt zurück.

Sein Blick sagte alles. Genau genommen drückte er aus, dass unter den unzähligen Möglichkeiten, Kaffee und Milch zu kombinieren, einige »in« und andere fürchterlich »out« sind. Und selbst ein Mensch in Stolbergs Alter erinnert sich wahrscheinlich nicht mehr an die Zeiten, als eine üppige Sahnehaube auf einer Tasse Kaffee – echtem Kaffee, nicht Kaffeeersatz! – ein höchst willkommenes, überaus luxuriö-ses und genussvolles Symbol war, das sich in Deutschland mit Ende der entbehrungsreichen Nachkriegszeit viele nur zu gern gönnten. Auf jemand wie Stolberg wirkte das dagegen ungesund und fett; etwas, das man am besten alten Omas überließ, die genauso sahnige Torten in der örtlichen Konditorei genossen. Im Film symbolisierte dieser Kaffee tiefste Provinz, typisch für ein unscheinbares kleines Café in dem unscheinbaren kleinen Dorf, nahe dem Wald, wo der letzte Mord begangen worden war.

Dagegen sieht es in Städten wie Düsseldorf oder Köln im September 2012 – als diese kurze Szene in der Folge mit dem Titel › Tod im Wald ‹ ausgestrahlt wurde – völlig anders aus. Mit Dampf aufgeschäumte Milch, italienische Bezeichnungen und eine Aura internationalen Chics verleihen eine Hipness, die die alten Mischungen aus Kaffee und Milch niemals hatten. Ich schätze, dass die meisten trendbewussten jungen Leute – und auch die nicht mehr so jungen – sich keinesfalls am Prenzlauer Berg oder an der Kö-Allee mit einem Glas heißer Milch und einem halbvollen Tässchen schwarzen Kaffees sehen lassen wollten. Nach Deutschland importiert wurde diese Mode wahrscheinlich über die USA und Starbucks, manchmal hört man auch *matschiato*, aber jedenfalls hat dieses Getränk im Land seiner Entstehung nie einen vergleichbaren Triumph gefeiert. *Caffè macchiato*, den Italiener selbstverständlich *makkiato* aussprechen, gehört neben *caffè lungo, caffè doppio, caffelatte* und natürlich *cappuccino* seit gut hundert Jahren zu den Routinebestellungen in angesagten wie in bescheidenen Bars. Wenn sie trendy sein wollen, bestellen Italiener sich eher einen *Aperol con Spritz*. Die deutsche Leidenschaft für *latte macchiato* kann dagegen in einem Land, wo viel Milch und ungesalzenes dunkles Brot eher als Medizin gelten, kaum ein Einheimischer teilen. »Die Leute bestellen schon manchmal *latte macchiato*, aber nicht oft«, erklärte mir mein hiesiger *barista*. »Meistens wenn sie sich nicht so gut fühlen.«

Ein Leitfaden für Begegnungen mit Wölfen

Neben all den Sorgen über die Zerstörung der Umwelt, gab es zu Beginn des 21. Jahrhunderts auch einige positive Meldungen. So kehrten nach etwa 150 Jahren erstmals wieder Wölfe nach Deutschland zurück. Für das Jahr 2011 gab der World Wildlife Fund die Gesamtzahl mit ca. 100 an, verteilt auf geschätzte zwölf Rudel. Der WWF begrüßte dies als großen Erfolg für den Naturschutz.

Hauptsächlich in Sachsen, Brandenburg und Sachsen-Anhalt hatte man Wölfe entdeckt, ein paar aber auch in Niedersachsen. Dort scheinen die Tiere eine Vorliebe für Truppenübungsplätze zu haben, weil Wildtiere – sofern sie den Lärm aushalten und sich von den Panzern fernhalten – an solchen Orten in Frieden leben können. Im September 2012 erschien ein kurzer Artikel in der ›Süddeutschen Zeitung‹, dessen letzte Zeile jeden Ausländer zum Schmunzeln bringen muss. Wie entzückend deutsch …

»Munster – Ein Bundeswehrsoldat ist bei einem nächtlichen Marsch von drei Jungwölfen verfolgt worden. Die Tiere seien ihm bei seinem Einsatz auf einem Truppenübungsplatz in der Nähe des niedersächsischen Munster gefolgt, teilte die Polizei am Donnerstag mit. Als er auf einen Turm des Truppenübungsplatzes kletterte, kam einer der Jungwölfe bis an die Leiter heran und lief erst davon, als der Mann herabkletterte und nach ihm trat. Mit etwas mehr Abstand folgten ihm die Wölfe noch eine Weile, verschwanden dann aber.

Die Bundeswehr will nun einen Leitfaden für Begegnungen mit Wölfen herausbringen.«

Bernd oder: Der Preis für Sicherheit

(Auf Wunsch der Betroffenen sind Namen und einige Details in dieser Geschichte verändert worden.)

In einem Sommer, nicht lange nach der Jahrtausendwende, lernte ich zufällig ein liebenswürdiges Paar aus der ehemaligen DDR kennen. Ich besuchte damals meinen Vater in England und die beiden – ich werde sie hier Bernd und Inge nennen – waren Bed & Breakfast-Gäste auf einem Bauernhof in der Nähe. Die Bäuerin bat mich um Hilfe, weil ihre Gäste kaum Englisch sprachen und sie ihnen sagen wollte, was es in der Nachbarschaft zu sehen gab und wie man dort hinkam. Dazu war ich gern bereit, und wir hatten uns rasch angefreundet. Ich zeigte ihnen ein paar malerische Altstädte und einen wunderschönen Landsitz mit einem noch berühmteren Garten. Es war ihr erster Besuch in England, und sie nahmen alles mit großer Begeisterung auf.

Eines Abends, ich lag schon im Bett, klingelte es an der Tür. Es war die Bauersfrau. Bernd ging es nicht gut, er war auf der Treppe zusammengebrochen. Sie hatten einen Krankenwagen gerufen, und nun bat die Frau mich, ihn ins Krankenhaus zu begleiten, weil es für Inge ausgesprochen schwierig wäre, zu erklären, was passiert war.

Es schien eine Ewigkeit zu dauern, bis die Ambulanz ihren Weg über die Landstraßen bis zu dem Bauernhaus gefunden hatte. Inge war außer sich vor Sorge. Als der Krankenwagen endlich da war, legten die Sanitäter Bernd auf eine Trage, schoben ihn ins Auto und machten sich sofort mit ihm auf den Weg. Ich folgte ihnen mit Inge in meinem Wagen. In der Notaufnahme des Krankenhauses übersetzte ich, während Inge beschrieb, was geschehen war, und die Fragen der Ärzte beantwortete. Dann schob man Bernd durch eine Glastür, und wir wurden in den Wartebereich geschickt.

»Genau das habe ich schon lange befürchtet«, sagte Inge mit einem tiefen Seufzer. »Seitdem er in der Behörde arbeitet, lebt er unter unglaublichem Stress. Er wird so schlecht behandelt, er fühlt sich ständig gedemütigt, ständig schikaniert. Ich sage ihm immer, reg dich nicht auf. Du schadest nur dir selber! Aber er kann nicht anders. Das ist sein Charakter. Er muss immer dagegen kämpfen, immer widerstehen, er kann keine Lügen und Ungerechtigkeiten ertragen.«

Vor der Wende war Bernd Kunstwissenschaftler in einem namhaften Institut und ein führender Experte für die Kunst und Kultur des Kaukasus gewesen. Inge arbeitete als Übersetzerin in einem Verlag und war eine begabte Hobby-Malerin. Sie hatten es mit ihrem Leben in der DDR vergleichsweise gut getroffen, hatten studieren dürfen und waren beruflich erfolgreich. Sie waren keine Parteimitglieder, hatten die Verhältnisse aber auch nie offen kritisiert und waren in Frieden gelassen worden. Als sie die Öffnung der Mauer im Westfernsehen sahen, liefen ihnen Freudentränen übers Gesicht. »Wochenlang empfanden wir es wie einen großen Rausch«, sagte Inge. »Wir sahen vor uns endlose Möglichkeiten – für Reisen in Länder, in die wir vorher nicht gedurft hatten. Uns Sachen zu kaufen, die es bisher nur im Westen gegeben hatte. Zu sagen, zu lesen, praktisch zu machen, was wir wollten. Ohne zu riskieren, dafür verhaftet zu werden.«

Doch dann kam die Ernüchterung. Langsam dämmerte ihnen, dass ihnen die Basis ihres Lebens quasi unter den Füßen weggezogen wurde. Als Erstes wurde Bernds Institut geschlossen, wenig später musste Inges Verlag, trotz couragierter Bemühungen, sich an die neuen Marktbedingungen anzupassen, aufgeben. »Arbeitslosigkeit war für uns in der DDR das größte Schreckgespenst. Wir hatten einen Horror davor«, erklärte sie mir. »Wenn wir Erfahrungen mit beruflicher Selbstständigkeit gehabt hätten, hätten wir was gründen können. Vielleicht eine Kunstgalerie aufbauen oder versuchen können, als freie Mitarbeiter für verschiedene Verlage zu arbeiten. Es gab Möglichkeiten, die wir heute sehen, aber wir waren zu sehr Kinder der DDR, als dass wir uns zugetraut hätten, ins kalte Wasser beruflicher Unsicherheit zu springen.«

Inge gelang es schließlich, einen Teilzeitjob in einer Buchhandlung zu ergattern. Umso wichtiger war es, dass Bernd eine gute, sichere Stelle fand. Und glücklicherweise – oder zumindest dachten sie das damals – schaffte er es über Beziehungen, eine Stelle in einer Denkmalschutzbehörde des Landes zu bekommen, wo sie lebten.

Dort hatte er es von Anfang an schwer. Bernd hatte ja keinerlei Erfahrung mit westlicher Bürokratie. Er wusste nichts von Verwaltungsvorschriften, hatte nie an Computern gearbeitet und sprach fast kein Englisch.

Wie viele andere frisch Eingestellte aus den neuen Bundesländern musste er viel lernen, sagte Inge. Doch bald wurde ihm klar, dass das nur ein Teil seines Problems war.

Wahrscheinlich wäre keine Bürokratie und wären nur sehr wenige Bürokraten in der Lage, geschickt mit Arbeitskräften aus de facto zwei völlig unterschiedlichen Gesellschaften umzugehen. Was Inge mir darüber erzählte, erinnerte mich stark an Geschichten, die ich über die Verwaltung in den britischen Kolonien ein Jahrhundert zuvor gehört hatte: Dort hatten Briten – ungeachtet ihrer Fähigkeiten – die Führungspositionen besetzt, und die Einheimischen – wiederum ungeachtet ihrer Fähigkeiten – die der Untergebenen. In Bernds Behörde stand außer Frage, welche Gesellschaft dominierte. »Er hatte als Vorgesetzte Beamte aus den westlichen Bundesländern, viele davon mit Beförderungen, die sie nicht bekommen hätten, wenn sie sich nicht in die neuen Bundesländer hätten versetzen lassen. Je höher die Stellen, umso mehr Wessis sah man, und umso weniger Ossis. Aber das war nicht das Schlimmste – man konnte es zum Teil verstehen, in den ersten Jahren jedenfalls. Das Schlimmste war ihre Einstellung: Die Ossis hätten nicht nur weniger Erfahrung, sie wären einfach dümmer als die Wessis. Sie betrachteten uns, so hatte Bernd das Gefühl, als grundsätzlich minderwertig.«

Trotzdem wurde Bernd nach einiger Zeit Amtsleiter – aber nur »mit der Wahrnehmung der Geschäfte beauftragt«. Er war befördert worden, um einen Kollegen zu ersetzen, den man versetzt hatte, der jedoch Funktion und Gehalt seines alten Postens behielt. Erst einige Jahre später und mit Hilfe eines Anwalts konnte Bernd die Behörde zwingen, ihm den Titel und das Gehalt zuzubilligen, die der von ihm ausgeübten Tätigkeit entsprachen. Das Gehalt wurde natürlich nach wie vor nach der Ost-Lohn-Skala berechnet und war daher geringer als die Bezahlung gleichgestellter westlicher Kollegen.

Vor den abfälligen Kommentaren und den Demütigungen seines Chefs bewahrte ihn das jedoch nicht. »Es kann überall schlechte Vorgesetzte geben«, sagte Inge. »Ich hatte eine Zeit lang so einen im Verlag, der wegen seinen guten politischen Beziehungen anscheinend das Gefühl hatte, dass er uns problemlos schikanieren und zermürben konnte. Anscheinend haben sie dort in der Behörde ein ähnliches Machtgefühl, das ihnen erlaubt, ihre Untergebenen zu terrorisieren. Die Kollegen aus den neuen Bundesländern haben verschieden reagiert«, erzählte sie. »Viele haben sich ›arrangiert‹ – Sie wissen, was ich meine. Nicht aufmucken, alles schlucken, Beleidigungen, Enttäuschungen, einfach alles über sich ergehen lassen und sich damit trösten, dass man eine sichere Stelle hat, mit einem guten Gehalt und der Aussicht auf eine anständige Rente für den Rest des Lebens. Das tun viele. Oder man kann kämpfen, seine eigene Meinung äußern, die Wahrheit sagen, sich gegen Sachen wehren, die man für falsch hält, sich gegen Ungerechtigkeiten auflehnen. So macht man sich aber das Leben schwer. Bernd ist kein Rebell. Er ist eigentlich ein ganz bescheidener Mensch. Aber er kann nicht angesichts von Ungerechtigkeit schweigen, er ist zu ehrlich. Er kann sich nicht arrangieren.«

Kann man sich vorstellen, wie es wohl für einen hochintelligenten, sehr angesehenen Kunstwissenschaftler gewesen sein mochte, als zweitrangig, unmündig, meinungslos behandelt zu werden, insbesondere in der Öffentlichkeit? »Zum Beispiel bei Diskussionen, wo er den Abteilungsleiter zu begleiten hatte: Er war dabei, um im Notfall mit Fach- und Detailwissen leise und für die anderen möglichst wenig erkennbar auszuhelfen. Aber meist durfte er sich nicht selbst zu Wort melden und etwas zur Sache sagen, obwohl er es besser wusste als der Vorgesetzte. Er musste zuschauen und zuhören, wenn sie etwas Falsches sagten (obwohl er ihnen vorher das Richtige aufgeschrieben hatte!), und durfte sie bestenfalls hinterher ganz vorsichtig darauf aufmerksam machen. Vor allem hatte er auszuführen, was angewiesen worden war, auch wenn es der eigenen Meinung zuwiderlief.«

Eines Tages wurde Bernds Amt mit einem anderen zusammengelegt. Der andere Amtsleiter wurde zum Chef ernannt, Bernd war fortan die Nummer zwei. »Der andere kam aus dem Osten und hat Bernd das Leben zur Hölle gemacht«, sagte Inge.

»Ich dachte, das machten die Wessis. Sind die Ossis untereinander nicht solidarisch?«, fragte ich.

»Na ja, so einfach ist das nicht«, sagte Inge. »Denn es gab noch ein Spannungselement – die Beziehungen zwischen Ossis. Dieser Mann war kein schlechter Mensch«, fuhr sie fort. »Er wurde zum Teil selbst drangsaliert, er hat eigentlich immer nur versucht, seine eigene Position zu retten und auf jeden Fall besser dazustehen als Bernd. Denn eigentlich waren sie Konkurrenten.« Oft konsultierte er Bernd bei Themen nicht, für die dieser an sich verantwortlich gewesen wäre, oder er ignorierte seine Meinung einfach. Oft machte er auch Dinge hinter Bernds Rücken. Wenn er um die Erlaubnis für eine Dienstreise ansuchte, ließ er die Unterlagen häufig einfach auf seinem Schreibtisch verstauben; in letzter Minute hieß es dann, nun sei es zu spät oder man sähe keinen Grund für diese spezielle Dienstreise. »Ich habe Bernd beschworen zu schweigen, sich zu arrangieren, sein Rechtsanwalt auch. Aber nach einer Weile konnte er einfach nicht mehr. Er schrieb seinem Amtsleiter mehrmals privat, mit der Bitte, sich ihm gegenüber korrekt zu verhalten, aber der hat das nicht beachtet. Am Ende war er so wütend, dass er eine formelle Beschwerde über ihn an ihren gemeinsamen Vorgesetzten abschickte. – Er hat es nachher bitter bereut«, sagte Inge. Der Vorgesetzte stand auf der Seite seines Kontrahenten. Und von da an wurde er gemobbt. Niemand sprach mit ihm, er durfte nicht mehr an der Arbeit des Amtes teilnehmen, hatte nichts zu tun. Es dauerte ein ganzes, schreckliches Jahr, bis eine Stelle in einem anderen Amt der Behörde für ihn gefunden wurde, die allerdings weniger interessant für ihn war und wo er seine Kenntnisse und Kontakte viel weniger nutzen konnte.

»Wissen Sie, das war am Anfang ein großer Schock für uns. Wir glaubten, dass die westliche Bürokratie fair und transparent sei. Wir dachten, dass Kompetenz und Erfahrung die Maßstäbe für Einstellungen und Beförderungen wären, nicht persönliche Beziehungen, Parteimitgliedschaft oder die Launen der Vorgesetzten.

Bernds Gesundheit hat sehr gelitten, sein Herz, sein Blutdruck. Er wurde für jede Krankheit anfällig. Und erst dann, in Gesprächen mit anderen Ossis, ist es ihm klar geworden, dass viele andere dort, Angestellte aus dem Osten, auch physische und psychische Gesundheitsschäden davontrugen, wegen dem Stress und den Demütigungen, die sie zu erleiden hatten.«

Da ging die Tür auf und ein Arzt kam auf uns zu. »Ihr Mann hatte einen sehr leichten Herzinfarkt«, erklärte er Inge. »Er ist nicht in Gefahr, allerdings muss er ein paar Wochen hier im Krankenhaus liegen, bis er in der Lage ist, nach Hause zu fliegen. Dann muss er von seinem Hausarzt untersucht werden. Meiner Meinung nach sollte er mindestens für ein paar Monate krankgeschrieben werden.«

Und genau so kam es auch. Wir blieben über E-Mail in Kontakt. Inge schrieb mir irgendwann, dass Bernd nach einigen Monaten Auszeit wieder in der Behörde arbeite, sich immer noch über seine Behandlung aufrege und sie sich nach wie vor große Sorgen um seine Gesundheit mache. Doch er war entschlossen, durchzuhalten, bis er mit einer anständigen Pension in Rente gehen konnte.

Es ist noch nicht lange her, dass ich die beiden, im Rahmen eines längeren Aufenthalts in Deutschland, bei ihnen zu Hause besuchte. Bernd schien wie verwandelt. Er sah jünger aus, viel jünger sogar als bei unserer ersten Begegnung in England. Er war richtig aufgeblüht. »Ja«, sagte er, »seitdem ich Rentner bin, geht es mir hervorragend. Ein paar Alterserscheinungen, das ist ja normal, aber mein Herz und mein Blutdruck sind okay. Zwanzig Jahre habe ich ausgehalten, aber jetzt habe ich alles hinter mir. Wir widmen uns unseren Interessen und genießen unser Leben.«

Er gestand mir noch, dass er jahrelang Unterlagen und Notizen gesammelt habe, weil er eines Tages seinen Arbeitgeber vor Gericht bringen wollte, um Gerechtigkeit zu erstreiten und vielleicht auch eine Entschädigung für die Art und Weise, wie man mit ihm umgegangen war. Doch Inge, seine Freunde, ein paar vertraute Kollegen und sogar sein Rechtsanwalt hatten ihm das mit einiger Mühe ausreden können. »Ich sah endlich ein, dass es die Qual meiner Berufsjahre nur verlängern, dass ich nachts wieder nicht schlafen und dass es meiner Gesundheit weiter schaden würde. Und man hat mir gesagt, dass Leute wie ich fast unmöglich solche Prozesse gewinnen. Wozu dann also? Ich will lieber die Jahre genießen, die mir noch vergönnt sind.«

Jüdische Asche kommt nach Hause

Der Sohn des großen Mannes stand an einer Seite des offenen Grabs. Mit gesenktem Kopf, die Hände lässig in den Hosentaschen. Leise sagte er, was sie an diesem Tag hier begraben würden, sei nicht Herbert Marcuse, sondern nur die Asche von Herbert Marcuse.

Aber egal, was sich in der schwarzen Plastikurne befand, die man in einem schwarzen Netzstrumpf ins Grab sanft gesenkt hatte – dieses Begräbnis auf dem Dorotheenstädtischen Friedhof in Berlin einen Tag vor dem 105. Geburtstag des gebürtigen Berliners Herbert Marcuse war mit Sicherheit ein historischer Moment. Es war ein Nach-Hause-Kommen am Ende einer langen und bemerkenswerten Reise, und zwar zu Lebzeiten wie auch – merkwürdigerweise – im Tod.

Was Peter Marcuse zu den etwa hundert Freunden, Verwandten und Marcuse-Fans, die sich am 18. Juli 2003 versammelt hatten, noch zu sagen hatte, war ein Dank an den Berliner Senat, der die Grabstätte zur Verfügung gestellt hatte. Gleichzeitig wies er aber auch darauf hin, dass die Familie darin keine Gefälligkeit, sondern einen schlichten Akt der Gerechtigkeit sah.

Denn Herbert Marcuse war nicht nur Jude gewesen, sondern außerdem Mitglied des neomarxistischen Instituts für Sozialforschung in Frankfurt, auch bekannt unter dem Namen Frankfurter Schule. Als die Nazis 1933 an die Macht kamen, mussten er und das Institut ins Ausland flüchten, zuerst nach Genf und dann, 1935, nach New York. Nach dem Krieg kehrten einige der Mitglieder, darunter Theodor W. Adorno und Max Horkheimer, nach Frankfurt zurück, wo das Institut in den 1950er-Jahren wieder begründet wurde. Marcuse blieb jedoch in den USA und nahm auch die amerikanische Staatsbürgerschaft an. Er lehrte an der Columbia University, in Harvard, an der Brandeis University in Massachusetts und der University of California, San Diego. Sein Einfluss reichte jedoch weit über die Hörsäle hinaus. Seine radikale, linke Kritik an der kapitalistischen Gesellschaft, seine Ablehnung des Vietnamkriegs und seine Bereitwilligkeit, sich mit protestierenden Studenten zu beschäftigen, machten ihn zu einer Inspirationsquelle und einer verehrten Vaterfigur für die Studentenbewegung der Sechziger- und Siebzigerjahre, sowohl in den USA wie auch in seinem Heimatland. Umgekehrt sah er in dieser Rebellion einen Ausdruck seiner eigenen Kritik an der modernen kapitalistischen Industriegesellschaft.

Herbert Marcuse kam nie nach Deutschland zurück, um hier zu leben, aber es war fast so, als hätte er es getan. In den späten Sechziger- und Siebzigerjahren reiste er oft zu Gastvorlesungen in die Bundesrepublik, besuchte Kongresse und beteiligte sich an Diskussionen mit Studenten. Seine Bücher ›Triebstruktur und Gesellschaft‹ sowie ›Der Eindimensionale Mensch‹ wurden fast zu Bibeln der Studentenbewegung, ähnlich wirkungsvoll wie seine Ideen zur »repressiven Toleranz«, zu Autorität und Familie.

Im Juli 1979 war Marcuse wieder einmal zu Besuch. Diesmal in Starnberg, um sich auf Einladung von Jürgen Habermas, einer der führenden Persönlichkeiten der zweiten Generation der Frankfurter Schule, an einer Vorlesungsreihe am Max-Planck-Institut zur Erforschung der Lebensbedingungen der wissenschaftlich-technischen Welt in Starnberg zu beteiligen. Dort erlitt er jedoch einen Schlaganfall und starb. Die Familie organisierte daraufhin eine kleine, private Abschiedszeremonie in einem Wald in der Nähe von Starnberg. Unter anderem nahm daran auch der Studentenführer Rudi Dutschke teil. Eine öffentliche Beerdigung gab es allerdings nicht. Seine dritte Ehefrau Ricky war der Meinung, in Deutschland seien schon zu viele Juden eingeäschert worden und ließ seine Leiche daher in ein Krematorium nach Salzburg bringen. Die Urne mit seiner Asche wurde jedenfalls in einem braunen Paket und mit einer Zollerklärung an ein Bestattungsinstitut in New Haven, Connecticut, geschickt. Und da sich Ricky nicht sicher war, was sie damit tun sollte, blieb das Paket auch dort.

1988 starb Ricky, und Peter Marcuse, Herberts Sohn aus erster Ehe, wusste viele Jahre lang gar nicht, dass die Verantwortung für die Asche nun bei ihm lag. So kam es, dass ein Besucher der Familien-Website im November 2001 fragte, wo denn Marcuses sterbliche Überreste bestattet seien, und Peter keine Ahnung hatte. Nachdem er herumtelefoniert und ihren Verbleib herausgefunden hatte, stellte sich die Frage: Was damit anfangen? Die durchaus amüsante Diskussion darüber innerhalb der Familie und mit diversen anderen daran interessierten Menschen, kann man auf der Familienseite www.marcuse.org nachlesen. Manche schlugen vor, die Asche doch an einem seiner Lieblingsplätze an der amerikanischen Westküste zu verstreuen oder in der Schweiz. Andere brachten eine der Universitäten ins Spiel, wo er gelehrt hatte, oder auch Frankfurt. Die ganz und gar unsentimentale Haltung der Familie, wie sie ja auch später der Sohn Peter bei der Beerdigung an den Tag legte, entspricht den Ansichten von Herbert Marcuse selbst. Als Materialist glaubte er, dass von einem Menschen, wenn er einmal verstorben ist, nichts bleibt. Die Asche war einfach nur Asche. In der erwähnten Debatte kam die entschiedenste und überzeugendste Idee von Harold Marcuse, einem Historiker und Enkel von Herbert.

»Also, wie wäre es, wenn wir die Asche irgendwo begraben, wo die Menschen sie auch besuchen können. Ich denke, Berlin wäre angemessen. Herbert kam in Berlin zur Welt, und ich finde, es wäre passend, wenn seine sterblichen Überreste dorthin zurückkehrten. Schließlich war er im Grunde genommen ja doch ein deutscher Intellektueller, auch wenn er entschieden hatte, zu seinen Lebzeiten nie mehr auf Dauer nach Deutschland zurückzukehren. Warum den Nazis die Genugtuung gönnen, noch die sterblichen Reste von einem der besten Intellektuellen aus dem Land eliminiert zu haben? Hat Deutschland seine 40 Jahre in der Wüste nicht schon hinter sich?«, schrieb er.

Er schlug drei mögliche Friedhöfe in Berlin vor, als ersten den Dorotheenstädtischen Friedhof, wo sich, wie er erklärte, die Gräber zahlloser berühmter Berliner befinden. »Dies ist die letzte Ruhestätte von Fichte, Hegel, Schinkel (der sich seinen Grabstein selbst entwarf), Stüler, Borsig, Heiner Müller (gest. 1995), Gottfried Schadow, Litfaß, Heinrich Mann (gest. 1950), Brecht, Helene Weigel, Anna Seghers, John Heartfield (gest. 1968), Arnold Zweig, Johannes R. Becher, Hanns Eisler (gest. 1956), Paul Dessau (gest. 1979) und Hans Mayer.«

Ein passender Platz auf dem Dorotheenstädtischen Friedhof wurde gefunden, und der Berliner Senat erklärte sich bereit, daraus ein Ehrengrab zu machen. Dann legte man ein Datum für die Bestattung fest – den 18. Juli, da der 19., Herberts eigentlicher Geburtstag, in jenem Jahr auf einen Samstag fiel und das Friedhofspersonal an Samstagen nicht arbeitete. Trotzdem sah es einen Moment lang so aus, als würde alles furchtbar schiefgehen.

Als er sich auf den Weg nach Berlin machte, fürchtete Peter Marcuse, die Urne würde nicht durch die Sicherheitskontrollen am Flughafen JFK in New York gelassen. Deshalb hatte er sie dem Drehbuchautor Thomas Knauf anvertraut, der zusammen mit einem Kameramann einen Film über die Heimkehr der Asche des Philosophen drehte. Erstens sah die Urne aus wie eine Bombe, zweitens klapperte sie – vermutlich weil sich Schrauben oder Nägel des Sargs darin befanden. Knauf steckte die Urne jedenfalls in einen Rucksack, deklarierte das Ganze als Filmmaterial und konnte die Kontrollen problemlos passieren. »Im Flugzeug verstaute ich den Rucksack drei Reihen vor mir im Gepäckfach und ließ es während des gesamten Flugs nicht aus den Augen«, schrieb Knauf später darüber (in einem Artikel in der taz vom 23.7.2003). »Nach der Landung in Paris ließen wir eine Gruppe israelischer Pfadfinder zuerst aussteigen. Als sie in einem wilden Durcheinander endlich ihre Sachen an sich genommen hatten, war das Gepäckfach mit Marcuses Rucksack leer. Ich suchte alle Fächer in der Kabine ab, vergebens. ›Die jüdischen Pfadfinder haben Herberts Asche geklaut‹, rief ich meinem Kameramann zu und eilte ihnen nach. Im Terminal saßen die einhundert Jugendlichen auf dem Boden und sangen ›Hava na gila‹. Jeder zeigte mir seinen Rucksack, doch der von Peter Marcuse war nicht dabei. Inzwischen war eine Stunde vergangen und zwei bewaffnete Flics forderten uns auf, den Sicherheitsbereich der Transithalle zu verlassen. Ich sagte, ich müsse noch mal zurück zum Flugzeug, um mein Handgepäck zu suchen. ›N'est pas possible!‹, erhielt ich als Antwort. Weil ich mich weigerte, weiterzugehen – ich war einfach fassungslos, dass ich Marcuses Asche verloren hatte und unfähig, Befehle auszuführen – wurden die Flics handgreiflich. Als sie mich abführen wollten, sah ich am Ende des Ganges eine Stewardess der Air France. Wie ein Model auf dem Laufsteg lief sie schnurgerade mit wiegenden Hüften auf mich zu. In ihrer Hand baumelte ein Rucksack, in dem etwas klapperte.«

Bei der Ankunft in Berlin erwartete sie ein schwarzer Cadillac von 1957, um die Urne zum Friedhof zu fahren. Dieser Leichenwagen soll schon die sterblichen Überreste von Marlene Dietrich und zahllosen anderen Berliner Prominenten zu ihrer letzten Ruhestätte gebracht haben. (Es war übrigens die letzte Fahrt der ehrwürdigen Limousine, die danach ihre eigene Ruhestätte im Berliner Verkehrsmuseum fand.) Wahrscheinlich auf Anregung des Historikers Harold wurde in das Programm der Familie in Berlin ein Besuch des Denkmals für Rosa Luxemburg aufgenommen. Letzteres steht an der Stelle, wo die Politikerin von Freikorpsleuten erschossen und in den Landwehrkanal geworfen worden war. Außerdem besuchte man das Konzentrationslager Sachsenhausen vor den Toren Berlins. Außerdem gab es ein zwangloses Treffen von Menschen, die Herbert Marcuse gekannt hatten, sowie ein Kolloquium im Auditorium Maximum der Freien Universität, wo Marcuse seine berühmten Vorlesungen gehalten hatte. Stargast war eine seiner prominentesten Schülerinnen, die ehemalige Kommunistin, Bürgerrechtsaktivistin und inzwischen emeritierte Geschichtsprofessorin Angela Davis.

Nun ruht Herbert Marcuses Asche unter einem Grabstein, in den außer seinem Namen und den Lebensdaten das Wort

»weitermachen!« eingemeißelt ist. Damit wollte die Familie signalisieren, dass seine Botschaft nicht in einen Abschnitt der Geschichte, sondern auch gegenwärtigen und künftigen Generationen gehört. Nicht weit entfernt ruht mit Hegel einer seiner Lieblingsphilosophen. Auch Brecht, den er persönlich kannte, und Fichte. Direkt gegenüber ist Rudi Strahl begraben, ein beliebter Theaterautor der DDR. Die Botschaft auf dessen Grabstein hätte Marcuse bestimmt amüsiert: »Lasst uns die nächste Revolution in einem August beginnen!«

Der Pappkarton, in dem die Urne so viele Jahre lag, ist heute im Jüdischen Museum Berlin zu sehen.

Auf der Suche nach einem Stasi-Helden

Boris Franzke, ein über 70-jähriger ehemaliger Malermeister aus Berlin, hatte seine jugendlichen Aktivitäten als Fluchthelfer längst abgehakt. Selten dachte er noch an diese Zeit zurück oder redete darüber. Das änderte sich jedoch, als er sich irgendwann im Jahr 2011 auf Empfehlung eines Freundes ein Buch über Berliner Fluchttunnel kaufte. – Da verschlug es ihm den Atem.

Fünfzig Jahre zuvor hätten er, sein Bruder Eduard und zwei andere Fluchthelfer eigentlich von der Stasi in einem Tunnel, den sie gerade fertiggestellt hatten, in die Luft gejagt werden sollen. Doch die Sprengladung funktionierte nicht. Jemand hatte die Zündschnur durchgeschnitten. Nach allem, was er aus dem Buch und später aus den Stasi-Akten selbst erfuhr, muss der Unbekannte, der ihnen das Leben gerettet hatte, ein Stasi-Mann gewesen sein. Aber welcher?

Diese Entdeckung löste eine Flut von Erinnerungen aus. 1962, ein Jahr nach dem Mauerbau in Berlin: Boris und Eduard lebten in Westberlin, hatten aber einige Jahre im Osten der Stadt verbracht, wo ihre Mutter, eine Schwester, Boris' Verlobte, Eduards Frau und Kinder sowie noch viele andere Angehörige und Freunde zurückgeblieben und nun durch die Mauer von ihnen getrennt waren. Sie hatten einen Tunnel gegraben, doch ihre Pläne wurden verraten und die Verwandten verhaftet und eingesperrt. Wütend setzten sie alles daran, weiteren Menschen zur Flucht zu verhelfen. Es war eine Art Rache – jeder Flüchtling, der es schaffte, bedeutete ja in gewisser Weise eine Schwächung des unmenschlichen Regimes. Sie bauten noch mehrere Tunnel. Manche wurden wieder verraten, andere funktionierten erfolgreich.

Ihr sechster Tunnel verlief über siebzig Meter von der Neuruppinerstraße in Zehlendorf, an der Südwestspitze von Westberlin, zu einem Einfamilienhaus in der Wolfwerder 29 in Kleinmachnow. Genau darüber befand sich der Todesstreifen mit Stacheldrahtzäunen, Hundezwingern und Wachtürmen, bevor dort später auch eine Mauer errichtet wurde. Das Gelände in Zehlendorf war Brachland bzw. Baugelände, auf dem sich schon einige Bauhütten und Maschinen befanden. Eine weitere Hütte würde da kaum auffallen, dachten sich die Männer. Und so ließen sie, mit Hilfe eines Finanziers – die beiden waren selbst arbeitslos und arm wie die Kirchenmäuse – eine große Hütte in der Nähe des Drahtzauns errichten. Drinnen war genug Platz zum Schlafen und Essen sowie für die zahlreichen Säcke mit Sand und Lehm, die sie beim Graben füllten, aber natürlich nicht offen sichtbar wegschaffen konnten. Außen wurde ein Schild mit der Aufschrift »Gärtnerei Immergrün« angebracht.

Jemand fuhr sie mit einem Kleintransporter hin, der ganz nah an der Hütte parkte, damit sie ungesehen hineinhuschen konnten. Fünf Wochen lang arbeiteten die Männer und lebten von Brot und Konserven, die ein als Gärtner getarnter Mitwisser zweimal die Woche brachte. Man konnte weder kochen noch die Hütte beheizen, weil der Rauch sie verraten hätte. Waschen war nicht möglich, weil es kein fließendes Wasser gab, und weg konnten die Männer auch nicht. Zum Glück waren sie alle Anfang zwanzig, fit und kräftig. Als der Tunnel länger wurde, gab es darin immer weniger Sauerstoff, und so mussten sie sich alle zwanzig Minuten beim Graben abwechseln. Als Vorsichtsmaßnahme wurde sowohl in der Hütte als auch im Tunnel nur geflüstert.

Angepeilt hatte man das Fundament des Hauses, wo eine Familie und andere Fluchtwillige – insgesamt 23 Personen – auf sie warten würden. Eigentlich wollten die Männer bis in den Keller vorstoßen. Doch das Graben ging langsamer voran als geplant, man stieß auf keine Kellerwand und die Zeit drängte. Der letztmögliche Termin, an dem die Flüchtlinge sich mit plausiblen Ausreden und ohne Aufsehen zu erregen treffen konnten, war der 14. November. Also grub man nach oben, um zu sehen, wie weit man schon gekommen war, und fand sich im Vorgarten, nur wenige Meter vom Haus entfernt, wieder. Es blieb keine Zeit mehr, also würden die Flüchtlinge sich nach draußen schleichen müssen.

Harry Seidel, einer der Tunnelgräber, kletterte nach draußen, um die Menschen im Haus zu informieren. Die anderen warteten und warteten. Nach einer gefühlten Ewigkeit hörten sie Schritte und ihren Freund laut rufen: »Boris, Bibi, kommt mal raus, wir müssen einen Kranken transportieren!« Das konnte nur eine Warnung sein. Sie waren alle darauf eingeschworen, nur zu flüstern, so dass dieses Geschrei unmittelbare Gefahr bedeuten musste. Als Nächstes wurde mit einer Taschenlampe in den Tunnel geleuchtet. »Vopos!«, flüsterte einer der Fluchthelfer. Dann hörten sie den Befehl »Zünden!«. »Mensch, die schmeißen eine Granate!«, rief einer, und in Todesangst krochen sie, so schnell sie konnten, zurück in den Westen. Doch es gab keine Explosion.

Von den Fluchthelfern unbemerkt, hatte die Stasi heimlich das Haus besetzt, die dort lebende Familie festgenommen und sie gezwungen, weiter die vereinbarten Zeichen zu geben – zum Beispiel zu einer bestimmten Zeit einen Staubwedel aus einem Fenster schütteln –, um den Tunnelgräbern anzuzeigen, dass alles in Ordnung wäre. Als Harry dort auftauchte, wurde er leise überwältigt und – wahrscheinlich mit vorgehaltener Waffe – gezwungen, seine Freunde herauszurufen. Nach einem Schauprozess verurteilte man ihn zu Lebenslänglich. Allerdings wurde er vier Jahre später freigekauft. Die Fluchtwilligen endeten ebenfalls im Gefängnis.

Boris und den anderen war gar nicht klar, wie knapp sie dem Tod entronnen waren. Jedenfalls gruben sie noch einen siebten und letzten Tunnel, der dann auch funktionierte. Insgesamt haben sie 22 Menschen die Flucht ermöglicht.

Knapp fünfzig Jahre danach veröffentlichten Dietmar Arnold, Vorsitzender der »Berliner Unterwelten«, die Berlins faszinierende unterirdische Geschichte erforschen, dokumentieren und falls möglich auch konservieren, und der Journalist und Historiker Sven Felix Kellerhoff ein detailreiches Buch unter dem Titel ›Die Fluchttunnel von Berlin‹. Darin verarbeiten die Autoren auch viele Informationen aus Stasi-Akten. 2011 las Boris Franzke dieses Buch, nahm Kontakt zu den Autoren auf und verschaffte sich auch selbst Einblick in die entsprechenden Stasi-Unterlagen.

Jemand – man weiß bis heute nicht, wer – hatte sie verraten. Auf Anordnung der Stasi-Zentrale in der Normannenstraße wurde ein Sprengmeister, Oberstleutnant Richard Schmeing, mit dem Befehl, den Tunnel zu verminen, nach Kleinmachnow geschickt. Er platzierte Kapseln mit 2,5 Kilogramm TNT und 2,5 Kilogramm des noch explosiveren Hexogen dicht am Tunnel und verlegte eine Zündschnur von dort bis ins Haus.

In der Nacht des 14. November gab der Einsatzleiter, nachdem man Harry gefasst hatte und klar war, dass die anderen nicht aus dem Tunnel kommen würden, Schmeing den Befehl: »Zünden.« Der Sprengmeister deutete auf ein junges Liebespaar, das nicht weit von der Sprengladung entfernt stand. »Ich weiß«, lautete die Antwort. »Zünden.« Der Sprengmeister gehorchte, doch nichts passierte. Er ging nach draußen, folgte der Zündschnur bis zur Sprengladung und sah, dass sie an einer Stelle durchgeschnitten war.

Techniker der Stasi fanden später heraus, dass das jemand mit einem nicht sehr scharfen Messer getan haben musste. Erich Mielke, Minister für Staatssicherheit und dadurch Chef der Stasi, ordnete eine Untersuchung an. Jeder an diesem Einsatz beteiligte Stasi-Mitarbeiter musste einen handschriftlichen Bericht darüber verfassen, was er zum Zeitpunkt des Geschehens getan hatte. Die Akten geben jedoch keinen

Hinweis darauf, dass der Täter je identifiziert und schon gar nicht bestraft wurde.

Doch es kann eigentlich nur einer der Stasi-Leute gewesen sein, weil sonst niemand von dem Tunnel wusste. »Das ist für mich ein absoluter Held«, erklärte Boris Franzke mir. Der Mann muss die Zündschnur gekappt haben, weil er die Ermordung von vier Menschen nicht mit seinem Gewissen vereinbaren konnte – und obwohl er für sich selbst ein ungeheures Risiko einging; er hätte dafür sogar exekutiert werden können. Der Fall ist seines Wissens einmalig.

Boris Franzke will jedenfalls nicht ruhen, bis er herausgefunden hat, wer ihm, seinem Bruder und den anderen damals das Leben gerettet hat. Der Mann könnte inzwischen gestorben sein, doch er glaubt, dass er dann möglicherweise vorher noch jemandem davon erzählt hat. Franzke engagiert sich inzwischen an der Berliner Zeitzeugenbörse, über die er seinen Suchaufruf verbreiten kann. Artikel in Zeitungen und Zeitschriften sind bereits darüber geschrieben worden, u.a. in der ›Berliner Morgenpost‹, die im Osten der Stadt viel gelesen wird. »Ich möchte ihm die Hand schütteln, um mich bei ihm zu bedanken«, sagt er. Bis jetzt hat sich allerdings noch niemand gemeldet.

Nostalgie, Nostalgie

Flughäfen gehören inzwischen bekanntermaßen zu den Nicht-Orten. Ein Ausdruck, den der französische Anthropologe Marc Augé geprägt hat. Andere Nicht-Orte sind Autobahnen, Supermärkte, Bushaltestellen und sogar viele Hotelzimmer: Durchgangsorte, die in jedem Land mehr oder weniger identisch aussehen, ohne eigenen Charakter, nur einem unpersönlichen Zweck dienend, hinterlassen sie im Gedächtnis keinerlei eigene Spuren.

Doch es gibt oder gab ein paar Flugplätze, die ich, und nicht nur ich, sehr mochte und mit unauslöschlichen Erinnerungen verbinde. Zwei davon befinden sich in Berlin, wo die Stadtregierung in ihrer unendlichen Weisheit beschloss, sie ihrer großen Popularität zum Trotz nur noch Luftfahrtgeschichte sein zu lassen. Der erste war natürlich Tempelhof, wo man durch die Türen trat und sich sofort in die frühen Tage der Luftfahrt versetzt fühlte. Mit alten Flugzeugen, die von der hohen Decke hingen und anderem Dekor. Zumindest in der ersten Zeit hatte ich hier das Gefühl, dass ich eigentlich eine Lederkappe und Schutzbrille anziehen müsste. Es schien noch nicht so lange her, dass Armand Zipfel und Orville Wright an diesem Ort 1909 Flugübungen veranstalteten oder dass 1926 eine Gesellschaft namens Deutsche Luft Hansa dort gegründet wurde. Man konnte sich auch vorstellen, wie die kleinen Propellermaschinen der Berliner Luftbrücke in rascher Folge landeten, entladen wurden und innerhalb von dreißig Minuten bereits wieder starteten. In Tempelhof genoss man den altmodischen Luxus, direkt zum Flugzeug spazieren zu können, das nur ein paar Meter entfernt auf dem Rollfeld wartete – da konnte man sich augenblicklich wie Ingrid Bergman bzw. wie Paul Henreid (ihr Filmmann, der tschechische Widerstandskämpfer Victor Laszlo) fühlen, die sich in der letzten Szene von Casablanca auf die Reise nach sonstwo macht.

Als ob die Schließung von Tempelhof nicht schon schlimm genug wäre, ist, während ich das hier schreibe, auch Tegel bereits zum Tod verurteilt. Genau genommen wäre der Flughafen ja sogar schon 2012 gestorben, hätte es nicht einige peinliche Pannen beim Bau von BER, dem neuen Flughafen Berlin-Brandenburg, gegeben. Die ereigneten sich auf der anderen Seite der Stadt, im fernen Schönefeld, wo sich irgendwann dann der Hauptflughafen Berlins befinden soll. Doch vorläufig bleibt uns Tegel noch erhalten. Man sollte es also genießen. Denn vermutlich erlebt man nie mehr den Luxus, mit einem Taxi bis zum Gate an der Innenseite dieses sechseckigen Terminals gefahren zu werden, in ein paar Schritten beim Check-in zu sein, mit ein, zwei weiteren bei der Sicherheitskontrolle und gleich dahinter auf einem Sitzplatz im Wartebereich, wo die Maschine meist direkt hinter der Glasscheibe steht. Der einzige Flughafen, der Tegel in Sachen Bequemlichkeit das Wasser reichen konnte, war der alte Flughafen Köln-Bonn, als man sein Büro in Bonn mit Handgepäck verlassen und tatsächlich gerade mal dreißig Minuten später zu einem Inlandsflug abheben konnte. Heute ist Köln-Bonn dagegen riesig und ein Nicht-Ort par excellence. Natürlich sorgt die passagierfreundliche Bequemlichkeit von Tegel auch dafür, dass man weniger in Versuchung gerät, in einem der unendlichen vielen Läden Geld für Souvenirs, Schokolade, Kleidung, Schmuck, Blumen, Handtaschen und Ähnliches auszugeben. Damit trotzt Tegel dem, was heutzutage anscheinend der wichtigste Zweck von Flughäfen und Hauptbahnhöfen zu sein scheint: die Menschen dazu bringen, so viel Geld wie möglich auszugeben, bevor man endlich irgendwohin weiterreist.

Tegels Galgenfrist hat uns allen die Möglichkeit gegeben, noch ein paar Jahre in nostalgischen Gefühlen für diesen wunderbaren Flughafen zu schwelgen. Erst jetzt, wo wir um seine bevorstehende Schließung wissen, haben wir – Millionen von Tegel-Fans – begonnen, zu schätzen, was wir bald missen müssen. Man erinnert sich an das leere Hexagon, das bei der Eröffnung 1974 als ultramodern galt. Es war nicht nur ultra-passagierfreundlich, sondern ich erinnere mich, dass ein früherer Chef der British Airways auch von seinen Vorzügen für die Fluglinien schwärmte. Später kamen noch weitere Terminals dazu, temporäre Auswüchse, um mit den 18 Millionen Fluggästen pro Jahr fertig zu werden, auch wenn der Flughafen ursprünglich nur für drei Millionen ausgelegt war. Das von Air Berlin belegte Terminal C ist wieder ein typischer Nicht-Ort, was diese bewundernswerte Fluglinie meiner Ansicht nach nicht verdient hat.

Die allgemeine Zuneigung für Tegel ist nicht nur bei den Passagieren groß, sondern auch bei den Menschen, die dort arbeiten. Julia und Evelyn Csabai, die den Flughafen wahrscheinlich besser kennen als jeder andere, sammeln Material für ein Buch, um die Geschichte, die Erinnerungen und die Atmosphäre dieses Ortes festzuhalten. Die Schwestern, die ihre Pausen mit Vorliebe an einem Espresso-Stand verbringen, heißen unter den Flughafenmitarbeitern »die Espresso-

Zwillinge« (dabei sind sie einfach nur Schwestern, 40 bzw. 38 Jahre alt, keine Zwillinge). Beide haben vor zwanzig Jahren als jobbende Studentinnen hier angefangen, als sie Passagiere nach ihrer Meinung zum Flughafen, ihren Reisezielen und anderem befragen sollten. Heute leiten sie diese Abteilung.

Und sie wissen, dass es, obwohl – oder vielleicht gerade weil – Tegel so überlastet ist, dort ein erstaunlicher Teamgeist herrscht. Die Mitarbeiter geben »150 Prozent – so bemüht sind sie, dass alles läuft. Sie helfen einander. Und es gibt eine wunderbare Solidarität, und eine Euphorie, dass es klappt«, sagt Julia Csabai. Im zum Sterben verurteilten Tegel gelten Werte, die man in einem riesigen, neuen, unpersönlichen Flughafen wohl viel schwerer findet.

Während die Schließung näher rückt, hat die Flughafen-Seelsorgerin – die in Tegel ein weiterer wichtiger Ausprachpartner ist – mehr Zulauf denn je, und zwar nicht von Reisenden, sondern von Flughafenangestellten voller Zukunftsangst. Viele wollen nicht zum neuen Flughafen nach Schöneberg, selbst wenn sie dort einen Job bekämen, was für viele nicht garantiert ist. Manchen ist der Weg zu weit, viele aber, wie zum Beispiel eine Putzfrau, die in einigen der Lounges saubermacht, sind Tegel einfach zu stark verbunden. »Sie fühlen sich verraten«, sagt Evelyn. Andere dagegen können oder wollen sich nicht vorstellen, dass der Flugplatz je wirklich zumacht. »Sie glauben, dass es Tegel immer geben wird.«

Die Schwestern haben eine unendliche Menge von Tegel-Anekdoten gesammelt, von Exzentrikern, die regelmäßig auftauchen, von Dramen beim Abflug, und viele andere sehr menschliche Geschichten. Eine davon bringt die Nostalgie, die ich wie so viele andere für diesen Ort empfinde, am besten zum Ausdruck.

Ein älteres Paar mit schneeweißem Haar, wahrscheinlich um die achtzig Jahre alt, kommt oft – ungefähr zweimal pro Woche – mit dem Bus nach Tegel. Doch die beiden fliegen nirgendwohin. Die Schwestern glauben, dass sie in jüngeren Jahren häufiger geflogen sein müssen, aber jetzt »verhalten sie sich nur, als ob sie fliegen würden«. Ihre Erinnerungen an

Flüge von Tegel aus reichen offenbar in die Zeit zurück, als man noch mit mehr Muße und weniger Stress reiste und die Leute sich dafür hübsch anzogen. »Sie sind immer sehr chic. Er mit einem beigen Mantel, Schlips und Anzug, sie auch im beigen Mantel und Kostüm.« Sie setzen sich – natürlich im Hexagon – und nehmen einen Kaffee, der Gatte liest die Zeitung, während die Gattin ihn fragt, ob er ein Sandwich oder etwas anderes zu essen möchte. Aber sie fliegen nie irgendwohin. Die Schwestern haben schon oft mit ihnen geplaudert, aber nie versucht, ihnen ihre Geschichte zu entlocken. Wenn sie der Nostalgie Genüge getan haben, nimmt das Paar den Bus und fährt vermutlich wieder nach Hause zurück.

Tegel, sagt Julia, sei der perfekte Flughafen. Ich persönlich finde es unbeschreiblich traurig, dass ein Ort mit so bemerkenswertem Charakter, Werten und Anziehungskraft von einem riesigen, seelenlosen Nicht-Ort abgelöst wird, egal wie schön und modern der neue Schönefelder Flughafen am Ende auch sein mag. Vielleicht werden ja eines Tages in ferner Zukunft die Flughafendesigner auf das eher menschliche Design und die Dimensionen von Tegel zurückkommen. Inzwischen kann man den Schwestern Csabai für ihren Versuch, die Erinnerung daran für die Nachwelt zu bewahren, nur viel Glück wünschen.

Vom Umgang mit der Vergangenheit

Eine der faszinierendsten Tätigkeiten für Menschen, die Deutschland beobachten, ist es, die evolutionäre Veränderung der hiesigen Einstellung zur Geschichte, insbesondere zur Geschichte des »Dritten Reichs« zu verfolgen.

Als ich in den 1950er Jahren zum ersten Mal in die Bundesrepublik kam, wirkte es nicht nur auf mich so, als habe das Leben erst wenige Jahre zuvor begonnen. Alles, was vor 1945 passiert war, schien mit einer seltsamen Art von Tabu belegt. Es war nicht so, dass niemand je davon gesprochen hätte, doch bei den seltenen Gelegenheiten, wirkte es auf mich irgendwie unnatürlich, als würde man ein Geheimnis verraten oder eine unangenehme Pflicht erfüllen. Natürlich gab es Presseberichte über Prozesse gegen Täter des Holocaust. Wenn ich mich recht erinnere, gab es auch einige Filme und Bücher über die jüngste Vergangenheit, aber selbst die schienen eher aus einer Art Pflichtgefühl heraus entstanden zu sein denn als Antwort auf ein öffentliches Interesse. Es dauerte auch Jahre, bis ich herausfand, dass die Väter diverser Freunde Nazis und in widerwärtigste Aktivitäten involviert gewesen waren. Die Öffentlichkeit ebenso wie die Menschen selbst tendierte ganz offensichtlich dazu, lieber nicht zu tief zu bohren.

Das Ende dieses Tabus im Jahr 1979 mit Ausstrahlung der Serie ›Holocaust‹ im Fernsehen ist ziemlich bekannt und ich habe einen Aspekt davon auf Seite 99 geschildert. Trotz der nach wie vor bestehenden anti-deutschen Einstellung einiger Medien in meiner eigenen Heimat und in anderen Ländern glaube ich, dass die Bundesrepublik im Laufe der Jahre in punkto »Vergangenheitsbewältigung« einen ganz guten Job gemacht hat, vor allem verglichen mit Österreich und auf ganz eigene Weise die DDR. Aber selbst nach 1979 konzentrierte man sich weitere 23 Jahre lang hauptsächlich auf den Krieg, auf Naziverbrechen und Schuld. Ein weiterer Aspekt, die Flucht und Vertreibung Deutscher aus den ehemals östlichen Teilen des Landes, blieb ein heikles und unwillkommenes Thema. Es war fast so, als würde die Vorstellung von Deutschen als Opfer und nicht als Täter – auch wenn sie Opfer von Rache für einen schrecklichen Krieg waren, den Deutschland angezettelt hatte – einen Schritt zu weit gehen. Vielleicht lag es auch daran, dass die Leute nicht den Eindruck vermitteln wollten, sie würden versuchen, deutsche Verbrechen zu entschuldigen, indem sie auf Verbrechen verwiesen, die man an den Deutschen begangen hatte. Ein hemmender Aspekt war sicher die Tatsache, dass die Millionen bedauernswerter Menschen, die ihr Zuhause und ihren Besitz im Osten verloren hatten, von sehr rechtsgerichteten Organisationen vertreten wurden. Diese konnten osteuropäische Staaten leicht als Revanchisten und Anhänger eines Großdeutschland abtun.

Aber auch dieses halbe Tabu sollte noch fallen. Ich datiere dieses Ereignis auf den Erscheinungstag von Günter Grass' Roman ›Im Krebsgang‹ im Jahr 2002. Ich war begeistert, als das Buch herauskam. Wenn Grass, der zweifellos ein fantastisches Gespür für Veränderungen in der Gesellschaft besitzt, über den Untergang der mit Flüchtlingen überfüllten Wilhelm Gustloff im Januar 1945 schreiben konnte, dann bedeutete dies, dass das Thema Flucht aus dem Osten jetzt offen ansprechbar war. Und damit war auch für mich die Zeit gekommen, ein Buch zu schreiben, das ich schon seit Jahren hatte schreiben wollen: die Geschichte von der Flucht der Trakehner und ihrer Züchter aus Ostpreußen.* Bis dahin hatte ich gefürchtet, niemand würde etwas von diesen dramatischen Ereignissen wissen wollen. Und noch während ich daran schrieb, warnten gute Freunde mich, dass sich niemand dafür interessieren würde. Sie irrten. Das Buch verkaufte sich ausgesprochen gut. Das befriedigendste Ergebnis für mich war jedoch die Dankbarkeit alter ostpreußischer Pferdezüchter, die das Buch stapelweise erwarben, um es ihren Kindern, Enkeln, Freunden und Verwandten zu schenken, und die mir, oft mit Tränen in den Augen, dafür dankten, dass »endlich, endlich jemand diese Geschichte erzählt hat«.

Mein Eindruck, der mich aber auch täuschen mag, war, dass sobald die mentale Schranke zum »Dritten Reich« einmal überwunden war, auch das Interesse an der Zeit davor wuchs. Mit einer Ausnahme. Als ich begann, für mein Buch über Emin Pascha, einen deutschen Arzt und die zentrale Figur in einer der faszinierendsten Episoden der Kolonialzeit zu recherchieren, da erstaunte mich, wie wenig bis dato darüber in Deutschland publiziert worden war. Erstaunlich auch, wie wenig die Leute heutzutage über die Epoche der deutschen Kolonien in Übersee wissen; manche scheinen nicht einmal zu wissen, dass dieses Land überhaupt welche besaß. Zugegeben, es war nur eine sehr kurze Zeit, gerade mal 35 Jah-

---

* ›In langer Reihe über das Haff. Die Flucht der Trakehner aus Ostpreußen.‹ DVA, München 2004, dtv, München 2006

re, allerdings war Deutschland in jener Phase eine der größten Kolonialmächte der Welt, und der Kolonialismus ist Teil der deutschen Geschichte des späten 19. und frühen 20. Jahrhunderts. Jahrelang und beileibe nicht nur in Deutschland wurde Kolonialismus – nicht ohne Grund – als »schlimme Sache« abgetan. Doch mit einer oder zwei rühmlichen Ausnahmen (wie beispielsweise Horst Gründer und Gisela Graichen, Deutsche Kolonien: Traum und Trauma), scheint es erstaunlich wenig Interesse daran zu geben, mehr über die viel komplexere Realität zu erfahren.

Aber zurück zum »Dritten Reich«. Abgesehen von der einen oder anderen Firma oder einzelnen Berufsständen, die sich noch nicht dazu aufgerafft haben, sich mit ihrer eigenen Vergangenheit auseinanderzusetzen, schien es, dass nun eigentlich alle schmutzigen Geheimnisse ans Licht gebracht wären. Aber nein. Im August 2012 machte die Literaturnobelpreisträgerin Herta Müller darauf aufmerksam, dass das Elend der Emigranten, die Hitler-Deutschland verlassen mussten, um ihr Leben zu retten, bislang fast vollständig ignoriert worden ist. Und es könnte tatsächlich sein, dass die meisten Leute, falls sie sich überhaupt Gedanken darüber machten, den Standpunkt von Gottfried Benn einnahmen. Als der emigrierte Klaus Mann ihm vorwarf, sich nicht von den Nazis zu distanzieren, meinte er: »Da sitzen sie also in ihren Badeorten und stellen uns zur Rede, weil wir mitarbeiten am Neubau eines Staates.«

Von wegen Badeorte. Bei der Eröffnung der Ausstellung »Fremd bin ich den Menschen dort«, bestückt von der Deutschen Nationalbibliothek in Frankfurt, sprach Herta Müller auf bewegende Weise von den Schicksalen vieler, die gezwungen waren, ins Exil zu gehen: Selbstmord, wie bei Walter Benjamin, Stefan Zweig und seiner Frau, neben Tod aber auch Wahnsinn, Angstzustände und Armut. Und es handelte sich nicht nur um Prominente wie Bertolt Brecht, Thomas und Heinrich Mann, Billy Wilder, Marlene Dietrich oder führende Wissenschaftler oder Professoren. Hunderttausende waren ganz normale Leute, Juden und Nicht-Juden. Gezwungen in fremden Ländern mit einer ihnen fremden Sprache zu leben, wo man meist wenig Verständnis für ihr Leid aufbrachte, hatten sie oft ihre ganze Existenz verloren. Viele von ihnen, die nach dem Krieg nach Hause zurückkehren wollten, mussten feststellen, dass sie dort nicht mehr erwünscht waren. »Ihnen fehlte immer noch jegliche Anerkennung und materielle Lebensgrundlage. Ihre Flucht ins Exil war die erste Vertreibung aus Deutschland. Und ihre Rückkehr wurde zum ›Exil nach dem Exil‹ […] und das […] sorgt dafür, dass die Vertreibung von damals bis in unsere heutigen Tage wirkt. Man könnte sagen: einmal vertrieben, bis heute vergessen […] Wer im Exil war, gilt in Deutschland bis heute nicht als Opfer.«

Herta Müller bemerkte, dass der Begriff »Vertreibung« sich heutzutage nur auf die Vertriebenen aus den ehemaligen Ostgebieten bezieht. »Sie heißen ›Heimatvertriebene‹. Und die von Hitler Vertriebenen heißen ›Emigranten‹. Es ist ein sehr unterschiedliches Wortpaar: Das Wort ›Heimatvertriebener‹ hat einen warmen Hauch, das Wort ›Emigrant‹ hat nur sich selbst.« Dabei hatte Deutschland, lange bevor es den Heimatvertriebenen eine neue Heimat gab, Hunderttausende seiner eigenen Bevölkerung vertrieben.

Die Rede endete mit einem Appell. Die Heimatvertriebenen hätten ihr eigenes Ministerium gehabt, bald bekämen sie eine Dauerausstellung in Berlin. Doch nirgendwo im Land gäbe es einen Ort, der an die Bedeutung des Wortes Exil erinnert: »Das Risiko der Flucht, das verstörte Leben im Exil, Fremdheit, Armut, Angst und Heimweh. Deutschland sollte endlich an das Exil, diese erste Vertreibung aus Deutschland hinaus, erinnern. Die hat Deutschland nämlich genauso wie den Holocaust zu verantworten (…) Ohne einen entsprechenden Ort für das Exil wird in der öffentlichen Erinnerung an die Schrecken des Nationalsozialismus immer eine große Lücke bleiben.« Die Antwort wäre ein Museum.

Ob es dazu kommen wird? Die Ausstellung, die später auch in Lübeck gezeigt wurde, war wenigstens ein erster Schritt in Richtung Erinnerung. Die Exponate stammten aus dem Deutschen Exilarchiv in der Deutschen Nationalbibliothek und dem Deutschen Literaturarchiv in Marbach. Wie es heißt, arbeiten diese beiden Institutionen inzwischen an einem virtuellen Museum mit dem Titel »Künste im Exil«. Bis zu einem Monument aus Ziegeln und Mörtel wird es wohl noch länger dauern.

Eine Wiederauferstehung

Darsikow mit seinen elf oder zwölf Einwohnern liegt mitten in einem Wald im nördlichen Brandenburg. Die A 24 führt zwar daran vorbei, aber trotzdem könnte sich das Dorf genauso gut auf einem anderen Planeten befinden. Es ist hier ganz beschaulich. Es gibt einen Gutshof mit Ställen und einer Reithalle, fünf Häuser, ein paar Felder, auf denen man oft Wild beobachten kann, und eine Kirche.

Die Kirche ist winzig und fasst höchstens achtzig Personen. Gebaut ist sie aus grauem Feldstein, die neogotischen Fenster sind mit roten Ziegeln eingefasst, und in der Mitte des Daches steht ein kleiner Glockenturm. Der kleinen Gemeinde genügte sie vollauf, von ihrem Bau 1832 bis in die 1970er-Jahre. Da verließen viele Einheimische den Ort und zogen wegen besserer Wohn- und Arbeitsmöglichkeiten in umliegende Dörfer oder Städte. Fortan verfiel die Kirche. Im Dach fehlten Ziegel, Regen drang ein. In den Fenstern blieb keine einzige Scheibe ganz. Sowjetische Soldaten machten bei Manövern dort Rast und zündeten in der Kirche ein Feuer an, um darauf Essen zu kochen. Aufs Geratewohl schossen sie auf die Metallkugel auf der Spitze des Glockenturms. Beunruhigt ließ die für die Region zuständige evangelische Kirchenbehörde die Kirche räumen – die Glocke, die Bänke, das Taufbecken, der Lüster, das Kreuz und andere Objekte –, manches davon wurde an andere Pfarrgemeinden verteilt. Danach ließ man das Gebäude zunageln. Bäume und Gestrüpp rundherum wucherten und bald war die Kirche wie ein Dornröschenschloss kaum noch zu sehen.

Die Wende brachte keine Verbesserung. Im Gegenteil. Obwohl er unter Denkmalschutz stand, wurde der kleine Friedhof von Darsikow mit einigen kunstvollen Gittergräbern sehr zum Missfallen der Einheimischen dem Erdboden gleichgemacht. Offenbar ein Amtsversehen. 2005 wurde die Kirche dann entwidmet und an einen Künstler verkauft, der daraus ein Atelier machen wollte. Doch nachdem die Denkmalschutzbehörde seine Umbaupläne abgelehnt hatte, füllte er die Kirche mit Müll und umgab sie mit alten Autowracks – die Einheimischen meinen aus Rache. Das Ganze sah daraufhin aus wie ein Schrottplatz.

Erst 2009 begann sich etwas zu ändern. Die Darsikower hatten gesehen, wie andere Kirchen in der Gegend restauriert wieder in alter Schönheit erstrahlten, und fragten sich, ob nicht auch ihre Kirche noch zu retten wäre. Dann kamen Gerüchte in Umlauf, wonach der Künstler plane, die Kirche wieder zu veräußern. Und 2009 war die evangelische Kirche tatsächlich imstande, sie zurückzukaufen. Die Autowracks verschwanden.

Als Nächstes trat Sibille Podorf, eine quirlige, rundliche, energische Dame, die gleich gegenüber der Kirche wohnt, als Retterin auf den Plan. »Um nicht noch ein weiteres Kulturerbe zu verlieren, kam mir die Eingebung, die Kirche zu kaufen und einen Verein zu gründen, um das Kirchlein zu retten«, mailte sie mir. »Mittel hatte ich eigentlich keine dafür, doch meine Mutter zahlte mir dann einen Erbteil meines Vaters aus, der 2001 verstarb, somit stand dem Kauf nichts entgegen. Mein Bruder legte ein gutes Wort bei dem Kirchenältesten in Rägelin [einem größeren Ort in der Nähe, Anm. d. Autorin] ein, der Kaufpreis blieb bei 15 000 Euro (…). Ich bemühte mich dann, Mitglieder zu gewinnen, die auch das gleiche Interesse haben. Dann machten wir uns auf den beschwerlichen Weg, einen Verein zu gründen – Satzung, Notar, Gericht, Finanzamt. Hilfe haben wir überall bekommen, es ist halt nur sehr zeitintensiv. Es war ein Papierkrieg ohne Ende.

Viele meinten auch, dass das alles schwierig wird, was wir uns vorgenommen haben, doch viele finden unsere Sache und vor allem die Rettung dieser kleinen Waldkirche gut. Dafür sind wir sehr dankbar, das gibt uns viel Kraft.«

Man entfernte das Gestrüpp rund um die Kirche und fällte auch einige Bäume. Die wichtigste Aufgabe war jedoch, Geld für die Restaurierung aufzutreiben. 2009 waren die Mittel allerdings überall knapp, weder Firmen noch Privatpersonen hatten viel zu vergeben. Doch dann leisteten die Deutsche Stiftung Denkmalschutz, der Förderkreis Alte Kirchen Berlin-Brandenburg und die Stiftung Preußisches Kulturerbe jeweils einen Beitrag, dazu sammelten noch örtliche Vereine und sogar Kinder Geld. Wohlmeinende Einzelpersonen gaben Geld, Zeit oder Rat.

Schließlich konnte das Dach abgetragen und, nachdem man beschädigte Balken repariert oder ausgetauscht hatte, wieder aufgesetzt werden. Es kamen neue Dachziegel und ein neuer Glockenturm darauf. Die Glocke und die Bänke hatte man wiedergefunden und zurückgebracht, aber während ich das hier schreibe, suchen die Darsikower immer noch nach dem Gemälde, das früher innen in dem Bogen über der Tür hing sowie nach der Altarfront. Die Wände und der Fußboden werden noch renoviert. Sobald genug Geld dafür zusammengekommen ist, werden die nächsten Schritte geplant. Bald möchte man Strom in die Kirche legen.

Jeder Besucher der winzigen Gemeinde ist genau wie ich einfach verblüfft von der Begeisterung, Eigeninitiative und Energie aller an diesem Projekt Beteiligten. Ehrlich gesagt war ich darüber ein wenig erstaunt. Doch Nadine Smukal, die bei der Deutschen Stiftung Denkmalschutz für Fundraising zuständig ist und viele Kirchenrestaurierungen in der ehemaligen DDR unterstützt, belehrte mich eines Besseren. »Von Anfang an ist es in den neuen Bundesländern so gewesen. Sie haben in den ländlichen Gegenden ein viel größeres Gemeinschaftsgefühl. Die Leute dort krempeln viel unbekümmerter die Ärmel hoch, sie improvisieren mit viel Kreativität, sie geben ihr Bestes. Im Westen dagegen wartet man eher, bis jemand anders was tut.«

»Wir sind ein gemischtes Völkchen«, sagt Sibille Podorf.

»Evangelische, Katholiken, Konfessionslose. Aber wir arbeiten wunderbar reibungslos zusammen. Alle sind gleich begeistert.« Wenn die Kirche erst fertig ist, denkt man daran, dort katholische wie auch protestantische Gottesdienste zu feiern.

Was mich an dem Darsikower Kirchenprojekt am meisten bewegt hat und der Grund dafür, warum ich diese Geschichte hier erzähle, das ist die Wirkung auf das Leben der Dorfgemeinschaft. »Nicht nur in Darsikow, auch in Rägelin, Netzeband, Rossow, Katerbow (anderen Dörfern in der Region, Anm. d. Autorin)«, erklärt Sibille Podorf. Es hat Feste und diverse Aktivitäten zum Spendensammeln ins Leben gerufen, Begeisterung über die jüngsten Fortschritte an der Kirche hervorgerufen, den Wunsch, sich zu beteiligen, geweckt. So ist die Zahl der Vereinsmitglieder von ursprünglich acht bis zum Frühjahr 2013 auf 24 angewachsen. Kurz gesagt: Das Projekt hat die ganze Gegend neu belebt. Nadine Smukal meint, so etwas passiere überall dort, wo in den neuen Bundesländern Kirchen restauriert würden. Und wenn die Renovierung abgeschlossen sei, würden diese Gebäude zum Treffpunkt, zum Zentrum vielfältiger, vor allem aber kultureller Aktivitäten. Aber sie geben der Gemeinschaft noch mehr.

Noch weiß man nicht genau, wann das Kirchlein von Darsikow ganz fertig und neu geweiht sein wird, aber es hat die Menschen bereits verändert. »Es hat uns wachgerüttelt«, sagt Sibille Podorf. »Man besinnt sich mehr auf Werte, auf die Grundwerte. Man geht zurück zu den Wurzeln.«

Vor zehn Jahren hatte ich den Eindruck, das Christentum würde in der ehemaligen DDR aussterben. Aber jetzt kenne ich mehr als einen, der, sobald die kleine Kirche Darsikow neu geweiht ist, offiziell wieder in die protestantische Kirche eintreten will. Und das sei, so sagte man mir, nichts Ungewöhnliches.

Noch ein Postskriptum aus einer der aktuellsten E-Mails von Sibille Podorf: »Ach, ein Käuzchen haben wir auch, was nun wieder vom Wald zur Kirche kommt. Als das Dach mit dem Turm immer schlechter wurde, ist es ausgezogen. Herr

Hochsieder, unser Restaurator, kennt sich auch mit Tieren aus. Er hilft uns dann später, im Turm eine Wohnung für das putzige Käuzchen zu bauen. Meine Sorge war, dass, wenn die Glocke wieder läutet, das Käuzchen vom Balken fällt. Herr Hochsieder meint aber, es fliegt dann kurz aus. Na, vielleicht kann man ja die Wohnung noch etwas auspolstern.«

Panta rhei – alles im Fluss

Seit Kriegsende sind noch nicht ganz siebzig Jahre vergangen, aber Deutschland hat sich seither so stark verändert, dass es scheint, als sei das schon ein paar Jahrhunderte her. Der Hunger, das Elend, die Ruinen, die Entbehrungen, die Umwälzungen und das Leid von 1945 erscheinen heute fast unvorstellbar, dabei waren Menschen davon betroffen, die immer noch unter uns leben. Damals herrschte Hunger, und Nahrung zu finden war ein verzweifelter Kampf, heute beschäftigen uns Übergewicht, Diäten, Supermärkte voller Lebensmittel aus aller Welt und schicke Gourmetrestaurants. Damals war das Reisen extrem schwierig, selbst wenn man die Erlaubnis der Besatzer besaß. Inzwischen haben die meisten Leute Autos und können auf einem ausgezeichneten Straßennetz fahren, wohin sie wollen, oder an fast jeden Ort der Welt fliegen, den sie besuchen möchten. Damals hausten viele in Bunkern und zwischen Ruinen oder waren zu mehreren Familien in ein Haus gepfercht. Heute leben selbst die Ärmsten unter uns meist besser als die Mehrzahl der Menschen damals. 1945 war Deutschland besiegt, verwüstet, besetzt. Heute ist es die führende Wirtschaftsmacht Europas.

Einer der größten Unterschiede zwischen 1945 und heute ist für mich die Kommunikation. Nachdem Edith Badstübner von der Kapitulation der Truppen in Italien gehört hatte, konnte sie weder ihre Familie noch sonst irgendjemanden kontaktieren. Weder sie noch die Menschen in ihrer Umgebung wussten, was weiter vor sich ging. Es gab kaum Telefone, und wo es sie gab, da funktionierten sie meist nicht mehr.

Familien waren oft in alle Winde zerstreut, wussten nicht, was mit den Angehörigen passiert war, konnten sich teilweise jahrelang nicht wiederfinden, manchmal auch nie mehr. Das wichtigste Mittel der Kommunikation war das Radio, doch das war fast bis zum Ende in der Hand der Nazipropaganda gewesen; danach verfügten die Besatzungsmächte darüber. Die Menschen wussten jedenfalls ausgesprochen wenig, was natürlich dafür sorgte, dass massenhaft Gerüchte kursierten.

Springen wir in die Gegenwart, haben wir das Gefühl, in Kommunikation schier zu ersticken: Handys, Internet, Facebook, Twitter, E-Mail, Tablets, Fernsehen, gar nicht zu reden vom guten alten Radio. Wir können jederzeit untereinander Verbindung aufnehmen und uns mit Informationen bombardieren (lassen). Topaktuelle Neuigkeiten, wichtige wie – und das ist meistens der Fall – unwichtige, Geplauder, Klatsch und Tratsch, Werbung, private Nachrichten. Man kann darauf reagieren, sie mit anderen teilen, weiter recherchieren, Landkarten konsultieren, kaufen oder verkaufen. Und das alles innerhalb von Sekunden. Das Ganze macht süchtig. Wenn die verdammten Computer oder Smartphones nicht funktionieren, wenn man von seiner elektronischen Nabelschnur abgeschnitten und gezwungen ist, sich dem echten Leben ganz allein zu stellen, dann fühlen wir uns verloren und hilflos.

Man liest so viel darüber, wie leicht Hacker einem Passwörter stehlen, E-Mails mitlesen und sich eine fremde Identität aneignen können. Und das ist nichts im Vergleich dazu, wie Geheimdienste im Namen der Terrorismusbekämpfung massenhaft die Daten ihrer eigenen Bevölkerung und die anderer Länder ausspionieren. Man beginnt sich ja schon ernsthaft zu fragen, ob Brieftauben nicht vielleicht sicherer wären.

Zunächst schien sich die neue Technologie in Deutschland nur langsam durchzusetzen. In den 1990er Jahren arbeiteten schon viele von uns Auslandskorrespondenten in Bonn mit tragbaren Computern, auch wenn die Bundespost nicht erlaubte, dass wir Material vom Computer über das Telefonnetz sandten. Wir verkabelten sie trotzdem mit unseren Telefonen und benutzten sie ungeniert. Nur manchmal fragten wir uns, was passieren würde, wenn die Polizei in unseren Pressehäusern Razzien durchführen würde – ob man uns dann alle in Handschellen abführen wollte? Heute scheint es der Telekom ähnlich schwerzufallen, die Breitbandtechnologie flächendeckend zugänglich zu machen. Gleichzeitig ist in Deutschland aber auch der international berühmte Chaos Computer Club zu Hause, die größte Hacker-Organisation Europas. Diese zeichnet sich dadurch aus, dass sie Sicherheitsrisiken bei Banken und in staatlichen Netzwerken aufdeckt.

Die explosionsartige Entwicklung der Kommunikation hat unser Leben in vielerlei Hinsicht verändert. Aber ist das alles nur positiv? Werden Jugendliche, deren Sprache der lockere Slang von E-Mails, SMS, Twitter und Ähnlichem ist, noch in der Lage sein, gutes, treffendes Deutsch oder welche Muttersprache auch immer zu schreiben? Werden die von Informationen, Bildern, Nachrichten und sonstigen Stimulationen bombardierten Deutschen von morgen ebenso wie die Menschen in all den anderen Wohlstandsländern noch zu der Konzentration fähig sein, die man braucht, um ernsthaft zu studieren und sich Weisheit und Erkenntnis anzueignen?

Mindern die elektronischen Medien nicht den Wert des geschriebenen Wortes? So weit, dass eine junge Autorin sich unschuldig in einem fremden Blog bedient und ganze Passagen daraus in ihr Buch übernimmt, das zum Bestseller avanciert? Ohne auch nur daran zu denken, dass sie dessen wahren Autor nennen müsste? Menschen, denen nicht im Traum einfiele, in einer Boutique eine Jacke zu klauen oder sich ohne Eintrittskarte in ein Theater zu mogeln, laden sich munter illegal Bücher, Filme oder Musik herunter, für deren Herstellung andere hart gearbeitet haben, ohne dafür zu bezahlen.

Es ist wunderbar, dass man Bücher übers Internet kaufen oder sie sich – legal – als E-Version für viel weniger Geld als den Ladenpreis in der Buchhandlung herunterladen kann. Aber wie viele ernsthafte Autoren sind noch in der Lage, weiter zu schreiben, wenn das Einkommen, das sie aus ihren Büchern erzielen, nicht einmal mehr im Geringsten dem ungeheuren Aufwand an Zeit und Arbeit entspricht, die es braucht, um diese zu verfassen? Was passiert mit den auf ähnliche Weise davon betroffenen Verlagen? Sind sie doch ein unersetzlicher Filter, um Qualität aus der unendlichen Masse unverlangt eingesandter Manuskripte zu filtern, die sich auf ihren Ausschuss-Stapeln häufen oder durchs Internet geistern. Wird Deutschland eine der belesensten und literarisch interessiertesten Nationen der Welt bleiben?

Das lässt sich so wenig sagen, wie 1945 in Deutschland jemand hätte vorhersehen können, was die Zukunft bringen würde. Alles ist im Fluss, alles verändert sich. Der einzige Trost ist, wie beim Flughafen Tegel, dass zumindest im Moment das schlimmste Szenario der Kommunikationsrevolution, das Ende des gedruckten Buches, noch nicht eingetreten ist. Und dass man nach wie vor versuchen kann, eine Ära aus der Geschichte des Landes zwischen zwei Buchdeckeln eines echten gedruckten Buchs einzufangen.

ANHANG

Literaturverzeichnis

Hubert Bjarsch: ›*Ein Überlebender, unverschämt*‹, Frieling & Huffmann 2006

Patricia Clough: ›*Hannelore Kohl – Zwei Leben*‹, DVA 2002

Edward Kennedy: ›*Ed Kennedy's War: VE Day, Censorship and the Associated Press*‹, Louisiana State University 2012

Hubertus Knabe (Hrsg): ›*Die vergessenen Opfer der Mauer*‹, Ullstein Taschenbuch 2009

Hannelore Kohl (Hrsg): ›*Kulinarische Reise durch Deutsche Lande*‹ (mit Texten von Helmut Kohl), Zabert Sandmann 1999

Helmut Kohl: ›*Ich wollte Deutschlands Einheit*‹, Propyläen 1999

Peter Kohl und Dona Kujacinski: ›*Hannelore Kohl: Ihr Leben*‹, Droemer Knaur 2002

Primo Levi: ›*Die Atempause*‹, Hanser 1988, dtv 1994

Udo Lindenberg: ›*Panikpräsident: Die Autobiografie*‹, Random House Entertainment 2004

Elizabeth Pond: ›*Beyond the Wall: Germany's Road to Unification*‹, Brookings Institution Press 1994

Heike Sander und andere: ›*Wie weit flog die Tomate?*‹, Heinrich-Böll-Stiftung 1999

Lutz Graf Schwerin von Krosigk: ›*Memoiren*‹, Seewald 1977

David Shears: ›*The Ugly Frontier*‹, Chatto and Windus 1970

Margaret Thatcher: ›*Downing Street No. 10. Die Erinnerungen*‹, Econ 1993

Wolfgang Welsch: *Ende einer Flucht*, in: Hubertus Knabe, ›*Die vergessenen Opfer der Mauer*‹, Ullstein Taschenbuch 2009